À L'AUBERGE DE L'ORIENT

SEULE SUR LES ROUTES D'ASIE CENTRALE

SILLAGES

ISBN : 978-2-36157-017-0

DÉPÔT LÉGAL : MAI 2011

Collection : SILLAGES

Conception graphique : Albéric d'Hardivilliers & Matthieu Raffard

Réalisation : Transboréal

Gravure : KD'Image – Paris XIIe

Image de couverture : © Diego Lezama Orezzoli/Corbis

TRANSBORÉAL

23, RUE BERTHOLLET – PARIS Ve

TÉLÉPHONE : 01 55 43 00 37

FAX : 01 55 43 00 38

contact@transboreal.fr – www.transboreal.fr

Alice Plane

À L'AUBERGE DE L'ORIENT

SEULE SUR LES ROUTES D'ASIE CENTRALE

ÉDITIONS TRANSBORÉAL
48° 50' N. * 2° 20' W.

À Timothée.

L'Asie centrale

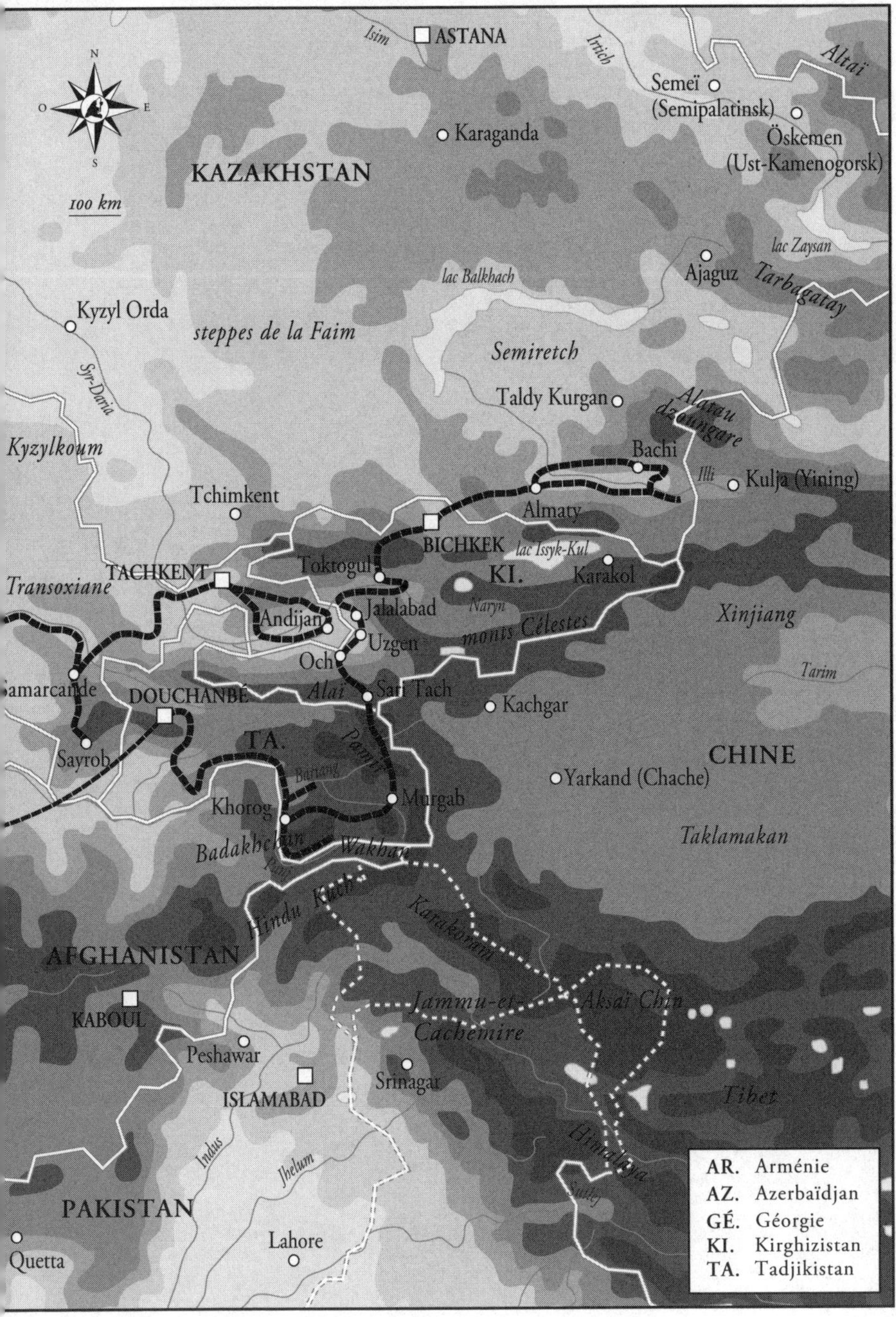
N
O
E
S
100 km
Isim
ASTANA
Irtich
Altaï
Semeï
(Semipalatinsk)
Öskemen
(Ust-Kamenogorsk)
Karaganda
KAZAKHSTAN
lac Zaysan
Ajaguz
Tarbagatay
lac Balkhach
Kyzyl Orda
steppes de la Faim
Semiretch
Syr-Daria
Taldy Kurgan
Alatau dzoungare
Kyzylkoum
Bachi
Illi
Kulja (Yining)
Tchimkent
Almaty
BICHKEK
lac Issyk-Kul
Toktogul
TACHKENT
KI.
Karakol
Transoxiane
Jalalabad
Naryn
Xinjiang
Andijan
monts Célestes
Uzgen
Och
Tarim
amarcande
DOUCHANBÉ
Alaï
Sari Tach
Kachgar
TA.
Pamir
Sayrob
Bartang
CHINE
Yarkand (Chache)
Murgab
Khorog
Badakhchan
Wakhan
Taklamakan
Hindu Kuch
Karakoram
AFGHANISTAN
Aksaï Chin
Jammu-et-Cachemire
KABOUL
Peshawar
Srinagar
ISLAMABAD
Tibet
Indus
Himalaya
Jhelum
Sutlej
PAKISTAN
Lahore
Quetta
AR. Arménie
AZ. Azerbaïdjan
GÉ. Géorgie
KI. Kirghizistan
TA. Tadjikistan

Prologue
PARTIR

J'AI QUITTÉ LILLE au milieu du mois de janvier, un vendredi 13. Ce jour-là, les places d'avion coûtent moins cher : les voyageurs sont superstitieux. Installée dans l'avion qui décolle, je repense, perplexe, à ce qui a pu m'amener, un mois plus tôt, dans une ruelle parisienne, cossue mais déserte, du quartier des Pyramides. L'unique guichet français des Azerbaidjan Airlines n'est que le hall d'entrée d'un immeuble bricolé en agence de voyages louche, dont une employée démodée contrôle les allées et venues. Elle a le flegme peu courtois des cantinières soviétiques, lèvres pincées, pressée d'en finir avec les questions mille fois entendues. « La direction n'accepte plus les chèques » et, comme s'adressant à quelqu'un d'autre, de sa voix traînante : « Les cartes bleues non plus ». Je me résous à lui tendre plusieurs grosses coupures, fruit de mon labeur comme serveuse dans un restaurant. Un avant-goût décalé de ce qui m'attend dans cette vaste étendue coincée entre la Chine, la Russie et l'Europe : l'Asie centrale.

Je termine alors mes études ; on me souhaite beaucoup de réussite et de bonheur, si possible là où je suis née, où j'ai grandi, où je vis. Sauf que pour être heureuse, je le sens, il faut partir. Je suis encore une « jeune » : sans emploi, sans enfant, sans emprunt. Aucune responsabilité qui me retienne suffisamment pour renoncer.

Je pars seule avec un projet en tête : parcourir les routes de la soie, non pour découvrir les tissus précieux et les épices rares, mais pour apprendre la cuisine. Pas la cuisine gastronomique, le raffinement des plats ou leur savante présentation. Non. Ce que je veux apprendre, c'est la cuisine populaire, celle des marmites pour quinze personnes, celle qu'on fait mijoter durant des heures en papotant entre femmes, celle des fours en terre comme celle des plaques électriques. Je ne suis pas une grande cuisinière. C'est à peine si j'emporte quelques recettes typiques de chez moi, carbonade flamande ou endives gratinées, dont je n'aurai jamais l'utilité. En vérité, cette cuisine est un prétexte car je ne recherche ni la délicatesse des mets, ni leur exotisme ; simplement la rencontre.

Je suis une femme. Je ne suis qu'une femme. Là-bas, on dit qu'elles sont soumises, battues ou violentées, qu'elles sont cantonnées chez elles, qu'elles se cachent à l'intérieur. Être une femme deviendra un atout pour les rencontrer. J'irai dans leurs cuisines, cet espace du foyer où elles sont reines, là où elles sont aux commandes et où les hommes ne pénètrent pas.

Tout voyageur dispose de deux biens : l'argent et le temps. Détenant peu du premier, j'exploiterai le second. Je consacrerai un mois à chacun de ces pays aux noms imprononçables, que peu de gens savent placer sur une carte. À travers l'Asie centrale, des rives azerbaïdjanaises de la Caspienne aux déserts de l'Iran, des sommets arides du Tadjikistan aux alpages kirghizes, pour terminer par les steppes du Kazakhstan. Parce que ces pays sont oubliés du tourisme mondial, parce que j'ai appris le russe et parce que j'en ai fait l'expérience durant l'été en Ouzbékistan, j'ai la conviction que la rencontre sera possible.

À travers le hublot, je regarde le ciel froid de janvier et me sens vide. Comme si tout pouvait arriver, ou rien. Une loi étrange dicte parfois avec cruauté l'urgence de rester au moment précis du départ. On part quand même, les autres restent. On s'en arrache.

Le voyage commence.

PREMIÈRE PARTIE

AZERBAÏDJAN

Même si ton cousin mange de ta viande,
il n'abandonnera jamais tes os.

Chapitre 1

BAKOU

Où l'on fait chou blanc.

La route est sombre, semblable à n'importe quelle autre à la nuit tombée. Depuis la banquette de cuir usé, je discerne à peine l'asphalte qui défile en continu derrière les vitres. Des lampadaires soulignent la masse des barres d'immeubles délabrés puis celle de maigres cahutes aux toits de tôle. Seule se dessine l'alternance de leurs formes hautes, basses, hautes, basses. Mon esprit est empli d'une seule attente : Bakou.

La voiture s'arrête dans la pénombre d'une large cour intérieure. J'entends une voix rocailleuse, colorée par un léger accent du Sud : « Oh, Alice ! » Georges est à son balcon. Accoudé à la rambarde en marcel et peignoir beige, il me salue d'une main, enthousiaste malgré l'heure tardive.

Lorsqu'on arrive à l'étranger, on a souvent en poche le nom de quelqu'un. Le cousin du père d'un ami d'ami ou le petit-fils d'une connaissance de sa collègue qui, justement, y réside. Un « contact », ou deux, ou dix. Autant de personnes qu'on ne connaît pas mais qui accueilleront spontanément leur compatriote de passage pour dépanner ou par plaisir, quoique leurs raisons restent parfois obscures. Arriver au milieu de la nuit augmente l'incertitude de la loterie : on surgit un peu gêné, avec une pointe d'interrogation, apportant un camembert ou un saucisson du pays comme pour s'excuser d'être là, pour remercier. Pourtant, aborder une nation par le regard des Français qui y vivent n'est pas toujours une bonne idée : la durée de leur expatriation – parfois toute une vie –, l'éloignement de la France, où ils ne sauraient rentrer, qu'ils méprisent et regrettent à la fois… Et ce pays d'accueil, l'ont-ils vraiment choisi ?

Je monte seule les escaliers en béton brut dans l'obscurité. Déjà, à l'époque soviétique, une seule ampoule éclairait chaque palier. La plupart ont grillé mais, aujourd'hui, plus personne ne les remplace. La peinture jaunâtre qui recouvrait les murs s'écaille sous les doigts en fines plaques claires qui jonchent la volée de marches. Là-haut, une porte est ouverte ; un filet de lumière s'en échappe. Georges m'attend à l'intérieur : « Entre, pose ton sac là, voici ta chambre. » Je laisse mon bagage à côté du grand lit double, contre l'armoire, et suis mon hôte plus avant dans un appartement relativement grand, plutôt propre et haut de plafond. Pourtant, sans que j'en comprenne déjà l'origine, un sentiment de malaise pèse sur moi.

Georges m'invite à passer au salon. Dans sa bibliothèque trônent les Timour, bande dessinée historique de son enfance, dont il a retrouvé, au fil des années, l'ensemble des exemplaires, depuis *La Tribu de l'homme rouge* jusqu'à *Timour et les mercenaires*, que je lirai avidement. Il m'indique un siège en face du sien, de l'autre côté du bureau, jette un « Ça ne te dérange pas si je fume ? » et nous sert à chacun une menthe à l'eau ; la carafe est un flacon carré qui a gardé son étiquette « Bourbon Jim Beam ». Il s'allume une Chirvan Chah, fierté locale. Le paquet, avec son dessin du palais de la vieille ville, symbole de Bakou, est rapidement entamé. En effet, tandis que Georges m'expose ses exploits de jeunesse – meilleur temps au parcours du combattant lors de son service militaire, vainqueur d'une simulation d'attaque de pont chez les paras en se faisant passer pour un touriste en 2cv, capture et séquestration temporaire d'un chef de gare présomptueux –, une fumée épaisse prend ses quartiers au plafond. Elle stagne là, s'étoffe au fil des heures, descend sur nous. Georges n'ouvre pas les fenêtres, jamais, à cause du radiateur dans cette pièce et de l'hiver au-dehors, qui refroidirait tout l'appartement. Pendant la guerre au Yémen, au tout début de sa carrière, Georges aurait voulu se porter volontaire :

un salaire mensuel mirobolant pour une espérance de vie réduite à quelques semaines. Il assène avec fatalisme : « La paix a été déclarée trop vite, je ne suis pas parti. Si je m'étais engagé à cette époque-là, je ne serai pas revenu. »

Georges a confié le reste de sa vie à sa bonne étoile. Il l'a croquée à pleines dents, sans guère s'en préoccuper, de la police politique de Moscou aux négociations du métro de Caracas, du Brésil aux Philippines et jusqu'au Kazakhstan. À force d'épopées, l'heure se fait tardive ; on en vient à l'Azerbaïdjan, « ce pays pourri » où tout l'ennuie. Pour Georges, Bakou n'est qu'une étape, une de plus, peut-être la dernière, car il prendra bientôt sa retraite dans la Ville rose de son enfance. Lorsqu'il m'interroge sur la raison de ma venue, le nuage des Chirvan Chah est devenu un étau puissant qui me broie les tempes. J'annonce, hésitante et fatiguée, tout de même enthousiaste car c'est ce rêve qui m'a amenée jusqu'ici : « Recueillir les recettes traditionnelles d'Asie centrale ». Il sourit de ma naïveté : « Ici, la cuisine est nullarde. Toutes les fois où ma femme de ménage m'a proposé des plats, c'était fade. Et pour cuisiner soi-même, impossible de faire des courses, les rayons des supermarchés sont vides. » Mon projet culinaire lui semble peu réaliste, voire vain. Il conclut, catégorique : « C'est en Géorgie qu'il fallait aller. » Abattue par la sentence, je pars m'allonger pour la nuit.

Lundi matin, la circulation est fluide. Bakou se déroule à nos pieds dans une aube bleutée. Depuis la grande avenue qui plonge vers la mer Caspienne, il règne une atmosphère de lendemain de guerre, silencieuse malgré les klaxons. Le son n'a pas encore sa place dans cette ville qui s'éveille, on la regarde respirer dans le froid de janvier, on la sent qui couve, qui grandit. En contrebas de la rue et dans celles qui lui sont adjacentes, des piliers solitaires de béton armé et leur lot de grillages rouillés poussent au creux de terrains en déshérence. Ils se transforment en immeubles et se répandent dans la ville comme des champignons hallucinogènes, façades ultraviolettes et balcons dorés. Les rares piétons emmitouflés pressent le pas en rasant les murs.

Le véhicule de Georges s'impose parmi les autres : « J'ai récupéré le 4x4 d'un diplomate. C'est un vrai bonheur ici. Tu vois, il n'y a pas beaucoup de feux rouges, alors le seul code de la route, c'est que plus tu es puissant, plus tu as la priorité. C'est dire si le piéton est en danger. Fais attention à toi tout à l'heure ! »

L'avenue débouche sur une place démesurément grande, où un ensemble de bâtiments en marbre blanc rappelle feu la grandeur soviétique. Dans le jour qui se lève, seule une équipe de balayeurs anime de sa présence traînante l'atmosphère grise de la ville. Babouchkas en fichus colorés et hommes à bérets noirs fouettent imperturbablement le sol. Ils avancent côte à côte, traversant l'espace en le frappant de leurs balais de fascines. La poussière revient au moindre coup de vent qui, en bord de mer, souffle fréquemment ; Sisyphes des temps modernes, ces balayeurs recommencent alors leur travail absurde, à l'infini.

Georges m'a présenté à sa jeune collègue azerbaïdjanaise Konul pour qu'elle m'indique où apprendre les meilleures spécialités culinaires : *piti* et sucreries à Cheki, pains et pâtes de farine à Guba, poulet et poisson farcis dans le Sud. La trentaine, ronde et brune, pleine d'entrain, Konul adore son travail et rêve d'être mutée en Europe. Elle a eu un premier enfant il y a un an et demi, le deuxième vient juste de naître ; elle en a gardé quelques kilos qu'elle ne compte pas perdre de sitôt : « Moi, j'aime manger ! » revendique-t-elle dans un sourire. Son congé maternité est terminé, mais elle allaite encore ; une montée de lait interrompt d'ailleurs la conversation. Elle dispose d'un tire-lait qui lui permet de remplir un biberon qu'elle conserve au frais toute la journée : « Le lait maternel tourne très vite. » En attendant, c'est sa propre mère qui s'occupe des nourrissons. Je suis impressionnée par cet admirable compromis entre vie active et vie de famille, question que chaque femme se pose un jour, y compris chez nous. Mon interlocutrice nuance cependant mes louanges : « Si mon mari pouvait m'obliger à rester à la maison pour m'occuper des enfants, il le ferait. Il est très moderne mais, sur ce point, il reste persuadé que c'est son rôle d'homme que de rapporter à manger au foyer, et mon rôle de femme d'y demeurer. » Elle conclut avec humour : « Le pauvre peut toujours attendre, parce que j'ai obtenu une augmentation. Comme je gagne ma vie mieux que lui, s'il y en a un qui doit rester à la maison… ça n'est pas moi ! »

Chaque midi, elle rejoint son mari dans un restaurant du centre-ville, unique moment de la journée où ils peuvent se retrouver tous les deux. Nous sommes un peu en retard ; il est adossé contre le porche blanc et vert en toc de l'entrée, et attend. C'est un beau jeune homme brun, coiffé en brosse, avec chemise et veste cintrée. Il est drôle et courtois, nous fait asseoir les premières autour d'une table en plastique, couverte d'une toile cirée verdâtre. Le carrelage au sol n'est pas reluisant, mais il ne faut pas se fier aux apparences, qui sont souvent trompeuses dans les restaurants d'Asie centrale. Ici, les raviolis sont fondants, garnis de viande et de légumes frais, et la crème de yaourt aigre dans laquelle ils sont à tremper arrive tout juste de la ferme. Pour terminer le repas, jamais de dessert. Au pire, il y aurait ces énormes gâteaux russes dégoulinants de sucre glace et de chantilly mais le mari de Konul se contente d'une tournée de thé noir, bien sucré. Sur la route du retour, je demande à Konul si elle peut m'apprendre à cuisiner certains de ces plats. Elle est dubitative : « Comme je te l'ai dit, c'est ma mère qui s'occupe du foyer, c'est donc elle qui cuisine. Le problème est qu'elle croit que, si quelqu'un la regarde tandis qu'elle est aux fourneaux, cela la ferait immanquablement rater ses plats. Comme elle est très fière, elle refuse que quiconque vienne gâcher ses talents en l'observant. Même moi, je n'en ai pas le droit ! » Konul ajoute, pensive : « Je me demande ce que je ferais sans elle si j'obtenais ce poste en Europe. »

Sur la place principale, les vendeurs ambulants envahissent l'entrée du métro et extraient à la sauvette toutes sortes de merveilles de leurs immenses sacs Tati. Ce sont surtout des produits chinois, habits d'enfants et jouets en plastique qui se briseront à la première utilisation.

Chaque type d'objet est présenté sur une marche ; quant aux habits, ils sont accrochés sur des fils tendus entre les vendeurs. Du haut du trottoir, deux gardes en toque de fourrure brune encore estampillée de la faucille et du marteau surveillent ce bazar improvisé. À l'intérieur, une mosaïque singulière accueille le visiteur : sur une immense paroi piquetée de carreaux colorés se dessine une tour qui rappelle le minaret Kalon de Boukhara. Vue en contre-plongée, elle illustre un châtiment médiéval : un homme, sans doute un voleur, est jeté du haut de l'édifice pieds et poings liés. Son corps tombe sur le regard du badaud, ses yeux sont bandés d'un petit foulard, sa bouche est un cri.

Une bousculade me porte vers la sortie, dans un quartier musulman où presque toutes les femmes sont voilées. À partir des termes russes « obtenir visa, où, ambassade, Iran », un homme m'indique l'une des nombreuses échoppes en sous-sol alignées au coin de la rue. Après avoir descendu quelques marches, j'atterris dans une salle minuscule et basse de plafond. Je prends place dans la file de sièges : néons, plastique et carrelage blanc. D'ici, le regard donne sur les jambes des passants. L'endroit semble manquer de prestige pour un consulat, surtout pour l'Iran. Ma voisine, une femme voilée, me traduit les documents de l'azéri au russe ; elle me parle de *krov*. Un rapide coup d'œil à mon dictionnaire me fait pâlir. *Krov* signifie « sang », dont le mot, à lui seul, peut me faire fondre en larmes : c'est ma phobie. Tous ces gens semblent pourtant trouver normal de se laisser prendre le sang dans un consulat. J'attends mon tour dans une angoisse sourde. Inconsciemment, je me suis recroquevillée sur mon siège pour qu'on m'y oublie mais l'employé me convoque, implacable, à son bureau. J'avance d'un pas hésitant, prête à m'évanouir ou à partir en courant, à prétexter le manque d'hygiène, tentée de renoncer à ce pays-là. Stoïque, l'employé feuillette rapidement mon passeport ; il semble préoccupé. Je sais que quiconque est allé en Israël n'obtient pas de visa pour l'Iran. Peut-être a-t-il vu le visa d'un autre pays qui serait sur sa liste rouge ? Le front plissé, il cherche un document, le consulte, puis trouve la confirmation qu'il attendait et, satisfait, me fait un signe en indiquant la sortie : « Vous êtes française, ce n'est pas nécessaire. » Ce n'était pas le consulat, juste un laboratoire d'analyses. Le bilan sanguin est un préalable obligatoire pour les Azerbaïdjanais, raison pour laquelle on m'a spontanément envoyée ici au lieu de m'indiquer l'ambassade.

Le beau gaillard aux yeux verts qui garde l'entrée de cette bâtisse imposante et fière me fait la conversation. Il profite de son uniforme pour réclamer mon passeport et se renseigner ainsi sur moi : « Française ? Paris ! La tour Eiffel ! » Je rajuste le foulard que j'ai mis pour l'occasion, et cela l'incite à rire : « Tu fais bien parce que, chez nous, c'est obligatoire ! Tu disposes de photos d'identité comme il faut, n'est-ce pas ? » Konul m'ayant prévenue, j'ai effectivement trouvé un Photomaton pour les refaire, voilée. Une fois à l'intérieur, les portraits des deux présidents, iranien et azerbaïdjanais, sourient au visiteur tandis qu'une télé diffuse des prières chiites en boucle dans un coin de la pièce. Je dépose formulaires et pièces d'identité. Dehors, le garde me salue : « À la prochaine ! »

Un rayon de soleil illumine les pierres du vieux Bakou. Les habits sèchent entre les fenêtres de part et d'autre des ruelles étroites. Les femmes grimpent les marches d'un pas pressé. Il fait doux ; ça me donne envie de flâner, de m'arrêter pour parler. Un chat facétieux m'observe depuis une porte entrouverte, ses maîtres ne sortiront pas. Plus loin, devant les ruines déplacées de Sibayl, une forteresse engloutie, je croise un Kazakh. Presque la trentaine, la tête ronde et pâle, cheveux courts, il est économiste. Il me conseille, puisque je me rends dans son pays, d'y goûter les oreilles de cheval, une spécialité locale. Lui non plus ne connaît personne ici. Nous prenons un verre puis nous quittons, juste le temps d'échanger un peu d'humanité.

Sous une dentelle d'ombre et de lumière, contre le tronc pelé d'un platane, un groupe de têtes grisonnantes a installé deux tabourets et une table de fortune aux pieds branlants. Les deux joueurs sont assis de part et d'autre du plateau de *nart* – notre jeu de jacquet.

Ils font bruyamment claquer les pions sur le plateau et, avant chaque lancer de dés, les paris vont bon train parmi les spectateurs aux barbes blanches qui observent debout cet affrontement pacifique. La chance a apporté un double, tous s'écrient *« chech ! »* devant les douze points noirs et s'esclaffent de leurs larges sourires édentés. La main heureuse triomphe, l'adversaire boude, les autres se moquent – jusqu'au prochain retournement de situation.

Sous les arches du palais des chahs Chirvan, un vendeur de tapis m'invite à boire du thé et, rapidement, se confie : « C'est dur ici, tu sais. » Il baisse la voix d'un ton : « Le président vient de décréter cinq jours fériés parce que c'est son anniversaire. Il espère ainsi faire oublier l'augmentation des prix du gaz et du pétrole. Les étrangers sont prêts à payer si cher pour nos ressources que le gouvernement préfère spéculer. Nous, le petit peuple, restons dans la misère. Tu te rends compte que la majorité des habitants ne sont pas approvisionnés en gaz alors que nous en produisons tellement ! » Même à Bakou, il n'y a pas d'électricité tous les jours, ni d'eau chaude, ni de gaz. « Construire des infrastructures, c'est long, et les entretenir, ça ne rapporte rien… *Inch'Allah !* ça s'arrangera. »

Au grand bazar de Bakou, qui dégringole un versant de la ville, on trouve aussi bien des fleurs colorées que des fruits et légumes biscornus, des pains en tout genre, fins comme des feuilles de papier ou gonflés de levure, ronds ou rectangulaires, troués ou matelassés. Les marchands appâtent le chaland avec de beaux échantillons dorés. Sur une petite table en bois, un vendeur me fait goûter au *turchu*, une pâte violette, épaisse et granuleuse, vendue comme du tissu, en bandes découpées depuis un rouleau. Ça ressemble aux bonbons « lasso » que mon frère et moi achetions, petits, dans la boulangerie du coin de notre rue ; à la fois sucrés et piquants, avec un goût proche de la fraise. Du côté des bouchers, les mouches se font rares par ce froid, mais une puissante odeur d'abattoir se dégage des carcasses pendues aux cabanons. Des pyramides de têtes de mouton sont empilées au sol, la peau jaunie, les poils brûlés au chalumeau. Sous leurs paupières mi-closes apparaît le voile blanc des yeux morts. Les crânes jouxtent une bassine remplie d'estomacs à l'aspect râpeux, pleins de villosités blanches. Il y a aussi un plateau de mandibules inférieures où d'immenses langues pendent sur la chair rose. Plus bas, un type en casquette de cuir me propose du caviar de bélouga, « le meilleur ». Il me dirige entre les allées de fleurs puis de légumes, jusqu'aux poissonniers. Sous un porche, il tire deux tabourets rafistolés et sort trois belles boîtes d'un frigo antique alimenté par un générateur dégoulinant d'essence. Il en ouvre une et, de la pointe de son couteau, retire une bouchée d'œufs argentés qui fondent sur mes papilles.

Le long de l'avenue du bord de mer, deux balayeuses se reposent, affalées sur un banc. Les mains posées sur leurs outils de travail, elles observent un groupe d'ouvriers qui déroule des mottes de pelouse au pied de la statue du président Aliev. L'étendard vert, rouge et bleu attend d'être levé ; son tissu brillant claque dans le vent. Une manifestation officielle, les seules qui soient autorisées, doit passer tout à l'heure. Puis le drapeau sera replié dans un caisson ouvragé, le parterre de gazon retournera dans sa serre et les ouvriers iront chercher leur paye. Ces jours-ci, on commémore la guerre avec l'Arménie, dont il convient de se souvenir car elle a amputé le pays d'un morceau à l'ouest de son territoire. À l'époque de la guerre, les Arméniens avaient annexé facilement le couloir du Haut-Karabakh, peuplé de leurs ressortissants. Le Nakhitchevan, la région montagneuse contiguë, est devenu une enclave coincée hors du territoire national. D'aucuns grondent et tempêtent dans les journaux qu'il faut se battre, récupérer la province perdue quinze ans auparavant et retrouver la continuité territoriale. Le simple budget de la Défense azerbaïdjanais n'est-il pas désormais supérieur au PIB total de sa voisine ? À l'époque, les ressources énergétiques ne revenaient pas à l'Azerbaïdjan mais au puissant empire soviétique. Aujourd'hui, les Azerbaïdjanais sont en force, et n'en feraient qu'une bouchée. Mais la région est sensible ;

les grandes puissances veillent au *statu quo* : la route des pipelines doit rester calme pour ne pas déstabiliser les économies occidentales. À l'horizon, les bras tordus des derricks du *neftanmie-kamni*, les « rochers du pétrole », grimacent en mer. Rouge ou bleu métallique, ternes, comme morts, ils ne pompent plus le sang noir des fonds marins. « Ce sont eux qui ont causé tout cela ! semblent brailler les mouettes en se dandinant sur la digue, ces pompes à pétrole, avec leur sale puissance destructrice, qui réveillent indéfiniment l'appétit des hommes. » Je m'en détourne.

Par-delà l'avenue, la forteresse cubique de la *Dom Governmient* m'attend. Konul est déjà là, dans le petit carré d'herbe rase qui fait le tour du bâtiment. Elle se fera l'interprète d'une discussion avec le professeur Amiraslanov, président de l'Association des chefs cuisiniers d'Azerbaïdjan. Ce titre pompeux contraste avec la couche de poussière et les blocs de pierre qui obstruent les longs couloirs que nous traversons. Tout au fond du bâtiment, la porte est cachée sous un échafaudage. Nous toquons doucement, hésitantes. C'est une jolie blonde qui nous ouvre. Derrière elle, la même en brune, puis une troisième aux cheveux rouges, teints au henné. Ingénieur, ethnologue et historien, le professeur est un homme important et cultivé qui, quoique petit et rond, aime les belles femmes. La moustache droite et épaisse, les yeux pétillants de malice, il prend le temps de nous accueillir avec mille égards dans son immense bureau. Content de son parcours et de sa position sociale, il s'est décidé à jouir de la vie en professant autour de lui son *Carpe diem* et compte bien me démontrer à moi, Française, que la cuisine a été inventée par ses ancêtres mésopotamiens. Dans les roches du Gobustan, au sud de Bakou, des chercheurs s'interrogent sur le dessin d'un animal sauvage remontant à 3 700 ans avant J.-C. et sur lequel figurent des lignes quadrillées. Pour mon interlocuteur, il s'agit évidemment des lignes de découpe de l'animal avant la cuisson. Amiraslanov ajoute qu'à Cheki, dans le nord du pays, on a trouvé un samovar de 3 500 ans, le plus ancien du monde. Le charbon ardent était inséré à l'intérieur du tube central de cette antique bouilloire, l'eau tournait autour, chauffait, concentrant les éléments riches en minéraux. L'érudit en conclut, frondeur, que ce sont bien là les débuts de la gastronomie puisque le samovar permet de sublimer l'eau.

L'une de ses assistantes nous apporte justement un thé. Il attrape un biscuit et poursuit son propos : « Les Français sont persuadés d'avoir inventé la pâtisserie, mais le terme même de "gâteau" vient de l'azéri *gat,* qui signifie "couche de pâte de farine". » Inutile d'argumenter contre ce savant si sûr de lui. Je me contente de l'écouter attentivement pendant les trois heures que dure notre entretien, au cours duquel il ne regarde pas sa montre une seule fois. Ailleurs qu'en Occident, le temps est un bien commun qu'on partage, tout comme la nourriture : en Azerbaïdjan, il n'est pas même envisageable de prendre un repas seul, car ce moment convivial est beaucoup trop sacré. « Manger tout seul, c'est comme mourir, c'est perdre son identité », explique-t-il. À la cour des khans, nobles et invités partageaient le même plat, que tous dégustaient à mains nues. C'était une marque de respect très forte, puisqu'on s'en remettait à l'hygiène de chacun, mais également une marque de confiance, car si le plat avait été empoisonné, tous en mouraient. Enfin, manger avec la main permettait d'en tester la température et d'éviter de se brûler la langue. D'ailleurs, ajoute le professeur : « Si les aliments sont à la même température que le corps, les récepteurs de la langue en perçoivent mieux les saveurs ; tout le contraire d'un comportement barbare ! Pourtant, lorsque les premiers voyageurs occidentaux arrivèrent, ignorants de nos coutumes, ils refusèrent de manger dans le plat commun et réclamèrent chacun une assiette. Ici, seuls les chiens mangent dans leurs gamelles respectives ; les hommes, eux, partagent. »

Amiraslanov distille ses anecdotes comme des vérités atemporelles, mais je constaterai avec un soulagement qu'on comprendra plus tard que les coutumes ont changé. Si les Azerbaïdjanais, aujourd'hui encore, aiment manger ensemble, ils mangent dans des assiettes séparées, et avec des couverts.

Amiraslanov nous ressert lui-même une tournée de thé dans des verres aux parois cintrées et au fond arrondi, occasion d'une ode à la féminité qu'il chérit : « Cette forme de poire, c'est celle du corps de la femme. Ces verres-là, comme les femmes, conservent la chaleur du foyer en leur sein. Le verre a beau se vider, il est rempli à nouveau, symbolisant la femme qui donne à l'homme tout le plaisir et l'amour dont il a besoin. En échange, l'homme doit céder à tous ses désirs. Si une femme est malhonnête, elle est comme un verre irrémédiablement vide : quelle que soit sa beauté, l'homme doit s'en désintéresser car elle ne pourra rien lui apporter. »

Notre hôte conclut l'entretien en rapportant un poème de Nezâmî :

« Alexandre le Grand arrive dans le Caucase et s'arrête à l'entrée d'un cimetière. Sur les tombes, il voit les inscriptions suivantes : "Cet homme a vécu deux ans", "Celui-ci a vécu trois ans", "Celui-là n'a pas vécu". Étonné, il demande aux villageois s'il s'agit d'un cimetière pour enfants. Ils lui répondent que ce sont bien des gens âgés qui sont enterrés mais expliquent : "Pour nous, la vie d'un homme n'est pas le nombre d'années qu'il a passé sur terre, mais le nombre d'années où il a été vraiment heureux, où il a aimé et été aimé." »

Et Amiraslanov d'ajouter galamment que les trois heures qu'il vient de passer en notre compagnie s'ajouteront sans doute à la somme des moments de bonheur qu'il a engrangés.

Chapitre 2

À LA FRONTIÈRE DU DAGHESTAN RUSSE

Où l'on est comme un coq en pâte.

DANS LA FOULE EXCITÉE des passagers chargés de bagages, les vendeurs de jouets *made in China* et les cuisinières aux paniers débordants de pains fourrés à la viande se disputent le client. Sur l'emplacement du départ vers la réserve naturelle d'Ismayli, un minibus blanc est garé. Un crieur se charge d'annoncer les étapes :

« Istisu ?

— Oui. »

En un instant, mon sac est écrasé dans le minuscule espace du coffre et je me retrouve assise parmi les passagers. Derrière les rideaux de velours bleu d'un kitsch commun à toute l'ex-Union soviétique, chacun commente le va-et-vient alentour et appelle parfois un vendeur trop heureux d'écouler sa camelote. Les hommes, assis au fond, grignotent des graines de tournesol qu'ils crachent au sol et se racontent des blagues en riant bruyamment tandis que les femmes, cantonnées à l'avant, demeurent silencieuses, leurs bras serrant contre elles de gros baluchons en tissu. L'assistant du chauffeur s'époumone longuement pour rameuter les derniers passagers.

Nariman m'attend sur le bord de la route. Ce chasseur en tenue kaki, mal rasé, la tête carrée et les sourcils épais sous sa chapka soviétique, arbore un large sourire rassurant. Son village, Istisu, se situe plus haut dans la vallée, à quelque 1 000 mètres d'altitude, là où les névés blancs alternent avec les maisons éparses et les troncs d'arbres nus. La cuisine n'est pas le dada de Nariman. Lui, il la consomme, aussi se gare-t-il immédiatement à côté d'une grange en bois noircie par le temps. Nous sommes chez sa sœur, qui s'affaire dans la pénombre, retirant les deux plaques de protection du poêle et posant sur l'âtre deux larges *kazan*, ces marmites d'aluminium à fond arrondi. Elle y fait bouillir de l'eau, l'une pour le thé, l'autre pour le riz. Assise par terre à ses côtés, une grand-mère sans âge brise des noisettes contre une large pierre plate. Elle est emmitouflée de vêtements de laine, depuis la double paire de chaussettes aux mailles épaisses jusqu'aux trois châles qui couvrent sa tête et ses épaules. Des lunettes en cul de bouteille grossissent tellement ses yeux qu'elles lui donnent un air innocent, si vieux qu'elle semble avoir passé plusieurs vies déjà à tisser et à cuisiner pour des générations d'hommes.

Le poêle grésille, le chat ronronne à son flanc ; nous buvons ensemble un thé brûlant. Nariman est parti rejoindre les hommes à l'extérieur. Ce qu'il reste d'eau chaude est versé dans un bol pour faire gonfler raisins et abricots secs. Comme la sœur de Nariman ne parle que le lezghi, la langue de leur ethnie, c'est cette grand-mère, ancien professeur de russe, qui me fait la conversation : « Les Russes m'ont donné 91 ans, mais en réalité j'en ai 84 : ils ont établi leurs registres n'importe comment ! » marmotte-t-elle en malaxant kéfir, œuf, farine et beurre fondu. C'est la base du *kazmakh*, cette pâte qu'on étalera au fond du *kazan*. Une fois grillée, elle constituera la meilleure partie du plat. « Débrouille-toi pour les quantités, parce qu'ici, on fait ça au jugé. S'il te faut vraiment une unité de mesure, tu prends le bol, le verre, ou encore le godet à vodka. Chez nous, on n'utilise pas de balance, ça ne sert à rien. » Cette grand-mère me rappelle la mienne, qui refuse de peser les ingrédients, arguant que, pour réussir un plat, tout doit se mesurer « au petit bonheur la chance ».

La cuisinière attrape un grain de riz et l'écrase entre ses doigts. C'est le signe qu'il est cuit. « Le *plov*, raconte encore la grand-mère, est le plat qui symbolise l'Asie centrale. On dit qu'il a été inventé par Alexandre le Grand à son passage dans le Caucase. Ses troupes, auxquelles il ne restait plus que des sacs de riz, mouraient de faim, aussi a-t-il envoyé ses soldats ramasser ce qu'ils trouveraient. Carottes et oignons poussaient partout en quantité, ils sont donc la base du *plov*, mais dans chaque région, on y ajoute les ingrédients les plus aisés à dénicher. Pour nous, les montagnards lezghi, ce sont les châtaignes et les fruits secs, mais, rien qu'en Azerbaïdjan, il en existe plus de cent recettes différentes. » Dans une nouvelle casserole, la sœur étale le *kazmakh* mélangé à du riz ; puis elle pose par-dessus des morceaux de poulet marinés dans des oignons depuis la veille, abricots et raisins secs gorgés d'eau, quelques marrons. Elle dépose ensuite le riz en pyramide par-dessus le tout et, afin de réduire le feu, retire quelques braises du poêle puis couvre son plat.

Pendant ce temps, au-dehors, les hommes jouent aux dominos. Ils ont pris pour table un tronc d'arbre sectionné à sa base, leurs sièges sont des tas de pierres garnis de confortables peaux de mouton. Les quatre joueurs se chahutent en faisant claquer leurs jetons sur la table ; d'autres, debout derrière eux, observent, commentent et parient sur le gagnant. Au coucher du soleil, les hommes de la famille montent à l'étage pour y remplir des grilles de mots croisés à la lumière d'une lampe à pétrole ; puis chacun rentre dans ses pénates. En bas, dans la grange, les femmes terminent la préparation du repas. Pour s'assurer que le plat est cuit, la sœur tape le fond du récipient avec le manche d'une cuillère en bois. Le bruit est mat, étouffé : c'est bon, le *kazmakh* a pris ; elle peut le servir là-haut. Dans des assiettes creuses, elle s'applique à répartir équitablement le riz d'abord, puis le poulet et, enfin, les plaques grillées du *kazmakh*. Un bol de beurre circule entre les convives.

Une fois les estomacs pleins, la table est soulevée, posée de côté, et des tapis épais sont installés au sol en complément des deux lits à sommier. Je m'allonge auprès de la grand-mère, mais le thé, le vin sucré et le Coca-Cola qu'on m'a donné à boire me tiennent éveillée. Un léger vent glacé tombe du cadran mal isolé de la lucarne.

Les souffles apaisés des dormeurs se condensent devant leurs bouches puis disparaissent dans la nuit.

Nariman et deux de ses amis ont décidé de m'emmener sur les hauteurs visiter les ruines d'un château médiéval. La route est enneigée : malgré ses quatre roues motrices, la Jeep patine puis s'arrête. Après Bakou et deux jours de cuisine, j'espérais me dépenser un peu physiquement, mais il n'y a rien à faire : mes compagnons sont tous trois en chaussures de ville, faites de cuir percé ou tressé, rapidement détrempées. En contrebas, des blocs de pierre inclinés dépassent de la neige. Ils semblent plantés là depuis des centaines d'années, couverts de lichen orange et de mousse d'un vert tendre. À mesure que nous approchons, je comprends qu'il s'agit d'un très ancien cimetière. Quoique les morts soient tous musulmans, les inscriptions des stèles varient en fonction de leur ancienneté : alphabet arabe, cyrillique ou turc. Devant l'unique tombe récente, protégée par une grille rouillée sur laquelle sont accrochés foulards, tissus et fils colorés, Nariman dépose une pièce. Il récite une courte prière puis fait l'*umin*. Pour accomplir cette action de grâces, il se passe doucement les mains sur le visage, paumes vers l'intérieur, de haut en bas, comme pour se rincer la tête. Je reproduis son geste, systématiquement esquissé aussi en passant devant tout cimetière. Je pense aux miens.

Récemment, un ami de Nariman a pris un sanglier. Pour ces chasseurs qui se disent musulmans, cet animal ne semble pas soumis aux mêmes interdits religieux que son cousin le cochon. Il est vrai que tous ces rudes gaillards sont passés par le service militaire soviétique, comme en témoignent les insignes qu'ils portent encore sur leurs uniformes. Pour développer l'athéisme, les soldats en charge de la cantine se devaient de ne servir que du porc aux musulmans. Affamés, ceux-ci finissaient par braver l'interdit religieux et en oublier le tabou. Quoique l'islam soit devenu pour certains une revendication identitaire après les indépendances, nombreux sont ces sunnites qui préfèrent avant tout faire bonne chère. À Khiva, j'avais croisé un

Ouzbek d'une cinquantaine d'années qui fêtait la circoncision de son petit-fils à la vodka. Boire de l'alcool était tellement ancré dans ses mœurs qu'il comptait « devenir un bon musulman à 70 ans », lorsqu'il ne travaillerait plus et que, proche de la tombe, il pourrait se consacrer à Dieu plutôt qu'à la bouteille...

Chacun s'attelle à la tâche : les ustensiles sont sortis et, pendant que l'un visse le hachoir à la table, l'autre découpe la viande en petits morceaux tandis que le troisième épluche des échalotes. La moulinette tourne et la viande mélangée à ces dernières tombe en masse compacte dans une bassine. Pendant ce temps, deux femmes restent en retrait et s'occupent des légumes, pommes de terre et oignons hachés qu'elles amalgament ensuite avec la viande au creux de leurs mains humides. Ces petits steaks assaisonnés sont des *kotlet*, un plat russe, car la femme du chasseur, Uma, et sa sœur Kamala sont originaires du Daghestan, qui borde l'Azerbaïdjan au nord. Les hommes se retirent avec une bassine dans laquelle j'ai aperçu un énorme paquet sanguinolent. Sans doute le foie ou le cœur ; je croise les doigts pour qu'ils l'emportent ailleurs, définitivement. Leurs rires s'éloignent.

La compagnie des femmes, à la voix douce, est plus reposante. Uma et Kamala ont la peau pâle et les cheveux sombres et lisses, attributs de beauté qui font des envieuses. Pourtant, en véritables femmes russes, elles sont attachées à leur indépendance. Kamala, qui est institutrice dans la ville de Cheki, est venue passer chez sa sœur les derniers jours de sa grossesse. Elle a beau avoir 30 ans et s'être mariée il y a plus de huit ans, elle attend son premier enfant. La chose est peu courante dans cette région où tous s'étonnent que je n'aie pas déjà un ou deux enfants du haut de mes 22 printemps. Pour Kamala cependant, la fatigue de la grossesse dessine sur son visage l'éventualité d'un calvaire : donner naissance à un enfant signifiera peut-être la fin de sa liberté. Bientôt, elle s'occupera de la descendance de son mari, et regrette déjà son travail et ses sorties... Mais voilà les hommes qui s'en reviennent ; leurs exclamations estompent le silence. Ils s'attablent. Nous nous sommes tues.

Uma apporte les plats. La nourriture est servie en abondance : *kotlet*, dindon en sauce, pommes de terre, conserves de tomates maison et noisettes à volonté. Je mange avec lenteur pour éviter d'être resservie trop vite. Eux dévorent avec plaisir en accompagnant chaque plat d'une rasade de vodka et d'un cri, «*pembek!*». Rapidement, les joues rosissent et la voix forcit. Ils chantent de leurs voix graves et nostalgiques des complaintes russes et, à nouveau, cognent leurs verres, «*pembek!*». Ils se poussent ensuite du coude d'un air entendu, et l'un d'eux apporte le fin du fin, ce qu'ils nomment en français « délicatesse ». En guise de dessert, voilà qu'ils déposent sur la table les paquets sanglants de tout à l'heure, découpés, alignés en brochettes et grillés au feu de bois. C'est du cœur de *maral*, un grand cerf, dont on me choisit deux beaux morceaux. Je tente faiblement de m'extasier pour faire honneur au plat, mais rien n'y fait. La seule idée de devoir avaler un peu de ce cœur me donne une telle nausée que j'en ai l'estomac noué. Comme ils tournent la tête, je subtilise, consciente du délit, l'un des morceaux dans ma serviette, et cache l'autre sous les quelques patates qui demeurent dans mon assiette.

Après le repas, je file au fond du jardin pour y faire disparaître mon larcin, et croise les doigts pour que personne ne m'ait vu accomplir un tel forfait : que dirait-on chez nous si un invité allait jeter son foie gras aux toilettes le jour de Noël ? J'ai conscience d'avoir commis un sacrilège impardonnable, mais les hommes sont si gais qu'ils n'ont rien vu. Ils décident d'ailleurs de m'emmener au « bar » du coin. Celui-ci, un chalet en contrebas de la route, est un repaire de chasseurs. Cinq ou six chiens attendent au-dehors leurs maîtres qui trinquent au chaud. Dedans, tous sont dans leurs uniformes à étoile rouge, qu'ils ont conservés et entretenus avec soin. Après quelques rasades de vodka, ils me demandent de dessiner l'un d'eux. Le résultat n'est pas des plus flatteurs. Tandis que l'intéressé réclame son portrait, tous les autres rient aux larmes. Il veut quand même le conserver. C'est la première fois que je parviens véritablement à partager leurs rires. J'ai beau comprendre et parler le russe, mes rudiments de conversation ne me permettent aucunement de saisir les nuances de l'humour. Seul un comique de situation, grotesque, évident, peut se transmettre par-delà nos cultures et nos langues respectives.

Ce soir-là pourtant, de retour à la maison, nous mangeons à nouveau un plat gargantuesque et, de nouveau, les verres de vodka se vident plus vite qu'ils ne se remplissent ; les jeux de mots fusent sans que je les comprenne. Je reste en retrait, prétextant la prise de notes dans mes carnets.

Kamala m'a donné les coordonnées d'une de ses élèves à Cheki. Dans le taxi où l'on m'a déposée, je suis seule avec le chauffeur, ce qui ne lui plaît qu'à moitié. Il ne part généralement pas avant que son véhicule soit plein et geint sans cesse contre ce départ forcé. Comme je ne réagis pas à ses récriminations, il tente néanmoins de profiter en nature de ma présence solitaire. Sous couvert d'une blague, il s'esclaffe et me tape sur la cuisse ou encore tente de m'attraper par le cou pour m'approcher de lui et me claquer un gros baiser mouillé sur la joue. Comme je le fusille du regard, le poing menaçant, il renonce et recommence à se plaindre. Je prends le parti de ne plus lui adresser la parole, aussi chacun boude-t-il dans son coin. Sur la route, la modestie des maisons, la grisaille du ciel et la mine sombre des paysans contrastent avec les gigantesques photos en couleurs du président et de feu son père, l'ancien président, qui posent ensemble sur fond de drapeau azerbaïdjanais ou de parterres de fleurs. À l'entrée de chaque ville, de chaque village et même parfois entre deux communes, ils annoncent ironiquement, piliers plantés dans la fange des champs désertés, que « les prairies sont verdoyantes dans notre beau pays d'Azerbaïdjan », ou encore qu'ici « les oiseaux chantent et la vie nous sourit ».

Une fois à Cheki, le chauffeur refuse de me déposer à l'adresse que je lui indique. C'est normal, c'est un « taxi collectif », il suit des trajets fixes et le fait que je sois seule ne change rien à son affaire. Comme son arrêt est dans le vieux centre, j'en profite pour visiter le palais du khan Husseïn Aleihan avant d'appeler mes futurs hôtes. Vitraux colorés, plafonds ouvragés et fresques murales n'attirent pas les foules au mois de janvier. Seuls deux garçons, Senan et Iltchin, se joignent à moi pour la visite. Mon origine étrangère est évidente : grande, le teint pâle, les yeux bleus, je ne ressemble pas à ces bruns râblés, aussi leur première phrase est-elle dans un anglais approximatif. Me découvrant française, leurs yeux s'illuminent. Ici, les Français ont la réputation d'être très romantiques simplement parce qu'ils considèrent le mariage d'amour comme une évidence. Ils n'arrivent cependant pas à la cheville de mes deux guides, dont la galanterie est infiniment plus poussée, presque pesante. Tandis qu'ils m'emmènent déguster la spécialité du coin, le *piti*, un bouillon de viande mijoté pendant huit heures sur la plaque du poêle, Senan fait l'impossible pour se rappeler ses cours d'anglais en me talonnant tandis qu'Iltchin, plus timide, porte mon sac en retrait. Au café Bereket, Mamich, cheveux blancs et dos courbé, refuse de m'expliquer la recette avant que nous n'y ayons goûté : il faut d'abord apprécier ce « plat du pauvre » entre plafond bas et toile cirée pour avoir droit à son enseignement ; un *piti*, ça se respecte.

Mon refuge du soir se trouve en contrebas d'une ruelle boueuse. Après le portail, un chemin contourne la minuscule maison bordée par un jardin potager. À l'intérieur, il n'y a que deux espaces : une véranda qui fait office de cuisine et de débarras et un salon qui sert aussi de salle à manger et de chambre à coucher. Un lit double occupe la majeure partie de cette pièce encombrée d'une armoire, d'un meuble télé, de photographies passées et de bibelots en tout genre. Les deux filles, Chams et Sara, leur mère, leur tante et les grands-parents partagent ensemble ces 18 mètres carrés. Ce soir, nous ne sommes qu'entre femmes, car le grand-père est veilleur de nuit. Les autres hommes séjournent loin du foyer, en Russie, là où il y a du travail. Moscou a longtemps été leur capitale à tous mais elle les a rejetés. Désormais, le racisme envers les peuples de l'ex-Union soviétique y est très fort, et les crimes xénophobes émaillent régulièrement les informations moscovites. Mais comme on gagne mieux sa vie là-bas en tant qu'éboueur qu'ici en tant qu'instituteur, beaucoup préfèrent prendre le risque d'un exil.

Débarquée dans cette famille matriarcale sans autre introduction qu'un coup de fil de Kamala, l'institutrice de la petite Chams, je suis accueillie comme l'enfant prodigue : on sort les plus belles tasses, les meilleures confitures, et on allume l'antique poste radio en me demandant des nouvelles de ma famille, de mon voyage, ainsi que mes impressions du pays. La tante Dilber me montre fièrement la photo d'un de ses fils, un jeune gaillard blond en uniforme d'officier, au sujet duquel elle attend un compliment. Comme je la félicite – « Il est très beau ! » –, elle propose immédiatement de me le donner en mariage. L'alliance en toc que je porte au doigt est, de toute évidence, insuffisante contre les belles-mères en devenir. La véritable fête commence ensuite. Musique à fond, les habits volent, les élastiques se nouent dans les cheveux, les rubans sont secoués en l'air et Chams, toute en taches de rousseur et cheveux clairs ondulés, sautille partout, surexcitée d'avoir été choisie pour m'accueillir. Elle porte pour l'occasion son T-shirt *Titanic*, avec les portraits de Leonardo DiCaprio et de Kate Winslet. Même la grand-mère nous rejoint en se dandinant, prête à embrasser chacune de ses petites-filles sur les deux joues.

Sur le téléviseur, une cassette vidéo diffuse le reportage d'un festival turc de danses traditionnelles. Le film date ; un groupe de jeunes gens en costume folklorique y danse en cercle ou se promène dans les rues de la ville. L'une des jeunes filles de la vidéo est la mère du foyer. Le corps épaissi, les cheveux teints et la peau moite de son visage accusent les années passées. Physiquement, on la reconnaît à peine. Néanmoins, tout en s'observant à l'écran, bras levés, sourire aux lèvres, elle copie à l'identique ses propres mouvements de l'époque et danse dans l'espace exigu de la pièce avec une grâce que ses filles, appliquées avec leurs arabesques balbutiantes, ne parviennent pas à imiter.

À l'extérieur de la maison, une rigole irrigue en minces sillons les plants de baies et de légumes. À côté de la porte, un compte-gouttes en plastique accroché à un piquet permet de se laver les mains au savon ou de se brosser les dents, parcimonieusement. Au fond du potager, loin du cours d'eau et suffisamment aérée, une petite cabane en bois sert de cabinets. Je m'y rends avant le repas et découvre trop tard qu'il y manque un accessoire essentiel. D'habitude, les pages d'un cahier d'exercices raturées ou celles d'un roman de gare, au papier granuleux jauni par le temps, font l'affaire. J'ai beau me savonner les mains, j'ai une pensée pour le professeur Amiraslanov de Bakou et pour sa théorie de l'hygiène partagée : je suis soulagée qu'on me serve des couverts pour manger !

Il fait nuit depuis longtemps quand nous transformons la modeste pièce en dortoir. C'est à moi que revient l'unique lit tandis que toutes étendent des matelas sur le sol et remplissent ainsi la totalité de l'espace disponible. Inutile de discuter, c'est ainsi. L'hospitalité, ici, n'est pas de partager en deux ce qu'on possède, mais d'en offrir la totalité à l'invité.

Senan et Iltchin, les deux garçons rencontrés la veille, reviennent me chercher pour une balade en montagne, sur la piste du Gelersen Gerersen. Ce sont les ruines d'une forteresse où un khan azéri se serait réfugié au XVIIIe siècle pour résister au chah d'Iran. Ce dernier lui ayant fait demander s'il pensait soutenir les assauts de son armée, le khan aurait répondu : *Gelersen, gerersen*, « Viens, et tu verras ». Pour s'y rendre, mes deux compères sont en tenue de ville et chaussures vernies, ils n'ont ni mangé ni emporté la moindre goutte d'eau. Notre première activité est donc de dévorer des *chachlik*, brochettes de viande grillée, à l'étage d'un restaurant. Une fois rassasiés, ils allument une cigarette pour se préparer à l'effort, au moment précis où une Jeep soviétique pile à nos côtés. C'est un cousin de Senan. La voiture est pleine d'amis et de cousins : leur enthousiasme revient. On déloge le passager avant pour m'installer à sa place, tandis que tous les autres s'entassent dans le coffre. Le volume des baffles est poussé au maximum et les blagues fusent en azerbaïdjanais ; on me pince la joue en riant. Après avoir manqué plusieurs fois de coincer la Jeep dans une ornière, nous sommes déposés à peine 200 mètres plus loin ; Senan et Iltchin ont retrouvé leur entrain.

Il est déjà 3 heures de l'après-midi. Par les ruelles bourbeuses, les villageois nous mettent en garde : la nuit tombe vite en hiver. Nous croisons deux chevaux en sens inverse. L'un chemine seul et l'autre est monté à cru par un enfant ; ils tirent des grumes depuis la forêt en contrebas, où un groupe d'*aksakal*, les vieux sages qu'on appelle « barbes blanches », nous indique vaguement la direction du château : « Là-bas, loin, très loin derrière la forêt. » Je veux continuer quand même. Verglas, boue, neige épaisse. Mes deux comparses, qui se destinent l'un à la finance et l'autre à la diplomatie, regrettent d'autant plus amèrement de m'avoir accompagnée que nous sommes arrêtés par deux soldats en uniforme, qui veulent voir nos passeports. Je n'ai pas le mien, retenu par l'ambassade d'Iran, et préfère cacher ma photocopie de peur qu'ils ne l'utilisent contre moi. Cette vallée mène au Daghestan, aussi les déplacements sont-ils étroitement surveillés. Senan et Iltchin déclinent leur identité et négocient de ne livrer que mon nom, phonétiquement. Cela donne quelque chose comme « ALISPLAN » : me voilà fichée !

Déjà, le soleil décline. Le chemin se perd sous la neige, mais une petite grille qui barre le passage me conforte dans l'idée que nous sommes sur la bonne route. Alors que Senan considère l'embûche comme suffisante pour rebrousser chemin, je soulève le loquet, et la grille s'ouvre dans un grincement sinistre. Ils évoquent aussitôt les ours et les loups qui rôdent immanquablement dans les environs – nous sommes pourtant à proximité des habitations. J'avance. Il faut s'agripper sur quelques mètres aux racines et aux branchages. Mes compagnons s'arrêtent tout de go. Je décide de terminer seule, ne serait-ce que pour découvrir la vue ; leur orgueil les convainc de me suivre. À peine quelques enjambées plus haut, les ruines de la forteresse tant attendue se dévoilent enfin, une trentaine de mètres carrés de pierres blanches éclaboussées de soleil rose. Le panorama s'étend sur toute la vallée : en bas, les sillons emmêlés du fleuve à l'étiage sont dominés par un vaste pierrier et par les forêts enneigées du Caucase. Au loin, les sommets se colorent de la lueur du couchant : c'est déjà la Russie.

Il fait nuit noire quand le taxi me dépose à la maison. Senan et Iltchin devaient m'accompagner à Bakou, mais ils sont retenus par un *secret business*. J'insiste à peine pour apprendre le fameux secret : ils attendent une Mercedes de Géorgie. Le trafic est connu. Un « cousin » demande un visa d'affaires pour la France. Grâce à l'espace Schengen, il passe en Allemagne et achète d'occasion une Mercedes presque neuve pour la moitié de son prix. Les Allemands aiment changer de voiture, le marché de l'occasion est saturé. Alors, le « cousin » conduit le véhicule jusque dans le Caucase où il le revend au moins le double, une affaire très lucrative qui explique le nombre étonnant de Mercedes jusque dans les plus petits villages.

Dans la précipitation du départ, je boucle rapidement mon sac, bois un thé avec toute « ma » famille et pars en fanfare : musique à fond, énième vidéo du festival de danse traditionnelle, embrassades éplorées et taxi affrété pour l'occasion. J'arrive à 8 heures et demie précises et me jette, haletante, dans un véhicule vide : le départ n'aura lieu que trois heures plus tard. J'ai tout le temps de manger le sandwich que mon hôtesse a préparé, un demi-pain de seigle garni de beurre et de fromage, chaque tranche d'environ un centimètre d'épaisseur, beurre compris.

Chapitre 3
GAZ ET DERRICKS DE LA CASPIENNE
Où l'on a du pain sur la planche.

LE BUS ME DÉPOSE dans une station routière désolée, au pied de Bech Barmak, la colline couronnée des cinq blocs rocheux allongés qui lui valent son nom de « cinq doigts ». Dans ce haut lieu estival, les habitants de Bakou passent le dimanche avec barbecues et parentèle. En hiver cependant, l'endroit est vide, et les quelques cafés en activité s'ennuient au bord de la route. Seul le chauffeur s'y arrête pour se redonner courage; les passagers restent au chaud en attendant son retour. Je descends à sa suite, car je compte grimper au sommet de la colline avant la nuit, mais le patron du café, un gaillard d'une quarantaine d'années, la figure ovale garnie d'une moustache poivre et sel, me convainc d'attendre le lendemain pour cette expédition; il est tard: je me retrouverais là-haut de nuit et, en cas de problème, personne ne pourrait me venir en aide. Il me propose plutôt, en l'absence d'hôtel, de dormir là. Il parle peu le russe mais son visage m'est sympathique. Je décide de lui faire confiance, d'autant que pour profiter du peu de jour qui reste, il propose d'aller voir la mer, derrière son café.

Passé le coin du mur et les toilettes publiques badigeonnées de peinture mauve, ce n'est pas la mer qu'on voit, mais une étendue désertique. Parmi quelques arbustes épars aux feuilles de papiers gras et de sacs plastique, un champ de pompes à gaz et à pétrole pousse sous une forêt de poteaux électriques. Tout semble abandonné dans une brume légère. Nous approchons. La plupart des derricks sont arrêtés mais l'une des pompes fonctionne. Assez petite, d'environ 4 mètres de haut, elle penche son balancier d'avant en arrière et éclabousse son pourtour de pétrole brut. Malgré le temps qui fraîchit, des courants d'air chaud passent en un souffle agréable. Nous évitons les flaques d'essence et prolongeons la marche jusqu'à ce que des mares d'eau saumâtre bloquent la route. La mer ne se distingue plus du sable terreux dans la grisaille lointaine. Mon hôte s'éloigne hors du sentier. J'hésite à le suivre, mais il me fait de grands signes avant de se pencher sur l'un des tuyaux qui traînent au sol. Je l'observe, un peu en retrait, trafiquer le cylindre de caoutchouc, tirer, tourner, jusqu'à réussir à le sortir de son embout. Une gerbe d'eau l'éclabousse. « Gaz ! Gaz ! » s'exclame-t-il. J'ai du mal à le croire car je ne sens rien. Déterminé à me prouver qu'il ne ment pas, il sort un briquet et, sans la moindre crainte, allume la flamme devant l'entrée du tuyau. Cette fois, c'est une énorme gerbe de feu qui s'en échappe : le gaz, à l'état naturel, est inodore. Satisfait de sa démonstration, il tente ensuite d'éteindre la flamme. Il frappe la sortie de gaz avec un papier journal humide qui traînait là et, après quelques appels d'air qui ravivent la flamme, parvient finalement à son but et rebouche le tuyau.

Une fois notre bêtise accomplie, nous retournons au café, complices. Il fait déjà nuit. Quelques hommes égarés vident des godets ; d'autres regardent, amorphes, le téléviseur tandis que la cuisinière, forte femme au sourire d'or, et son adolescent d'auxiliaire me servent un délicieux dîner frugal à base de thé et de poisson grillé. Dans une salle attenante à la cuisine, parmi un bric-à-brac impressionnant, un vieux lit défoncé m'attend. L'oreiller sent mauvais, la cuisine dégage des odeurs de graillon et la télé est branchée au maximum dans la salle principale – les rares clients hurlent pour couvrir ce boucan. Je m'endors en croisant les doigts pour que la nuit ne me réserve pas trop de surprises, heureuse pourtant de cette rencontre fortuite, qui me persuade qu'il est possible de cheminer à l'aveuglette et que le destin s'occupe de m'apporter du soutien, même dans les endroits les plus inattendus.

Après quelques heures de sommeil, le patron me réveille, n'y tenant plus : lui aussi veut dormir un peu. À peine mon duvet replié, il se glisse dans les draps gras et m'intime l'ordre de filer. Me voilà assise sur une chaise en plastique, scrutant la nuit noire à la recherche de l'aube. J'ose un pied dehors. Depuis la route, je n'aperçois pas encore Bech Barmak mais le vent me cingle violemment. Je titube, le corps encore assoupi. Le serveur me fait patienter avec un thé brûlant puis, lorsque la pénombre dilue la nuit, me confie un bâton « pour les chiens ». Enveloppée de polaires et de foulards, je sors dans la risée de l'aube qui couche les herbes à son passage.

Le sentier est plus ardu que je ne l'imaginais : j'ai suivi par erreur le raidillon des bergers plutôt que l'agréable promenade qui mène au sommet en une longue pente douce. Au loin, les troupeaux de vaches sont les seuls êtres vivants de cette montagne. Pas un chien à l'horizon, pas un oiseau non plus. Les rafales balaient l'ombre et diluent les nuages dans les broussailles ; les aspérités du chemin apparaissent à travers le brouillard laiteux du matin. Contournant les éperons rocheux de Bech Barmak, le chemin débouche sur un plateau vide, balayé par un vent glacial qui me gifle les joues de fins flocons coupants de froid. Des escaliers en béton mènent au sommet. En été, on dit que les pèlerins y sont si nombreux qu'il faut plusieurs heures pour y parvenir. En ce lundi de la fin janvier, je suis seule et m'accroche tant bien que mal à la rambarde. Il s'agit de ne pas se fouler la cheville.

Après une deuxième volée d'escaliers, je parviens à la partie rocheuse. J'aborde avec précaution les échelles accrochées à la verticale ; les pierres sont glissantes à force d'avoir été gravies. Noués aux rambardes, aux échelons, aux racines ou aux branches des rares arbustes, des milliers de morceaux de tissu jalonnent la route. Le vent claque dans ces haillons votifs comme pour marquer la force du destin sur la vie des hommes. Ce bruit berce mes propres illusions pendant de longues minutes, m'apportant ce sentiment rare qu'on ne ressent qu'au sommet des montagnes, celui d'être seul au monde et, d'une certaine façon, tout-puissant.

En contrebas, une silhouette évanescente, fantôme aux intentions incertaines, avance résolument dans ma direction. Emmitouflée dans des fichus de tailles diverses, la démarche tordue, elle semble sortir des nuages. Comme nous nous rejoignons, cette vieille femme édentée m'attrape par le bras et me tapote le corps en psalmodiant des paroles inaudibles. Sorcière maléfique ou guérisseuse, une chose est sûre, elle veut de l'argent mais, par ce froid, je n'ai pas le courage d'enlever mes gants ni d'ouvrir mon manteau. Elle insiste. Je joue à l'imbécile et poursuis mon chemin, la laissant derrière moi, comme une ombre dans le blizzard. Dans un mélange de culpabilité et de superstition, je regrette de l'avoir laissée m'approcher sans lui verser une obole. Je crains une mauvaise surprise. La descente se déroule pourtant au mieux : en ce qui ne semble durer qu'un instant, mon corps frigorifié se retrouve assis devant un thé brûlant dans la chaleur de l'auberge. Je craignais de ne plus revoir mon paquetage mais il est bien là. Ce qui a disparu, en revanche, c'est l'ensemble des gens que je connaissais. La cuisinière, son aide, le patron et le serveur, toute l'équipe de nuit a tourné pendant mon absence. Les nouveaux savent qui je suis, on le leur a dit, mais je n'en connais aucun. J'ai la désagréable sensation qu'on m'a volé le plaisir – trop rare en voyage – de revenir dans un endroit chaleureux où je me savais attendue. Deux heures plus tard, un bus m'emmène à Guba.

Il neige désormais à gros flocons. La fatigue de la nuit s'abat d'un coup sur mon corps et gagne mon esprit. Installée à l'avant, je somnole tant que je peux, inquiète à l'idée de débarquer dans l'anonymat d'une ville étrangère. Je ne me sens guère le courage d'aborder des inconnus pour leur demander de m'accueillir, et cette neige qui tombe en abondance rendra impossible toute rencontre fortuite. La ville de Guba ressemble à un gâteau russe, couvert de sucre glace. Le chauffeur, paternel, demande à un ami de me déposer à l'unique hôtel de la ville. J'étais déjà déprimée à l'idée de me retrouver dans une chambre impersonnelle, mais celui-là remporte la palme du glauque !

Façade nue et standardisée des bâtiments soviétiques, restes de peinture délavée jamais rafraîchie ; la première impression est malheureusement la bonne : l'intérieur de l'hôtel est du même acabit. Au fond d'un long couloir vide dans lequel ne résonnent que mes pas, une guérite est protégée par une épaisse porte de bois. À hauteur de torse, comme dans un confessionnal, une grille laisse apparaître la tête d'un vieillard maussade et fatigué. Il faut se pencher pour négocier le prix de la chambre, tandis que, de l'autre côté, le maître des lieux reste collé à son radiateur électrique. Sa mine renfrognée exprime clairement que je l'importune. Après avoir noté consciencieusement le numéro de mon passeport, il me conduit au premier étage d'un pas traînant, jusqu'à la chambre 47. Ma cellule fait 6 mètres carrés ; elle est délabrée mais propre. Une fenêtre étroite, barrée de métal, donne sur un large carré blanc, cour d'école qu'aucun pas ni aucun cri d'enfant n'a encore égayée. Un lavabo noirci par le temps et un miroir verdâtre sont les seuls éléments de confort. Le vieux majordome, poupée de cire costumée qui semble sortie par mégarde du musée Grévin, branche tout de même un radiateur d'appoint avant de repartir de son pas infiniment lent ; le frôlement sec de ses semelles fait écho à ma solitude. Lorsque leur bruit s'éteint, les bretelles de mon sac à dos semblent soudain chargées de tout le poids du monde. J'ai beau le déposer, l'oppression demeure. Je me laisse choir sur le lit, découragée. Seul me répond le bruit des ressorts.

Dehors, quelques passants avancent, tête baissée dans leurs manteaux. Les flocons tombent dru. S'il y avait une montagne, elle rendrait le ski délicieux, mais il n'y a que la ville et son macadam chaud qui transforme en boue cet or blanc. Je me fais indiquer les Telekom dans l'espoir d'y trouver un accès Internet qui me permettra de lire ou de relire les nouvelles de mes proches. Il n'y a pas la moindre connexion, mais je trouve mieux : un jeune garçon, Telman, qui m'adresse la parole en anglais et me propose de passer chez sa mère, « là-bas », indique-t-il d'un geste bref. Comme nous remontons la rue côte à côte, il m'interroge sur mon parcours, mon projet, et jette un regard sombre à la façade délabrée de mon hôtel. Sa maison est juste derrière. Au premier coup de sonnette, la porte s'ouvre sur une quadragénaire brune à la peau légèrement hâlée. Mehriban, la mère de Telman, nous presse à l'intérieur, s'inquiète de savoir si nous avons déjeuné et me sert une soupe épaisse qui me remet d'aplomb. Apprenant l'endroit où je loge, comme surprise de sa hardiesse, elle me demande si, par hasard, j'accepterais de rester dormir chez eux. Elle argumente, craignant une réponse négative : il me faudra partager leur chambre mais elle pourrait ainsi m'apprendre plusieurs recettes à base de farine, qui sont la spécialité de Guba. La boule de déprime qui me collait à la peau se dégonfle pour de bon. Je lui suis infiniment reconnaissante de me soulager d'une manière si délicate, presque maternelle.

À l'aube, dans un coin de la salle où j'ai dormi, la grand-mère de Telman fait sa prière. Un calot de dentelle posé sur la tête, elle murmure doucement des mots arabes, se penche, s'accroupit et se relève à plusieurs reprises. Puis elle range ses affaires dans un coffre et se tourne vers moi : « Viens. » Elle m'emmène pétrir la pâte à pain. Dans un saladier en émail, elle verse une montagne de farine et y creuse un cratère pour mélanger les ingrédients – gros sel, levure en poudre et eau tiède – les uns après les autres. Sa belle main ridée malaxe cette pâte un peu collante, y plonge un poing frêle avec vigueur pour l'écraser en s'aidant du poids de son corps. Lorsqu'elle en est satisfaite, elle reforme la pâte en une boule tiédie par son labeur, la saupoudre de farine, la couvre d'un torchon et l'enroule dans une couverture qu'elle pose à côté du poêle. Lorsque je me réveille à nouveau, la grand-mère a disparu : malgré son âge, elle travaille encore dans une école du quartier. Quant à la levure, elle a fait son œuvre : le torchon s'est soulevé de 5 centimètres au-dessus de la bassine et la pâte aérée de multiples bulles d'air menace de déborder. Mehriban et moi l'attrapons pour former une multitude de miches de pain que nous étalons sur des plaques beurrées. Un peu de jaune d'œuf et quelques graines de sésame décorent le tout avant l'enfournage. Comme il fait grand beau, Mehriban charge son fils de me faire visiter la mosquée Jumah, « du vendredi ». Le garçon se réjouit de cette occasion de sortir : après quelques pas dans la neige, il se penche et farfouille le sol au coin d'une maison. Enveloppé dans un sachet plastique, un paquet de cigarettes est caché là. Il s'allume fièrement un clope, ça fait grand. La veille pourtant, alors que nous étions allés ensemble visiter la ville juive, de l'autre côté de la rivière, devant les maisons à étage aux façades de bois et balcons fraîchement repeints de couleurs pastel, le long des multiples synagogues aux reflets d'or, il n'avait pas sorti l'ombre d'une cigarette.

Les trottoirs sont glissants et la route entièrement verglacée. Les enfants en profitent, qui s'accrochent au pare-chocs des taxis et se laissent traîner sur plusieurs mètres en riant ; bientôt les plaques de glace auront fondu au soleil. Deux vieux en bérets de cuir ont calé chacun une chaise en plastique dans l'embrasure de leur porte. Ils étendent leurs rhumatismes à la chaleur des rayons en fumant qui une pipe, qui une cigarette, et bavardent avec l'air entendu de ceux qui détiennent les secrets de la vie.

La mosquée Jumah, un bel édifice de brique rouge au dôme couvert de plaques de métal, resplendit. Un long minaret de pierre blanche complète l'ensemble. Telman prend soin de vérifier que j'enlève bien mes chaussures avant d'entrer du pied droit dans la grande salle de prière, tête couverte. L'intérieur est nu, seul le sol de l'immense espace est agrémenté d'une moquette sur laquelle le motif imprimé d'un tapis de prière se répète à l'infini. Ainsi, chaque croyant peut s'installer, de même que sur les bancs d'une église, à l'emplacement de son choix.

Comme je me prépare à revenir une dernière fois à Bakou, la mère de Telman me demande de rédiger pour son fils une lettre d'invitation en France. Elle se demande, les yeux brillants d'espoir, s'il pourra devenir un *refugee*. Son rêve, c'est qu'il vienne en France grâce à ma lettre, passe en Allemagne via l'espace Schengen et y reste, illégalement. « Il y a beaucoup de gens de Guba en Allemagne », c'est d'ailleurs la raison pour laquelle tous ici apprennent l'allemand à l'école. Idéalement, cet adolescent rebelle reviendrait de là-bas dans quelques années avec les poches pleines de billets. Il pourrait alors faire un beau mariage et trouver une situation ici, auprès de sa mère. Je ne sais s'il faut la contredire ou l'encourager dans cet espoir d'eldorado. J'essaie de lui faire comprendre combien l'Europe est différente de ses fantasmes de richesse et de démocratie bienveillante à l'égard des travailleurs étrangers.

J'hésite à lui rappeler cette vérité que souligne René Cagnat, l'auteur de *La Rumeur des steppes* : « Il ne faut plus parler des bienfaits de l'économie de marché aux malheureux qui, après des années d'esclavage économique vécu à l'Ouest dans la clandestinité, ont finalement été expulsés. Il ne faut plus parler de liberté aux parents dont la fille se prostitue "là-bas", dont le fils qu'ils ont envoyé à l'étranger et qui portait tous leurs espoirs a été grugé, maltraité ou a disparu. » La mère de Telman a tellement d'étoiles dans les yeux que je n'ose étayer mes mises en garde. Je rédige la lettre, inestimable morceau de papier.

Pourtant, l'année suivante, à Cergy, je rencontrerai l'un de ces réfugiés. Dans la nuit hivernale et le vent que coupe seulement un abri en verre, un Tchétchène me racontera son histoire. En jean et baskets, cheveux sombres, une courte barbe mal taillée et un téléphone portable à l'oreille, il parle russe. Trop heureux de pouvoir échanger avec moi dans sa langue maternelle, il m'explique ses difficultés à obtenir l'asile, les innombrables documents à produire et les convocations répétées devant le juge malgré les marques de torture évidentes sur ses poignets. En attendant de stabiliser sa situation, il est obligé de travailler au noir « pour l'ami d'un cousin ». Il n'aime pas la France. Comme tous les enfants du communisme, il a reçu une éducation à l'ancienne. On l'a fait rêver de Paris : l'élégance des femmes, les manières distinguées, le parfum, la mode, la tour Eiffel, le « rayonnement de la France », comme disent les diplomates dont c'est le métier. Lui, de la France, il ne connaît que le froid, l'attente humiliante dès 5 heures du matin devant la préfecture pour se faire finalement refuser tel ou tel papier parce qu'il manque une copie d'un document impossible à obtenir d'ici. Le contraste est rude. Et puis les Françaises sont si laides, hautaines malgré leur *jogging*; aucune qui porte les jolies robes qu'on voit à la télé. Il préfère de loin les Tchétchènes. En France, personne ne lui adresse la parole ni ne fait le moindre effort pour le comprendre. En France, on est pressé. Pressé de quoi ? Impossible de le savoir ; impossible à comprendre pour lui. Mon RER arrive. Lui repart dans l'autre sens. Nous échangeons nos numéros. Partagée entre l'envie de lui prouver que les Français ne sont pas tels qu'il les croit et la crainte qu'il me poursuive de ses assiduités, je ne le reverrai jamais.

Comme je reviens à Bakou, Georges m'explique que ma lettre, aussi bien rédigée soit-elle, ne pourra pas servir à Telman. Il fallait y inscrire une date précise pour sa venue.

Chapitre 4
L'HÔTE DE MASSALI

Où l'on prend de la brioche.

SUR L'ÉCRAN DU TÉLÉVISEUR accroché au mur de l'hôtel Massali, un interminable reportage suit le président Ilham Aliev en visite chez son homologue français. La figure stoïque et fière des deux chefs d'État, visage fermé, oreille tendue vers l'orchestre qui joue *La Marseillaise*, a quelque chose de décalé dans cette petite ville du sud de l'Azerbaïdjan. La scène est d'autant plus saugrenue que je m'efforce, depuis mon départ, de perdre mon regard de Française, de désapprendre mes jugements ethnocentriques. Tandis que je tente d'oublier les acquis féministes des Françaises, l'extraordinaire efficacité de notre État quant à la prise en charge des plus démunis, la gestion des déchets ou encore l'entretien des infrastructures routières et ferroviaires, Jacques Chirac, dans la dernière année de son mandat, s'évertue quant à lui à vendre des trains et des avions, achat qui justifiera, quatre mois plus tard, la remise de la grand-croix de la Légion d'honneur au dictateur azerbaïdjanais.

J'essaie de ne pas me révolter vainement. Je veux n'être qu'une éponge, cette chose molle mais non malléable qui, tout en conservant sa structure et son identité, parvient à absorber ce qui entre en contact avec elle. Pour ce faire, sans oublier mes origines, j'ai pris le parti d'effacer ma personnalité extravertie pour m'emplir du pays, de ses coutumes, de la façon de se tenir à table, dans la rue, dans une maison. Pour être une éponge, j'ai appris la langue locale. Autant que possible, je laisse toujours les autres s'exprimer en premier, me pose à moi-même les « pourquoi » et les « comment », et prends le temps d'attendre que les réponses émergent. Je me fais toute petite, j'apprends des autres qui ils sont, comment ils interagissent, ce qu'ils pensent…

Cependant, un homme s'est approché de moi, qui fait mine de s'asseoir à ma table. Je détourne mon attention de l'écran TV, perplexe. Il a la quarantaine sereine, de grands yeux sombres et doux, d'épais cheveux poivre et sel et une petite moustache typique, fine quoique fournie, sur un visage rond et soigné. Rasé de près et fleurant l'eau de Cologne, il s'appelle Ahmed ; c'est le gérant de l'hôtel. Le réceptionniste lui ayant appris qu'une Française était là, il est venu pour discuter un peu au sujet de mon pays et du sien. « J'arrive de Gobustan, j'ai vu les volcans de boue et les gravures rupestres. » Les pétroglyphes d'animaux sauvages, de chèvres et de chevaux sont inscrits dans la pierre friable des grottes de Gobustan depuis plus de dix mille ans. Certains personnages, ramant debout sur des barques allongées, qu'il s'agisse de pêcheurs ou de marins au long cours, alimentent une théorie surprenante. Des chercheurs norvégiens sont persuadés que les premiers Azéris ne seraient autres que les ancêtres des Vikings : certaines tribus auraient émigré par voie fluviale et maritime vers les hautes terres de Scandinavie lors des invasions romaines du Ier siècle après J.-C. Là, les nouveaux arrivants adaptèrent leurs traditions zoroastriennes et adorèrent Azer Odin, « le premier Azer », c'est-à-dire le feu. Une théorie controversée qui a cependant été étayée par la découverte d'ossements humains dans les environs de Cheki : les corps mesuraient près de 2 mètres de long et expliqueraient pourquoi les Scandinaves sont si grands.

Ahmed s'amuse de mon récit, lui qui se fiche bien de savoir où sont allés les Azéris. Ce qui l'intéresse, c'est avant tout de savoir si son jardin paysager – un tertre d'où ne pointent que deux arbres étiques à l'entrée de l'hôtel – aura suffisamment poussé à l'été, et si la saison touristique sera bonne. Cependant, lorsqu'il apprend le but de mon voyage, son visage s'éclaire d'un large sourire. Il me demande de le suivre avec des airs de conspirateur et m'installe devant un téléviseur dans lequel il insère une cassette vidéo. Un doigt posé sur les lèvres, il m'intime l'ordre de regarder en silence l'écran sur lequel une femme – la sienne ! – est en train de préparer un plat de riz aux haricots... Il s'agit d'une émission télévisée sur les cuisines régionales pour laquelle la famille d'Ahmed a été choisie. Une fois sa compétence culinaire prouvée, il me propose de rester quelques jours à Massali pour que sa femme et ses amis me montrent quelques plats typiques. Il semble s'être entiché de ma compagnie et veut m'emmener dans tous les endroits qu'il aime, à commencer par la Mercedes gris métallisé, parfaitement entretenue, où cet homme soigneux a posé des petits tapis de protection jusque sur les sièges.

Notre premier arrêt se fait au bord de la grand-route, sur un stand de fabrication de poulet *levenghi*. Les femmes en fichus fleuris s'activent autour des *tandyr*, ces fours en terre construits à même le sol. Certaines préparent du pain, qu'elles aspergent d'un peu d'eau pour qu'il colle contre les parois ; d'autres farcissent les poulets. L'une d'entre elles, paysanne aux épaules fortes, le tablier vert accroché par-dessus sa robe de coton épais, m'explique comment fourrer la volaille. Elle passe un paquet de prunes aigres, des cerneaux de noix et quelques oignons rouges dans un hachoir qu'elle actionne de ses bras puissants, puis plonge sa main à l'intérieur des poulets évidés et y écrase la farce âpre et goûtue contre la carcasse. Elle entaille enfin délicatement la chair de la pointe de son couteau pour y glisser sel et poivre. Une fois l'opération terminée, elle place les poulets sur le gril, puis essuie ses mains épaisses contre son tablier avant de les reposer sur ses hanches, satisfaite. Le fumet croustillant qui s'échappe des braises ne tarde pas à attirer les chalands : au fond des *tandyr*, les poulets roussissent, leur chair s'imprègne de fumée. La cuisinière nous en découpe un morceau, qui fond sur la langue.

Attendus à déjeuner par la femme d'Ahmed, nous repartons à quelques kilomètres de là, dans les faubourgs de la ville, jusqu'à une palissade surmontée de verre pilé. Ahmed vit dans un quartier riche ;

on s'y protège du regard des voisins. Il a aménagé un chemin de terre rouge entre des palmiers dont seules les larges ombelles sont visibles de l'extérieur. Il a également conçu lui-même sa maison, un immense hall d'entrée inutilisé et une petite cuisine, au fond, d'où se précipite une fillette d'une dizaine d'années pour se blottir dans les bras de son père. Quant à la femme d'Ahmed, à la forte carrure et au sourire accueillant, elle entame avec moi la préparation du plat, un *plov* de canard sauvage. Cet hiver-là est pourtant celui de l'épidémie de grippe aviaire. En cette saison, les oiseaux migrateurs reviennent d'Asie et colonisent les marécages des rives de la Caspienne, où nous nous trouvons. Il y a déjà eu une victime la semaine précédente mais le ministre de la Santé nie tout danger dans le pays. Le ministre de l'Écologie, quant à lui, a interdit la chasse des oiseaux migrateurs, mais personne ne semble s'en préoccuper : on trouve de ces succulents volatiles dans les bazars et même sur le bord des routes, où les braconniers se postent au coin des maisons pour épier le passage des voitures. Ils miment alors un battement d'ailes devant les clients potentiels. Ces gros gaillards, avec leurs bras repliés contre le torse, agitant leurs mains de chaque côté des épaules, se soucient peu du ridicule. Il faut arrêter sa voiture pour comprendre : le braconnier vous emmène au fond de son jardin où, pendus par les pattes sur la corde à linge, les canards sauvages et autres oiseaux migrateurs, déjà plumés, n'attendent que d'être mangés. Comme je proteste, ne tenant pas à mourir si bêtement, mon hôte m'assure que si la viande est cuite, elle ne comporte plus aucun risque. Le plat étant à la fois appétissant et délicieux, j'en oublie mon appréhension.

Pour accompagner notre repas, la femme d'Ahmed a préparé des coupelles de légumes croquants. Les petits concombres à la peau boursouflée sont les plus prisés, accompagnés de tomates fraîches. En janvier toutefois, il faut se contenter de cornichons qui ont absorbé le goût du vinaigre dans lequel ils ont trempé tout l'automne. Quant aux tomates, leur goût sucré et leur texture fondante sont préservés grâce à une technique de conserve spéciale : d'abord cuites au four à feu doux jusqu'à ce que leur peau se flétrisse, elles sont ensuite déposées par strates dans d'immenses bocaux, en couches alternées de tomates, de sel et de poivre. C'est leur propre jus, mi-cuit, qui leur permet de rester savoureuses pendant des mois. Sous une trappe de la cuisine, la cave de mes hôtes est encombrée d'étagères poussiéreuses sur lesquelles patientent d'innombrables bocaux vides ou pleins, garde-manger intemporel de l'Asie centrale.

À peine le repas est-il achevé qu'Ahmed m'entraîne à sa suite pour m'enseigner la préparation des desserts : des pâtisseries extraordinairement sucrées qu'on offre à l'occasion des fêtes ou sert avec le thé. Il me dépose dans une échoppe dont la décoration extérieure, faite de stuc ouvragé et de sculptures argentées en toc, est un mélange hasardeux entre le château de princesse et le gâteau crémeux. Après les *cheker bura*, biscuits sablés farcis de noix et de gros sucre, il m'emmène chez des amis pour apprendre le *pakhlava*. « Ces petits gâteaux feuilletés en forme de losange sont l'expression même de ce qu'est la femme, explique-t-il. Ce qui est sucré est symbole de volupté. Au moment de la découpe des gâteaux dans le plat, les femmes dessinent inconsciemment la forme symbolique de leur propre sexe : un losange. » Vrai ou faux, toujours est-il qu'ils sont délicieux, décorés de cerneaux de noix, dégoulinants de douceur.

Lorsque mon visa pour l'Iran devient valable, Ahmed me conduit lui-même à Astara, la ville frontière. Il tient absolument à ce que je garde une bonne impression du Sud car il croit que mon témoignage permettra d'amener plus de touristes. Justement, ce jour-là, le soleil réchauffe la campagne. Dans sa lumière dorée, vignes et vergers évoquent la Méditerranée. Nous déjeunons ensemble dans un restaurant au milieu d'une prairie baignée de verdure et de soleil. Je lui offre, maigre remerciement qui lui va pourtant droit au cœur, un échantillon de parfum pour homme. « Ici, les véritables parfums français sont introuvables ! » s'extasie-t-il. Pour lui qui est coquet, c'est un cadeau inestimable.

Astara est une ville commerçante. Les étals du bazar sont particulièrement bien garnis de conserves de fruits et de légumes, d'outils de jardinage ou de menuiserie, de noix, noisettes, fèves et macaronis vendus en vrac. Les fichus criards des babouchkas reproduisent les couleurs de leurs produits : oignons blancs, radis d'un rose éclatant et bottes de coriandre ou de persil d'un vert tendre. Du côté des habits, Ahmed m'achète un châle noir. J'ai déjà un foulard pour me couvrir la tête, comme la loi l'exige en Iran, mais il est rouge. Ahmed m'assure qu'il attirerait trop l'attention. « Là-bas, ce n'est pas comme ici. Les femmes ne sont pas libres, tu t'en rendras compte ! » Je renonce à argumenter ; on verra.

Devant le premier barrage où l'on réclame mon passeport, Ahmed se résout à me laisser partir. Les yeux brillants de larmes, il me fait de grands signes tandis que je marche vers l'extrémité de la rue. À peine quelques mètres me séparent encore d'une grosse bâtisse blanche.

Un dernier adieu, et je m'avance vers la frontière.

DEUXIÈME PARTIE

IRAN

En pleine angoisse, ne perds jamais l'espoir,
car la moelle la plus exquise est dans l'os le plus dur.

Chapitre 5
ARDABIL LA PROSÉLYTE

Où l'on met les petits plats dans les grands.

Sous un ciel grisâtre, la moto pétarade à travers le pont qui enjambe les minces filets d'eau du *no man's land*. Le douanier azerbaïdjanais qui vient de tamponner mon passeport m'a jeté un regard amusé. Hochant pensivement la tête avant de railler mon tout nouveau châle noir, il s'est exclamé : « L'Iran ! Là-bas, c'est terrible, tu es une femme, tu n'auras plus aucun droit : ta parole y comptera pour moitié de celle d'un homme. Même si tu es étrangère, tu devras toujours respecter la loi islamique ; ce châle, il ne quittera plus ta tête, pas un instant. Tu verras, en Iran, les femmes ne sont pas aussi libres qu'ici. » Il a répété ce simple mot, « Iran », et derrière son silence, c'est le fantasme du démon noir qui m'est apparu, de l'islamiste fou, du barbu kamikaze qui enferme ses femmes et les prive de tout droit… L'Iran ?

Plantés sur les balustrades de pierre blanche, au beau milieu du fleuve Araxe, deux étendards brillants, identiques bandes vert blanc rouge, oscillent faiblement. Les battements de mon cœur s'accélèrent. La route est toujours aussi boueuse, le ciel aussi gris, l'herbe éparse et les arbres dégarnis ; pourtant, ça y est, le drapeau est passé, je suis en Iran. Assise sur une carriole à deux roues, plateforme de bois brinquebalante accrochée à l'arrière d'une moto, j'ai envie de sauter en l'air et de courir en criant, mais je me contente d'écarquiller les yeux, bienheureuse. Je surplombe l'Araxe, fleuve mythique sur les rives duquel serait né Zarathustra, fondateur de la première religion monothéiste, vers le VIIe siècle av. J.-C. Son cours, frontière naturelle, scinde la population azérie depuis le traité de Turkmantchai, en 1828 ; aujourd'hui, les Azéris d'Iran sont plus nombreux encore que leurs frères d'Azerbaïdjan. Le passeur me dépose au bout du pont, devant un abri peint en blanc du fond duquel un soldat me domine. Il est jeune, pas plus de 30 ans. Sa peau est mate, cheveux sombres, yeux verts, les traits du visage si fins qu'ils semblent dessinés au pinceau. Il est beau mais peu avenant. Je lui souris niaisement, heureuse d'être là, les pieds dans la boue, dans son pays. Il saisit mon passeport. J'attends. Derrière moi, un large panneau affiche la figure du « père de la Révolution », l'ayatollah Khomeini, et celle de son successeur Khamenei. Ils encadrent l'actuel président, Ahmadinejad. Tous trois me souhaitent la bienvenue en russe, en anglais et en persan.

Le garde grogne dans mon dos. Apparemment, quelque chose cloche car il gesticule et se fâche. Je lui ai pourtant donné un passeport en règle, pas une mèche de mes cheveux n'apparaît sous mon voile noir et mes habits longs et amples ne laissent pas deviner mes formes. Il refuse pourtant de me rendre mes papiers. Ce n'est qu'après des signes plus ou moins explicites que je comprends enfin ce qui me fait défaut : une jupe. Une jupe large qui, par-dessus mon vieux jean pourtant peu sexy, devrait protéger mes fesses impies du regard des hommes de ce nouveau pays ! Me voir peiner à ses pieds à la recherche d'un morceau de tissu dans la boue n'inspire aucune indulgence au soldat, qui de surcroît me menace de façon explicite quand je tente de prendre un cliché du bon imam Khomeini en souvenir de cette « bienvenue » pas si bien venue.

Je suis attendue à Tabriz chez un médecin iranien, mais veux d'abord tenter de me débrouiller seule dans ce pays dont je ne connais pas la langue. Si je vais trop vite me mettre sous la protection de gens de confiance, je crains de ne plus oser poursuivre seule. Ardabil n'est qu'à quelques kilomètres de la frontière. Cette ville religieuse abrite le somptueux tombeau du cheikh Safi ad-Din, dont une tour de brique répète à l'envi le nom d'Allah en écriture coufique, et dont une salle, « maison de porcelaine » du XVIe siècle, est ornée de niches dorées du sol au plafond. Les changeurs de billets qui guettent la sortie de la frontière m'indiquent le bon carrefour. Un taxi jette mon sac dans son coffre et me fait patienter en attendant d'embarquer trois autres passagers. Je me suis installée à l'avant pour mieux profiter du paysage. Un jeune couple d'Astara et leur fils de 8 ans me rejoignent ; le mari s'étonne. Il veut m'envoyer à l'arrière, place qui sied davantage à une femme. Son épouse, au regard pétillant, le convainc gentiment de ne pas insister. Après tout, je suis une étrangère.

Tandis que la route serpente dans la montagne en larges boucles et que le couchant illumine de rose vif les flancs enneigés du mont Sabalan, ils entament la conversation. C'est surtout l'homme qui me parle, avec quelques mots d'anglais ; son fils s'est endormi contre les genoux de sa mère, dont le sourire hospitalier se réfléchit dans le rétroviseur et me donne confiance. Ils se rendent à Ardabil pour y faire opérer l'enfant dont la gencive et la lèvre supérieures sont ouvertes par un bec-de-lièvre. Ce sera l'affaire d'un jour ou deux. Ils ajoutent : « Passe chez nous si tu reviens à Astara. »

Au bout d'un long plateau de terre grise et sèche, alors que le soleil disparaît au loin, nous pénétrons dans la ville. La perspective d'une auberge miteuse, loin de me rebuter, ne fait qu'attiser ma curiosité pour l'Iran. Dans le clair-obscur bleuté qui précède la nuit, la voiture glisse dans la ville. Je contemple les ombres fantomatiques des femmes qui frôlent les murs, apparaissant ou disparaissant au coin des rues. Leurs voiles noirs, avançant par paires, semblent flotter au-dessus des trottoirs. Apparitions fugaces et pourtant bien vivantes, elles me semblent irréelles. S'agit-il vraiment de femmes faites de la même chair que moi ? Peut-on réellement parler de femmes ? Je les observe, fébrile, presque absente ; j'ai le sentiment d'être entrée dans un espace parallèle. Cette vision inquiétante et magique d'ombres évanescentes à la tombée du jour me fascine. L'intuition de la découverte, l'ouverture d'un lieu inaccessible, l'alerte des sens face à une culture radicalement nouvelle sont la révélation du voyage. Peu importe qu'il n'y ait plus de peuples ni de contrées vierges, ou que les guides touristiques jalonnent désormais les itinéraires : l'essentiel réside dans ces impressions qui se gravent au creux de l'esprit en bouffées de bonheur. Des choses aussi banales que les néons d'un magasin de boîtes de conserve deviennent fantastiques parce qu'ils sont rouges ou jaunes, parce que leurs formes tordues révèlent des lettres persanes et parce qu'ils sont le symbole flagrant qu'on a pénétré dans un nouveau pays ; on s'en souvient longtemps.

Par les rues d'Ardabil, un homme – car il n'y a désormais plus de femmes dehors – m'indique un cybercafé presque vide dont le gérant m'apprend à écrire mon prénom en persan. J'inscris ensuite « Carnet du voyage d'Alice en Iran », tel un sésame sur la couverture de mon carnet :

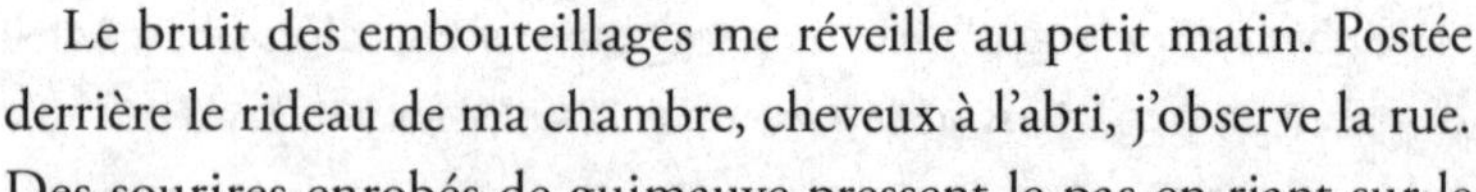

Iran po mosaferat Alis khaterat daftar

Le bruit des embouteillages me réveille au petit matin. Postée derrière le rideau de ma chambre, cheveux à l'abri, j'observe la rue. Des sourires enrobés de guimauve pressent le pas en riant sur le trottoir d'en face, les cartables tressautent sur de menues épaules roses ou mauves ; le voile est obligatoire dès 7 ans pour ces volubiles écolières. Garés en file contre le trottoir, cinq véhicules bicolores, orange et blanc, attendent leurs passagers. Hommes et femmes se pressent dans ces taxis collectifs, cuisse contre cuisse, comme si de rien n'était : malgré la loi islamique qui sépare strictement les sexes, c'est la raison économique qui prime. Pour le gérant de ma *mosaferkhuneh*, auberge de passage, c'est tout le contraire : il m'a tendu les clés d'un petit dortoir et m'a demandé comme une évidence de payer pour la totalité des lits. Par ma seule condition féminine, je l'empêche de louer les autres lits, puisque aucun homme ne pourrait décemment coucher entre les mêmes murs que moi. Quoique le reste de l'hôtel semble vide, l'argument reste valable.

Assis en travers d'une porte au bout du couloir, un homme m'indique un panneau : la douche est là. En attendant qu'elle se libère, il me propose un thé et me tend une tasse sans m'inviter à m'asseoir pour autant. Cette étrange invitation à boire seule, debout, me laisse perplexe. J'y devine finalement une preuve de respect, son but n'étant pas de m'amener dans sa chambre mais bien de m'offrir un thé. Cependant, une fois au-dehors, je me sens de plus en plus déboussolée. Comment vais-je pouvoir rencontrer les femmes ? Comment même les aborder, puisque je ne parle pas leur langue ? Comment comprendre et donc apprendre la moindre recette de cuisine ?

Dans les rues, les passants me pointent du doigt. Trois garçons assez jeunes m'interpellent en riant. Ils crient des mots incompréhensibles qu'ils doivent prendre pour de l'anglais. Je devine des railleries sans comprendre pourquoi je les suscite. Peut-être me prennent-ils pour une Américaine. En ces temps où l'Iran cherche à se doter d'un programme nucléaire civil et où les États-Unis menacent de reproduire les bombardements d'Irak en Iran, on comprendrait facilement qu'ils focalisent leur haine sur l'étranger. Cependant, je préfère mettre le tout sur le compte de mon accoutrement. Loin de faire honneur à l'élégance française, je suis habillée de bric et de broc avec, de bas en haut, d'énormes chaussures de marche bleu marine, un vieux jean délavé caché sous une jupe de tissu turquoise mal ajustée, une polaire mauve, un blouson bleu foncé et, pour finir, un châle noir à gros pompons. Loin de coller au style local, je respecte pourtant les règles islamiques à ma manière. Si j'attire l'attention sur moi, il ne s'agit certainement pas du désir des hommes mais des moqueries des enfants.

Dans un bazar, je dégote une jupe noire dont le tissu élastique m'offrira plus de discrétion sans trop restreindre mes mouvements. L'anonymat d'un tchador m'effleure l'esprit ; ce long voile accroché autour du front envelopperait tout mon corps, mais sans la moindre poche, sans boutons ni fermeture, il est trop peu commode. Pour qu'il ne dévoile pas les formes qu'il prétend cacher, il faut sans cesse le tenir à la main ; si je veux pouvoir prendre des notes, des photos, sortir mes aquarelles ou simplement me promener les mains libres, le tchador est à bannir. Les femmes qui le portent font pourtant preuve d'une dextérité impressionnante dans le bazar : elles glissent agilement le voile sous leur coude le temps de sortir leur argent, de payer et d'empocher leur achat. Le sac gonflé se remarque à peine sous leurs ondulations de jais. Plus loin, sous les voûtes de brique du bazar de l'Or, les couloirs scintillent des dizaines de vitrines éclatantes où colliers et pendentifs de toutes tailles, montres d'or et d'argent, bracelets et enfin bagues, plus rares, éclairent le chemin. Des silhouettes opaques s'y arrêtent, observent les bijoux puis repartent. Parfois l'une d'elles passe la porte vitrée, négocie et fait disparaître un petit paquet sous son voile ; quoique cachées dans les rues, elles se veulent désirables à la maison. Le bijou prend d'autant plus de valeur qu'il est offert à la seule vue du mari.

Dans la lumière blanche de la rue, une jeune fille me dépasse d'un pas pressé, puis me jette un coup d'œil de loin, s'apprête à obliquer dans une rue perpendiculaire mais se ravise et m'interpelle dans un anglais approximatif. Je commence à peine à raconter mon projet qu'un large sourire se déploie dans l'ovale clair de son visage. Fatima m'invite à la suivre pour préparer le plat d'une cérémonie religieuse. En chemin, elle me désigne les fresques et les affiches qui jalonnent la ville, représentant le martyre de l'imam Husseïn, jambes tendues sur les étriers de son cheval cabré, une flèche mortelle plantée dans la gorge et le sang jaillissant des plaies. Ces représentations suggestives rappellent certains tableaux florentins du martyre de saint Sébastien où l'on aime voir le sang sourdre en fontaine et les visages figés dans la douleur.

Fatima m'explique l'histoire à laquelle elle doit son prénom. Lors de la guerre de succession qui suivit la mort de Mahomet, certains fidèles se joignirent aux fils du Prophète, d'autres se rangèrent derrière Ali, époux de Fatima, sa fille. Le couple donna naissance à Husseïn, l'un des douze Imams de l'islam chiite, qui se fit massacrer par les troupes sunnites à Karbala, sur le territoire de l'Irak actuel. C'est en mémoire du martyre de Husseïn que le mois de l'Achoura est devenu un mois de deuil national, que ses représentations sont placardées partout dans les villes et qu'aujourd'hui, une cérémonie organisée par des femmes et pour des femmes a lieu en l'honneur de celles qui accompagnaient Husseïn ce jour-là : Zeynep, sa sœur, et Rogayeh, sa fille. Elles sont figurées le visage verdâtre, en veuves tordues de désespoir auprès du cadavre, dans des tchadors qui ne sont plus qu'un mouvement. Durant l'Achoura, alors que les hommes exaltent la mort de Husseïn, certains allant jusqu'à se fouetter le corps avec des martinets cloutés, les femmes rétablissent un certain équilibre en pleurant la mort de leurs consœurs.

Nous avançons d'un pas égal, rapide, toutes deux pressées d'arriver au plus vite. « C'est là ! » annonce fièrement Fatima devant un terrain vague où trône un immeuble inachevé. En France, je l'aurais pris pour un squat, mais l'intérieur est pourtant aménagé : « Il appartient à ma famille, tu verras, tu es la bienvenue. » Effectivement, parents, frères et sœurs, oncles et tantes, cousins de tous les âges m'accueillent spontanément. Dans la grande salle du rez-de-chaussée, une quinzaine de personnes s'agitent autour d'une immense marmite de 100 litres qui souffle de grosses bulles. Pourtant, on m'invite d'abord à m'asseoir par terre avec les enfants, devant le patriarche, grand-père bienveillant qui s'assure que je sois bien nourrie. Pendant ce temps, la sœur de Fatima remue une cuillère en bois de plus d'un mètre de long dans l'*ach-e richta*, littéralement le « bouillon aux nouilles ». Des fruits secs, des pâtes, des haricots et des pois chiches gorgés de soupe remontent doucement à la surface tandis que la préposée s'accroche de ses deux mains à la cuillère géante. Une cousine ajoute un peu de graisse jaune vif figée dans une conserve cylindrique de 3 litres. Quelqu'un lui tend une cuillère à soupe qui semble ridiculement petite ;

elle se penche par-dessus la marmite et recueille un peu du liquide brûlant. Sa langue claque : il manque encore du sel et du curcuma, cette épice qui, comme le safran, jaunit les plats et leur apporte un goût d'Orient.

Tandis que je note scrupuleusement les quantités, Fatima est partie préparer une petite salle pour la prière méridienne. Elle m'encourage à venir l'observer : il est important pour elle de m'expliquer sa religion et, si possible, de me convaincre. Sitôt la porte refermée, elle retire son tchador noir pour se couvrir d'un long voile clair et dépose au sol un médaillon de terre ocre sur lequel sont gravés le dessin d'une mosquée ainsi que des inscriptions persanes. Appelé *mohr*, il est fait avec la terre de Karbala et permet au croyant de baiser symboliquement le sol sur lequel est mort l'imam Husseïn. Fatima commence sa prière debout et scande d'une voix égale les nombreux noms d'Allah, de Mahomet et de son gendre Ali. Plusieurs fois, elle s'accroupit, pose son front sur le morceau de terre, l'embrasse, se relève et reprend sa prière. Sa récitation est si douce que son murmure me berce ; les mots filent hors de ses lèvres et se perdent dans le silence de la pièce. J'attends. Je l'observe. Je me sens presque gênée de m'immiscer ainsi dans son dialogue avec Dieu.

La fête a lieu au dernier étage, dans une longue salle où seuls des tapis, partiellement couverts de nappes en toile cirée, ornent le sol. Contre les murs juste chaulés, de confortables coussins attendent les invitées. Les nappes sont garnies de plats de salades et de verdure, d'assiettes de fromages et de yaourts, de tranches de pain, de dattes et de halva. Il y a également un petit sachet de douceurs pour chacune des invitées, que la sœur cadette de Fatima a passé la matinée à empaqueter. C'est l'*asân*, un don obligatoire lors des cérémonies de deuil, d'abord parce que la charité est l'un des cinq piliers de l'islam, ensuite parce qu'il est dit que les défuntes dont on commémore le martyre recevront tout ce qui aura été offert ou consommé. Ce don leur permettra de retrouver les plaisirs de la vie et les aidera à surmonter les difficultés du parcours vers *Behecht*, le paradis.

Lorsque les invitées arrivent, il s'agit donc de les faire manger le plus possible, en l'honneur de Zeynep et de Rogayeh.

Alors que les hommes de la famille sont tous restés en bas de l'immeuble pour accueillir les femmes et surveiller la fin de la cuisson, Fatima m'installe avec ses amies dans une salle attenante, sans doute une chambre en temps ordinaire. Toutes ces jeunes filles étudient à l'université d'Ardabil, l'une la géologie, l'autre la littérature anglaise ; une troisième veut devenir infirmière. C'est là qu'elles se sont rencontrées et réunies au sein d'une association religieuse.

De l'autre côté du mur, le brouhaha augmente ; les invitées adultes se saluent à la volée et s'esclaffent dans une atmosphère de retrouvailles et de potins échangés. Les femmes iraniennes ont la réputation d'être terriblement curieuses ; celles-ci ne dérogent pas à la règle, cependant que, dans l'intimité de notre petite salle, les filles oscillent entre l'excitation due à la présence d'une étrangère et le sérieux que requiert la cérémonie. Fatima, quant à elle, reste concentrée ; elle se lève solennellement, passe dans la grande salle et ouvre le rituel par une prière chantée d'une voix douce et profonde. Toutes tendent respectueusement l'oreille.

L'instant d'après, les conversations reprennent. Contrairement aux Français pour qui l'Iran se réduit à un pays de barbus intégristes et de *burqa* grillagées, ces filles-là, comme beaucoup au cours de mon périple, sont très au fait de l'actualité internationale, et notamment française. Elles m'interrogent sur l'étrange loi qui a interdit le port du voile dans les écoles publiques ; l'affaire a fait grand bruit en Iran. « La France est pourtant le pays des droits de l'homme, pourquoi ne laissez-vous pas chacun pratiquer sa religion comme il l'entend ? » Il faut bien répondre... « De même que, dans votre pays, la loi est d'inspiration religieuse et impose donc à toute femme de porter le voile dans la rue, dans le mien, la loi est laïque, et impose donc aux individus de ne pas afficher leur religion. » L'argument porte, d'autant que mon déguisement sombre leur démontre clairement que je me plie à leurs coutumes en dépit de mes propres convictions.

Cependant, de l'autre côté du mur, les voix enjouées se sont éteintes en chuchotements pressés, à peine dérangés par le froissement des tissus. Chacune réajuste son voile, s'assure qu'aucune mèche ne dépasse, puis se recueille en silence, tête baissée. Un homme est arrivé. Depuis notre petite salle, nous ne pouvons le voir mais, bientôt, sa voix s'élève, amplifiée par un microphone à écho. Il pleure, se lamente, et sa plainte semble résonner contre les murs pour venir et revenir encore jusqu'à nous. Peu à peu, des cris s'élèvent pour l'accompagner, des gémissements de douleur dont s'échappent les noms de Zeynep et de Rogayeh. À côté de moi, certaines filles pleurent à chaudes larmes, et leurs sanglots sont si expressifs que je voudrais m'oublier moi aussi dans la tristesse. Durant cette transe collective, des frissons me traversent le corps, et mon esprit critique commence à se dissoudre dans ce lamento entonné en chœur. Cependant, le microphone, avec ses démultiplications démesurées – « Husse-eï-eï-eï-eïn ! Ro-ga-ye-e-e-e-eh ! » –, donne simultanément à la scène une touche grotesque. Je tente vainement de dissimuler un sourire, que je retrouve dans les yeux de certaines. Pourtant, après que la voix s'est essoufflée et que le silence nous a ramenées à la réalité, beaucoup de mouchoirs se tendent afin d'essuyer les larmes. Certaines se détournent, ne laissant voir que leurs épaules tressautantes, pas encore consolées. Pour elles surtout, la soupe brûlante arrive alors comme un véritable réconfort : elles oublient l'instant passé à grand renfort de cuillerées épicées, de fruits fondants et de pâtes *al dente*.

Tandis que chacune range ses affaires, Sumayeh, avec qui j'ai à peine échangé quelques mots, s'approche de moi. Elle porte un tchador opaque doublé d'un voile noir, où le visage révèle une rigueur inquiétante. C'est sans doute la plus pieuse de toutes les filles présentes. D'apparence froide, peu avenante, elle commence : « Les hôtels sont des lieux où s'arrêtent les trafiquants en tout genre, une jeune fille ne peut pas y séjourner. » C'est en fait une façon détournée de m'inviter à dormir plutôt chez elle, où je serai en sécurité et où elle prendra soin de moi. Sa mère est là, dont elle obtient le consentement immédiat. « Alors, c'est d'accord ? » Une fois certaine d'avoir bien compris, j'acquiesce. Toutes me regardent avec des yeux ronds, sidérées par la rapidité de ma réponse.

Il est vrai que, le matin même, j'ai découvert cette règle du *târof*, florilège des bonnes manières persanes : toujours refuser par trois fois une invitation. Alors que je tentais d'acheter des sucreries, le vendeur a refusé trois fois mon argent. À la quatrième, le vocabulaire m'ayant manqué pour le convaincre, j'ai fini par m'en aller sans régler mon dû. Fatima laisse échapper une moue de dépit ; malgré mon manque criant d'éducation – j'aurais dû refuser trois fois avant d'accepter –, elle regrette de ne pas avoir pensé la première à m'inviter. Une étrangère à la maison, cela aurait constitué une véritable fierté, l'occasion de raconter d'innombrables anecdotes que les autres ne vivront jamais. Par dépit, Fatima m'invite tout de même à les revoir toutes, le lendemain, à l'université d'Ardabil.

Ce n'est qu'en arrivant dans son appartement que je découvre l'autre visage de Sumayeh. À peine la porte refermée, elle disparaît dans sa chambre et réapparaît en pantalon de survêtement et débardeur, les cheveux lâchés, le sourire aux lèvres. Cette transformation radicale fait ressortir la douceur de ses traits, son regard bienveillant et l'éclat d'intelligence qui y brille. Son père rentre quelques minutes après nous. Je m'approche pour le saluer, dévoilée. J'hésite. L'idée de l'embrasser est bien trop incongrue, et je ne sais pas même dire « bonjour » en persan. J'opte finalement pour une poignée de main, et lui tends la mienne en souriant. À son regard interloqué et au mouvement d'effroi de Sumayeh et de sa mère, je comprends que je n'ai pas choisi la bonne option… Le simple contact, même celui d'une poignée de main, entre un homme et une femme qui ne se connaissent pas est à proscrire. Devant mon air désolé, ils éclatent cependant de rire et me ramènent au salon pour y boire un thé. Sumayeh en profite pour m'expliquer son choix du *hijab*, une façon de penser et donc de s'habiller en conséquence : « Les hommes sont guidés par des pulsions animales qui les empêchent de se contrôler à la vue d'une femme. C'est pour cela qu'il faut à tout prix éviter de les tenter ! » affirme-t-elle avec conviction. « À la maison en revanche, les femmes sont protégées des hommes par le Coran, qui proscrit les relations sexuelles entre membres d'une même famille : on peut donc s'habiller comme on en a envie ! »

Bien qu'il ne parle pas anglais, son père l'écoute attentivement ; il semble contrarié par ce qu'il devine. Il me montre les cicatrices de son bras et de sa clavicule, héritées de la révolution de 1979, lorsqu'il descendit dans la rue et se battit pour abattre le régime féodal du Chah. Lui rêvait de créer une démocratie religieuse moderne et libre. Le déroulement historique est connu : l'homme nouveau fut plus doctrinaire encore que le précédent et la démocratie resta un lointain idéal. Mon hôte comprend d'autant plus difficilement le choix de sa fille de se plier de plein gré au carcan islamique le plus strict.

Un coup de sonnette interrompt notre conversation. C'est Fatima, qui déboule en trombe accompagnée de ses parents et, écourtant les salutations, me tend un papier manuscrit où il serait écrit – en persan – que je reconnais être venue dans cette famille de mon plein gré et m'engage à ne pas poursuivre mes hôtes si je devais tomber malade, être empoisonnée ou mourir ! « Il faut signer là », ajoute-t-elle en pointant le bas du paragraphe.

Si je crois peu à une volonté d'empoisonnement de la part de personnes qui se félicitent sans cesse de ma présence chez elles, je suis ennuyée de provoquer un tel besoin de sécurité et crains pour la suite de mon périple : serait-il interdit d'accueillir des étrangers ? C'est pourtant la seule fois où l'on me demandera une telle chose. Qui sait si Fatima n'a pas inventé cet hypothétique danger par jalousie, fâchée que j'aie accepté l'invitation de Sumayeh alors que c'est elle qui m'avait rencontrée la première ? À peine ai-je signé le document que mes hôtes la remercient délicatement pour mieux la congédier : ce soir, ils comptent fêter les 12 ans de la petite sœur de Sumayeh. Comme nous sommes en pleine Achoura, ni les anniversaires ni les mariages ne peuvent être célébrés en grande pompe ; durant cette période, il est en effet interdit de chanter ou d'écouter de la musique. Chaque année, le calendrier musulman se décalant de dix à douze jours par rapport au calendrier grégorien, on évite de priver toujours les mêmes d'un véritable anniversaire ! L'an prochain, ils feront une grande fête pour se rattraper.

Avant de se coucher, Sumayeh me récite plusieurs poèmes de Hâfez, dont le nom signifie « qui garde » ou « qui sait par cœur », parce que ce poète mystique du XIVe siècle avait mémorisé la totalité du Coran et des *hadith*, ou paroles du Prophète. Hâfez chanta l'amour à la cour des souverains successifs de Chiraz. Ses poèmes, conservés dans le *Divân*, un recueil calligraphié, célèbrent la chair et le vin, la beauté secrète de l'aimé et l'ivresse de l'amour. Quoiqu'il en existe d'innombrables lectures possibles puisque le persan ne distingue pas le masculin du féminin et n'use point des majuscules, c'est tout de même un paradoxe de la société iranienne qui m'apparaît à travers Sumayeh. Celle-là même qui rejette toute tentation me lit ses passages préférés, transportée par les *ghazal* les plus sensuels et libertins de cet amoureux de l'amour.

Ghazal 87 (traduction de Charles-Henri de Fouchécour).
« Ta beauté s'accordant au charme a conquis le monde.
Oui, par l'accord, on peut conquérir le monde !
La chandelle a voulu divulguer le secret de notre solitude.
Grâces à Dieu ! car le secret de son cœur a pris feu sur sa langue !
De ce feu caché qui est en ma poitrine
le soleil est une flamme allumée au ciel.
La rose aurait voulu parler de la couleur et du parfum de l'Ami.
La jalousie du zéphyr a fait que le souffle est resté en sa bouche.
Je tournais paisiblement sur le côté comme le compas.
À la fin, le Temps tournant m'a saisi au centre comme le point.
L'amour de la Coupe de vin brûla ma récolte ce Jour
où elle s'enflamma au reflet de la joue de l'Échanson.

Je veux aller au quartier des Mages en lançant mes manches,
loin des séditions qui ont saisi le pan de robe de la Fin du monde
Bois ! Car qui a vu comment s'achève l'œuvre du monde,
s'est délivré prestement du chagrin et a pris la lourde coupe.
Sur le pétale de la fleur on a écrit avec le sang du coquelicot :
"Qui est à maturité a pris du Vin couleur de fleur de gainier."
Guette la bonne occasion ! Quand la sédition s'abattit sur le monde,
le soufi tomba sur la Coupe de vin et s'écarta du chagrin.
Hâfez, quand goutte de tes poèmes la liqueur de Subtilité,
comment le jaloux pourrait-il y trouver à redire ? »

Sur le mur, une main indocile a tracé le « A » cerclé des anarchistes, acte de rébellion dérisoire dans l'immensité pieuse de la ville. Le bus arrive. L'avant étant réservé aux hommes, Sumayeh et moi devons monter à l'arrière par la porte du milieu. Quoiqu'il n'y ait pas la moindre séparation matérielle, la ségrégation est stricte : aucune femme n'oserait s'asseoir à l'avant, quand bien même il n'y aurait plus le moindre siège disponible ailleurs.

Nous nous éloignons du centre pour descendre en bordure d'une large avenue, où un ensemble massif de bâtiments en béton constitue l'université. Sumayeh me conduit dans l'un d'eux. À travers le dédale des couloirs, garçons et filles se croisent tête baissée. Ma compagne me tire d'un pas vif jusqu'à l'entrée d'une modeste salle du rez-de-chaussée. Un meuble placé face au mur y crée un couloir d'accès et permet à chacune d'ôter puis de ranger ses souliers hors des regards. Derrière la porte, une petite bibliothèque, une table de travail et quelques chaises nous accueillent. Toutes les filles présentes à la cérémonie de la veille sont là, qui m'offrent un *manteau* – à prononcer « manne-to » –, sorte de veste longue qui m'évitera de porter une jupe par-dessus mon pantalon, ainsi qu'un *makhne*, cagoule de coton léger qui découvre entièrement mon visage et tient beaucoup mieux qu'un châle sur mes cheveux fins. Cet attirail me permettra de respecter plus aisément la tenue islamique de rigueur.

Fatima entame ensuite les explications : nous sommes ici dans le local de l'Association pour le retour du douzième imam. Également appelé Mahdi ou « Imam caché », cet ultime prophète doit, selon la croyance chiite, revenir parmi les vivants pour répandre la paix dans le monde. Les filles m'expliquent patiemment les modalités de ce retour, s'assurent régulièrement que j'ai bien compris leur foi puis me demandent si, moi aussi, j'y crois. J'évite de leur répondre. Je leur ai laissé croire que j'étais une chrétienne convaincue, une religion qu'elles respectent puisqu'elle ne remet pas en cause le monothéisme. Cette foi supposée me permet à mon tour de jouer les prosélytes : je leur raconte la parabole du Christ qui tend la joue gauche à celui qui lui avait frappé la droite. Elles s'extasient devant un tel message d'amour et m'annoncent que, justement, le douzième imam reviendra pour apporter la Bonne Nouvelle en compagnie de Jésus-Christ !

Entre-temps, le chef spirituel de cette association religieuse est arrivé, accompagné d'un photographe et d'un caméraman. Ils prétendent me filmer pour que j'explique mon projet de voyage culinaire, mais leurs questions portent en fait exclusivement sur ce que les filles m'ont appris du chiisme. Sans excuse valable pour refuser, je me retrouve installée à la table du local, face à la caméra, à débiter ma leçon. Tandis que je répète ainsi ce que j'en ai compris, je découvre avec stupeur une carte du Moyen-Orient posée sur la table. « Cette carte représente le chemin qu'emprunteront Jésus-Christ et l'Imam caché une fois revenus au monde. »

Tout part d'un point rouge au centre de la péninsule Arabique : « C'est là qu'ils réapparaîtront. » Des flèches vertes et rouges le rejoignent : « Ce sont les fidèles qui se préparent ensemble à la guerre sainte. » Les flèches remontent vers la Palestine où cinq porte-avions anéantissent Israël. Aussi simplement que cela : « Une fois Sion rayée de la carte, le message de paix et d'amour peut enfin se répandre à travers le monde ! » s'exclament les filles en cœur. Effectivement, sur la carte, des flèches vertes s'éparpillent dans toutes les directions, vers l'Europe, le Maghreb et l'Asie. Les filles m'assurent, enchantées, que la destruction d'Israël n'est qu'un contretemps, nécessaire, à la propagation de la Bonne Nouvelle. Impossible de les raisonner : elles ne relèvent même pas la contradiction qui peut exister entre un objectif de paix universelle et le moyen d'y parvenir, un génocide. Je m'efforce de prendre sur moi, de ne pas les juger ouvertement et de les remercier de leur bon accueil. « S'indigner ne sert de rien, rappelait Nicolas Bouvier dans *L'Usage du monde*, il existe un proverbe qui dit : "Baise la main que tu ne peux mordre et prie pour qu'elle soit brisée." »

Chapitre 6
LES RUINES DE BABAK

Où le pouvoir a les yeux plus gros que le ventre.

J'ATTEINS RAPIDEMENT Kaleybar. À chaque changement de taxi, ma destination est assurée par des inconnus qui me guident d'un arrêt à l'autre, indiquent aux chauffeurs le lieu où je désire me rendre et me renseignent sur le prix de la course afin de m'éviter les mauvaises surprises. Dans l'une de ces voitures, je grignote l'*asân* que Fatima m'a offert lors de la célébration de l'Achoura : une madeleine au safran écrasée, quelques dattes et raisins secs, trois bonbons. Alors que je cherche des yeux une poubelle pour le sachet plastique, l'homme qui est assis à côté de moi m'indique la fenêtre. Nous sommes dans la montagne, qui pourra bien se plaindre d'un plastique sale ? Je tente de me récrier, mais ma belle éducation ne fait pas le poids : mon voisin attrape le sachet et le jette par l'autre fenêtre. Il me signifie ensuite, le sourire aux lèvres, qu'après tout, ce n'était pas bien compliqué.

Kaleybar, au fond d'une large vallée, est le point d'accès aux ruines de Babak, une forteresse accrochée à la montagne qui, au IXe siècle, abritait un bandit au grand cœur, sorte de Robin des Bois dont la légende prétend qu'il pillait les riches pour redistribuer aux pauvres. Le Babak historique a combattu pour préserver la Perse zoroastrienne de l'expansion arabe ; originaire de cette région, il est devenu un symbole de lutte nationaliste pour la très large communauté azérie qui habite le Nord-Ouest iranien. Les autorités islamiques surveillent la zone de près.

J'espère trouver dans ces montagnes une bouffée d'air pur, d'espace et de liberté, mais à l'arrivée, l'hôtel est sordide et le jour s'assombrit déjà. Pour conjurer la morosité d'une chambre d'hôtel, je sors en quête d'un restaurant ou d'un cybercafé. La ville est mal éclairée ; des groupes de jeunes traînent le long des trottoirs. Vaguement inquiète, j'échappe à la rue en entrant dans le premier bar venu. À l'intérieur, il fait froid et la nourriture est mauvaise. Sous la lumière verdâtre des néons, les deux garçons accoudés derrière le comptoir me regardent avec insistance. Mauvais choix. J'abrège mon repas et pars pour mon deuxième objectif de la soirée, un cybercafé.

Dans une arrière-salle sombre, un homme m'installe devant l'un des ordinateurs. Alors que je me connecte naïvement, il passe un coup de fil. Cinq minutes plus tard, un autre gaillard rapplique et s'installe juste à côté de moi. J'imagine qu'il veut profiter de la connexion payée par mes bons soins et feins de l'ignorer, concentrée sur mon écran. Cependant, les images mouvantes du sien attirent mon regard : ce type est en train de regarder un film porno à mes frais, sur le siège d'à côté, et je suis seule dans cette ville où je ne parle pas un mot de persan ! Je me lève, à la fois furieuse et désemparée, mais, avant de quitter les lieux, il faut régler l'addition, et pour deux s'il vous plaît : la note est salée.

Cette fois, impossible de trouver une quelconque échappatoire à ma chambre d'hôtel, le seul endroit où je sois en sécurité. La clé coincée dans la porte pour éviter les surprises, je me couche en ruminant ma propre bêtise. La chose m'apparaît de plus en plus clairement : mon salut dépendra des familles qui voudront bien m'héberger. Ces hôtels de passage me rendent suspecte aux yeux des Iraniens. Que peut bien vouloir une jeune Occidentale, seule, dans ce bled montagneux où les seules femmes aux yeux et aux cheveux clairs sont les actrices des films pornographiques téléchargés illégalement ? Il n'est pas étonnant que les hommes d'ici s'attendent à trouver en moi une fille facile, dont la seule envie serait de réaliser tous leurs fantasmes… Je comprends soudain Sumayeh. Jamais elle n'aurait osé se lancer dans une telle aventure. Pour elle, il n'y aura que deux toits dans sa vie, celui de ses parents et celui de son mari. En tant qu'Occidentale, je n'avais pas pleinement conscience de ces dangers avant de partir. Je me suis lancée dans l'aventure sans savoir ce qui m'attendait, justement pour le plaisir d'un voyage improvisé au jour le jour, ponctué de rencontres et de découvertes. Maintenant que je suis seule, sans attache ni protection, je commence doucement à intégrer son angoisse : ce n'est certainement pas la bague que je porte à l'annulaire qui me protégera. Peu importe que j'aie un prétendu mari s'il n'est pas là pour me défendre ! Le lendemain, plus que jamais, j'ai besoin de partir marcher en montagne et de sentir enfin le soleil sur mes cheveux.

Depuis le col, entre deux buissons, une volée d'escaliers s'échappe vers les sommets. J'ai une clémentine dans la poche, quelques réserves accumulées en Azerbaïdjan et, surtout, besoin d'être seule. Je m'élance sur le chemin, alternant entre les marches de béton glissantes et les aspérités imprévisibles de la montagne sous la neige. Trop heureuse de ma solitude choisie, j'en oublie qu'après un mois à engraisser sans le moindre exercice, ma condition physique n'est déjà plus celle que je croyais. Je ralentis, essoufflée. Les escaliers débouchent sur un large replat, le béton disparaît pour laisser place à la roche enneigée : la trace du chemin se perd ; la route et ses regards perçants sont hors de vue. Je me débarrasse de mes pelures sombres pour jouir enfin du soleil sur mes bras, mes cheveux, mon visage. À peine trois jours de vie dans la légalité islamique, et déjà je me sens comme un hémiplégique qui recouvrerait l'usage de ses jambes.

Je m'assois sur un rocher sec et, tête nue, profite de la vue sur les montagnes alpines aux flancs larges, couverts de neige, où affleurent les barres rocheuses tandis que plus bas se dessine l'étagement des rizières. Ma fragile tranquillité est cependant menacée par l'approche d'un marcheur en contrebas. Déjà, il me faut revêtir mon blouson malgré la chaleur et resserrer le châle de laine étouffant autour de mon visage. Je lui en veux d'être ce qu'il est, un homme, et de m'imposer malgré lui le carcan de sa société. Il ne semble pourtant pas se préoccuper de mon accoutrement, pas plus que de ma présence insolite dans la montagne. Il a un visage bonhomme, des rides de sagesse, l'air tranquille et indifférent à ma condition. Je retire mon voile. Après tout, l'utilité de celui-ci est de protéger la femme des impuretés du monde, tant de la saleté des rues que de la perversité des hommes : le voile permettrait ainsi une meilleure communication avec Dieu. Étant dans le lieu le plus pur qui soit, la montagne, loin des hommes et de la pollution, ce n'est pas la présence de celui-là qui va restreindre ma liberté. Il monte justement à la forteresse, avance devant moi pour marquer le chemin, sonder la neige de son bâton et s'assurer que je ne trébuche pas. Il parle peu ; son sourire paternel me rassure.

En haut, la forteresse est déserte et les ruines enneigées offrent une vue sublime sur la vallée et les montagnes alentour. Mon guide possède la clé d'une petite porte cadenassée à l'arrière d'une tourelle plus récente. La pièce est nue et sombre mais quelques coussins, un réchaud à gaz et un rai de soleil nous accueillent à travers la porte laissée entrouverte. Dans la semi-pénombre, il s'active si bien qu'en quelques minutes il a fait chauffer du thé et, sans un mot, nous en sert une grande tasse à chacun. Il sort ensuite de sa besace un énorme code de la route. Ses yeux myopes plissés par la concentration, il étudie consciencieusement dans un cocon de silence. Je me sens bien en sa présence, toute inquiétude a disparu, mon esprit peut se reposer. Après avoir réchauffé quelques conserves de viande et de riz, il m'invite à jouer aux cartes et l'après-midi s'écoule lentement, sans remous.

À Tabriz, je pensais quitter l'incertitude du voyage pour me placer sous la protection d'une famille, mais je ne trouve que la cohue des taxis qui se précipitent pour m'emmener avec eux. Les pieds crottés des femmes de Kaleybar s'éloignent rapidement sous leurs lourds baluchons. Personne ne m'attend. Au numéro de téléphone qu'on m'a donné, j'ai beau laisser de nombreux messages, personne ne répond. À trop vouloir garder ma liberté de mouvement, je n'ai pas prévenu de mon arrivée. En plus, nous sommes vendredi, jour chômé en Iran : tout est fermé. Dans le doute, je dépose mes affaires dans un hôtel, y réserve une chambre et repars en ville. Je tombe en pleine morosité « dominicale » : la mosquée Bleue, les musées, le bazar… Tous les lieux où j'essaie de me rendre sont clos. Même la grande arche, l'Arg-e Tabriz, m'écrase de désenchantement. Cette voûte de brique décrépite ne semble plus tenir que grâce au réseau des échafaudages qui la soutiennent de toutes parts, tandis qu'elle est encerclée alentour par le chantier de construction d'une gigantesque mosquée. Le charme de cette petite ville de province où Nicolas Bouvier séjourna plusieurs mois dans les années 1950 semble évanoui. Je désespère de trouver enfin un peu de chaleur humaine dans cette mégalopole traversée d'artères à cinq voies, grouillante de voitures.

Heureusement, l'homme qui devait m'accueillir, le jeune médecin Husseïn Namdar, appelé pour une urgence, repasse ce soir-là par son hôpital. Il écoute ainsi les messages que, sans le savoir, j'ai laissés sur son téléphone professionnel. La médecine, en Iran, est considérée comme la plus importante filière d'élite. Être médecin, et plus encore médecin spécialiste, c'est jouir d'un très grand prestige social. Lors de la révolution de 1979, beaucoup de praticiens contestèrent le nouveau régime et durent fuir aux États-Unis, en France ou dans le reste de l'Europe. C'est ainsi que j'ai pu obtenir les coordonnées de plusieurs familles prêtes à m'accueillir à travers l'Iran. Après deux heures passées dans les embouteillages, Gila, la femme de Husseïn, nous ouvre en bâillant. Le nouveau-né qu'elle porte dans ses bras n'est pas encore endormi. C'est El Yar, « l'ami du peuple », leur premier enfant. Gila a les traits encore tirés par l'accouchement – deux mois et demi auparavant – et par ses premières nuits blanches, mais elle n'en est pas moins belle, avec ses cheveux sombres accrochés en une masse épaisse autour de son visage pâle. Alors que je les ai appelés à la dernière minute, qu'ils sont épuisés et ne me connaissent que par l'intermédiaire d'un de leurs amis qui travaille en France, ils passent la nuit à discuter avec moi.

Apprenant que je ne resterai pas longtemps chez eux, Gila m'enseigne le soir même une délicieuse recette régionale, le *kufta tabrizi*. Les *kufta* sont des boules de viande hachée farcies; ceux de Tabriz sont réputés être les meilleurs du pays. La viande y est mélangée à du riz et à des lentilles tandis que le cœur renferme un trésor sucré: des oignons rouges grillés avec des *zerechk*, épines-vinettes séchées. Tandis que Gila les fait revenir dans un jus de tomates, Husseïn m'apprend que ce fruit, aujourd'hui utilisé dans de très nombreux plats, n'existait pas en Iran avant le XVIIe siècle. À cette période, les échanges commerciaux, principalement avec la France, ont fait découvrir la tomate, qui a pris le nom des importateurs, *ferenghe*, « les Français ». Le français était alors une langue prestigieuse dont plusieurs mots, comme « national », « merci » ou « hypertension », sont restés dans le vocabulaire persan avec la prononciation française, soit l'inverse du cheminement du terme « pyjama ».

Le 11 février est le jour de l'anniversaire de la révolution islamique. Dehors, je sais que le gouvernement a organisé de grandes manifestations populaires, et je voudrais me joindre à la foule pour en prendre la température, essayer de savoir si les Iraniens sont nombreux à soutenir le régime actuel. « Il est hors de question d'y participer. » Mes hôtes invoquent les foules fanatisées parmi lesquelles la présence d'une femme, étrangère qui plus est, serait considérée comme sacrilège. Ils me promettent de m'accompagner plus tard et me font patienter avec des confitures de cerises et de roses, du fromage frais et des noix, et du miel dont les alvéoles sont taillés à même les ruches et vendus depuis le village troglodytique de Kandovan en petits blocs cireux et dégoulinants. Je dévore ces délices tandis que le téléviseur retransmet en direct la grande manifestation orchestrée à Téhéran. Gila déambule dans la pièce, son fils endormi dans les bras, et me traduit les slogans les plus prisés: « Mort à Bush » ou « Le nucléaire est notre droit fondamental ». L'une des banderoles contient un simple mot en lettres majuscules, « HOLOCAUST ». Les « O » y ont été transformés en cheminées ; une main enflammée sort de chacune d'elles pour envelopper un globe terrestre et la colombe de la paix, le symbole de l'ONU. Faut-il y voir une confirmation que si l'Iran adopte un programme nucléaire, plus rien, et certainement pas les organisations internationales, ne pourra l'empêcher de détruire Israël ? Lorsque la voiture de Husseïn sillonne enfin les rues de Tabriz, il n'y a plus personne. Les portraits géants des ayatollahs, rehaussés de slogans vindicatifs, ne veillent plus que sur les papiers gras, les banderoles abandonnées en vrac et quelques vendeurs de grillades qui plient bagage.

Dans le bus pour Zanjan, loin de la propagande du régime, un téléfilm à l'eau de rose captive mes voisines. Amour, angoisse, désespoir et enfin joie du retour de l'être aimé : nous frémissons de concert devant ces rebondissements prévisibles. C'est l'un des rares avantages des *soap operas* : comme dans la pantomime, les sentiments, universels, se peignent de façon explicite sur le visage des acteurs. Quelle qu'en soit la langue, de Bollywood aux *telenovelas* brésiliennes, on peut toujours comprendre l'histoire et anticiper son dénouement.

À Zanjan, ma chambre d'hôtel est un triste réduit sans fenêtre dont l'unique ampoule diffuse un faible halo sur des murs jaunis par la crasse et l'humidité. Le pan supérieur du mur a été découpé et permet, depuis un lit sale où courent les cafards, de profiter toute la nuit de l'agitation du couloir : passage des claquettes en plastique, chuchotements ou discussions animées. Au matin, je file pour Takht-e Suleiman, le « trône de Salomon », un temple zoroastrien rebaptisé ainsi pour éviter la destruction systématique des lieux de culte existants lors de l'islamisation du pays au VIIe siècle. Le taxi avance à vive allure sur la route en lacet. Le conducteur est, comme bien souvent, un fou furieux qui double dans des virages sans visibilité ou accélère à contresens alors que des véhicules arrivent en face et que le bord de la route est un précipice. Il semble même prendre un plaisir sadique à ne se rabattre qu'au dernier moment tandis que, pour pimenter le tout, des carcasses de camions jalonnent l'abîme de loin en loin. Un zeste de fatalisme permet d'accepter les choses. Plutôt que de m'inquiéter, je préfère avoir confiance en ma bonne étoile et pressentir, de manière certes irrationnelle, que mon heure n'est pas encore venue. Cela seul me permet d'ignorer la peur. Je me rappelle la parabole de Jacques Deval que Georges m'avait racontée à mon arrivée en Azerbaïdjan, intitulée *Ce soir à Samarkand*:

« C'est l'histoire d'un grand vizir, un homme bon et apprécié. Un jour qu'il est au marché, pourtant, il voit la mort en face. Paniqué, il rentre au palais et raconte au calife sa rencontre prémonitoire. Il supplie son maître de lui fournir son meilleur cheval pour fuir au plus vite, au plus loin, vers Samarcande.

Le calife, qui aime et respecte son vizir, l'y autorise malgré sa tristesse de le voir partir. Étonné tout de même, car son vizir est encore jeune et aimé de tous, il se décide à aller au marché pour interroger la mort. Prenant garde de ne pas la regarder en face, il lui demande pourquoi elle a signifié à son bon vizir que son heure était venue. Celle-ci lui répond, interloquée: "Mais oui, c'est vrai, je l'ai regardé droit dans les yeux, car j'étais fort surprise de le trouver ici, alors que j'avais rendez-vous avec lui, ce soir, à Samarcande." »

Je décide d'appliquer le même fatalisme face aux hommes insistants. Voyant une étrangère, dont ils imaginent les mœurs plus libres, ils tentent leur chance. Quel que soit leur âge, ils se disent que, peut-être, elle voudra bien. Un simple « non » dit fermement et d'un ton calme les remet à leur place. Au besoin, quelques insultes font le reste. Ainsi de mon chauffeur, qui me tend son portable pour que j'y regarde des images. « Très beau! » annonce-t-il fièrement. C'est une succession de clichés sans originalité: gros plan d'une orchidée, coucher de soleil sous les cocotiers, banc de poissons multicolores, et puis, naturellement, comme s'il s'agissait d'une image du même type, un énorme sexe masculin pénétrant celui d'une femme, cadrés serré. Après un instant de stupeur, je me lance dans un flot d'injures, dans toutes les langues possibles, puis me souviens d'une page de « vocabulaire pratique » glissée dans mon sac. Il y a là l'expression : « Honte sur toi, mécréant ! » Je m'applique à la prononcer correctement tout en gardant un air furibond. Il éclate de rire et s'excuse entre deux hoquets.

Chapitre 7
PAR TÉHÉRAN ET ISPAHAN
Où se dévoile la crème des femmes.

ARRIVER À SOLTANIEH à 5 heures du soir est un pari. Il y a bien le tombeau mongol d'Öljeitü Khan, un dôme gigantesque, le plus haut du monde avec celui de la cathédrale de Florence, mais seul le défunt y repose. Pour les vivants, pas le moindre hôtel. Soltanieh est à quelques kilomètres de Zanjan, sur la route qui mène à Téhéran. Le trajet se fait en bus, un moyen de transport pratique lorsqu'on a la tête d'une étrangère et qu'on baragouine trois mots de persan. À l'arrivée, je demande ma route à l'une des passagères. Toute sa famille est là, une grande fille et deux autres enfants, plus petits, qui rentrent chez eux. Le tombeau étant sur leur route, ils se proposent de m'y accompagner. « Où est-ce que tu dors ce soir ? » ; c'est bon signe. « Je ne sais pas encore », dis-je d'un air innocent. Déjà, nous sommes devant le guichet du tombeau. La caisse est fermée mais le gardien m'autorise quand même à me rendre au sommet du dôme de brique qui ne tient plus que grâce à des étais. La famille poursuit son chemin. En haut des nombreuses marches, les émaux bleus ont pris une teinte vert d'eau dans la lumière. En contrebas, un large panorama s'étale dans la douceur dorée du crépuscule : un hammam séculaire, les briques claires de la ville puis les sommets enneigés.

Le personnel de l'accueil me rappelle à ma situation : alors qu'il n'y a pas le moindre hôtel, les bus et les taxis pour Téhéran ne partiront qu'au petit matin. La situation se complique. J'envisage déjà de dormir sur le sol de la cahute quand Leila, la fille aînée de la femme rencontrée, revient me chercher : « Veux-tu passer la nuit chez nous ? »

Après quelques ruelles boueuses, nous atteignons le rez-de-chaussée d'une maison blanchie à la chaux. Dans le vestibule, les résidants des deux étages posent leurs chaussures en tas pour circuler chez eux nu-pieds. Une fois à l'intérieur, je suis invitée à retirer également mon voile, mais dès l'annonce du retour du père, qu'on reconnaît au bruit du portail puis au lancer de chaussures dans l'entrée, Elnaz, la mère, s'empresse de me tendre un voile clair.

L'appartement est composé d'une grande salle qui se prolonge en cuisine d'un côté et en une petite salle fermée de l'autre. Pour le repas, tous s'assoient autour de la nappe de toile cirée sur laquelle les enfants s'empressent de déposer assiettes et verres, corbeille de pain et de verdure ou bols de yaourt aigre. Elnaz répartit équitablement le repas, que chacun déguste qui avec une cuillère, qui avec la main, toujours la droite : à la fin des temps, lors du Jugement dernier, les âmes des hommes viendront recevoir de Dieu leur *karnamen*, c'est-à-dire le « résultat de leur travail » sur terre. Les Justes, *Ahle Yamin*, recevront leur *karnamen* de face et de la main droite, tandis que les autres, *Ahle Yassar*, le recevront de dos et avec la main gauche. Cette dernière ne sert donc qu'aux tâches impures, et la gauchère que je suis peine à inverser chacun de ses mouvements.

Quoique mes hôtes et moi n'ayons aucune langue en commun, la communication s'établit. Ainsi, lorsqu'ils s'inquiètent de ce que je ferai à Téhéran, ils prennent le morceau de papier sur lequel sont inscrites les coordonnées de la famille Lari, l'appellent pour la prévenir de mon arrivée et réservent pour moi le taxi du lendemain. De même lorsque, fatiguée d'être assise en tailleur devant la nappe de toile cirée posée à même le sol, je déplie mes jambes, le jeune garçon se précipite sur sa mère. Il n'est pas difficile de comprendre l'impair, la plainte de la voix contrariée, « Maman, elle a pointé papa avec ses pieds ! », son sous-entendu, « Pourquoi n'est-elle pas punie, elle ? », et la réponse d'Elnaz, « Allons, on ne montre pas du doigt. Calme-toi, elle est étrangère, elle ne sait pas. » Je me rassois en tailleur. Une fois le repas terminé, tous rendent grâces à Dieu et se lèvent pour ranger les reliefs et replier la nappe. La femme tire ensuite un rideau en travers de la pièce et étale au sol des matelas mous. Je dormirai d'un côté avec les enfants. De l'autre, elle restera avec son mari, créant ainsi l'intimité qui me permettra de retirer mon voile malgré la présence d'un homme dans la pièce.

Lorsque Elnaz me réveille, son mari est déjà loin, les enfants finissent de s'habiller pour l'école et mon taxi arrive. J'embrasse une dernière fois du regard le paysage désertique de basse montagne et, déjà, nous entrons au cœur des embouteillages de Téhéran.

Sur le bord de l'immense artère où le chauffeur m'a déposée, Atefeh m'attend en compagnie de son père, monsieur Lari, un vieil homme fin et courtois. Atefeh porte un élégant tailleur de flanelle gris clair, pantalon serré et veste mi-longue qui souligne sa taille. Un foulard de soie délicatement assorti découvre au-dessus de son visage un *brushing* impeccable. Elle me lance un « Bienvenue à Téhéran ! » dans un large sourire vermillon, puis s'excuse avec un léger accent : « Je non parle bien, parce que c'est longtemps depuis que je pas parlé français. » Elle est moderne, maquillée, élégante… J'ai tellement intégré les interdits du régime que je n'arrive pas à croire qu'on puisse oser se montrer si belle dans un espace public. Ma vue l'interpelle réciproquement car je suis chiffonnée de fatigue dans mes habits sombres. De la part d'une étrangère, cet accoutrement est d'autant plus étonnant que je ne suis pas soumise à un tel rigorisme. J'aurais pu me contenter d'un simple foulard et d'une jupe colorée, mais les habitantes prosélytes d'Ardabil m'ont d'emblée inculqué la contrainte de l'habit religieux. J'ai préféré m'y plier au plus près plutôt que de revendiquer mon origine. Pour moi, c'est une façon de gagner la confiance des inconnus, une forme de respect envers ceux qui m'accueillent et une protection supplémentaire contre le désir des hommes. Mais pour elle, il est justement décevant de ne pas trouver en moi un facteur de modernité pour son pays.

Mes hôtes m'emmènent dans les quartiers chic du nord de la ville, vers les montagnes, où les rues sont plus calmes et l'air moins pollué. L'appartement familial couvre tout le rez-de-chaussée d'une grande maison. Les pièces sont agencées autour d'un jardin intérieur spacieux et reposant, doté d'un bassin à poissons. Je retrouve le plaisir d'avoir une chambre rien qu'à moi, des draps propres et une armoire pour ranger mes affaires. Depuis son mariage et la naissance de sa fille Romina, Atefeh habite l'un des étages mais préfère rester en bas, avec ses parents ; c'est plus chaleureux, surtout en l'absence quotidienne de son mari.

Après qu'on m'a servi un succulent *khorm-e sâbzi*, ce plat de viande en sauce dans un mijoté de verdure, nous buvons un thé ensemble. Étonnamment, il est préparé à la mode « russe moderne » : un samovar électrique reste branché. L'eau y demeure brûlante tandis qu'au sommet, une petite théière est posée, au fond de laquelle les feuilles de thé infusent longtemps et dégagent tout leur arôme. On en verse un trait rougeâtre dans la tasse, qu'on dilue grâce au robinet du samovar. De cette façon, le thé a un goût prononcé mais pas trop fort, et il reste toujours chaud. Monsieur Lari le tiédit dans la soucoupe qu'il porte à ses lèvres. Il trempe un morceau de *qand*, du sucre très dur, de sa main droite, « pour le purifier » dans la tasse, puis il le coince entre ses dents afin qu'il s'y dissolve peu à peu et poursuit la discussion, comme si de rien n'était : « Le thé était une boisson de luxe au XIXe siècle. Il ne s'est popularisé qu'après 1979 car, outre son goût, son faible coût et sa convivialité, le thé a un avantage majeur : il n'est pas alcoolisé. » Les Iraniens en boivent désormais tant que lorsqu'ils en sont privés, ils deviennent de grands consommateurs d'aspirine. Je ferai moi-même l'expérience de telles migraines à mon retour en France, après avoir cessé brusquement de boire du thé du matin au soir.

Bien que Téhéran soit le centre politique du pays et abrite donc les cercles du pouvoir religieux, c'est une ville extraordinairement jeune et dynamique. C'est aussi là que l'influence de la culture occidentale est la plus forte : le premier soir, Atefeh m'emmène manger dans un *fast-food*. Elle zigzague entre les voitures et les feux de circulation.

Dans toute la ville, il n'y a pas un seul feu vert ; les rares sémaphores sont rouge, orange ou orange clignotant, si bien que la voie n'est jamais sûre. En descendant l'avenue Vali-Asr, l'artère principale qui traverse toute la ville depuis les stations de ski jusqu'à la plaine, nous dépassons d'ailleurs la carcasse encore fumante d'une voiture emboutie. Au carrefour des *fast-foods*, plein d'animation avec ses vitrines trop éclairées, deux gars ricanent en posant avantageusement à la Clark Gable, une cigarette à la bouche. Atefeh n'arrivant pas à se glisser dans le petit espace libre que nous avons finalement déniché, la manœuvre nous attire leurs critiques machistes. Ce sont des *bad boys*, de ces garçons qu'une jeune fille de bonne famille ne devrait pas approcher. Bien sûr, toutes celles qui passent ici, surtout les adolescentes, pleines du besoin d'être vues, ne peuvent s'empêcher de les dévorer des yeux avant de repartir en pouffant.

À Téhéran comme partout ailleurs, la nourriture des *fast-foods* est mauvaise et déborde de graisse. Et comme partout ailleurs aussi, on la fait passer avec un soda. La seule différence, c'est qu'ici, la marque de simili Coca-Cola s'appelle Zam-Zam, du nom de la source d'eau découverte par Mahomet alors qu'il allait mourir de soif dans le désert. Des hamburgers, pains briochés au jambon, sont aussi en vente. Quoiqu'ils en aient le nom, le goût et la couleur, ils ne sont évidemment pas produits à base de porc.

Tant qu'à être de sortie, nous changeons d'endroit pour le dessert. À l'intérieur du *fast-food* voisin, nous achetons des glaces en pot décorées de vermicelles et de sauce sucrée. « Chocolat ou caramel ? » interroge la serveuse dans un battement de cils qui m'éclaire soudain sur la nécessité de ces lieux d'antiraffinement culinaire. Sous les néons blafards ou colorés, ce qui est primordial, c'est la possibilité de l'autre. Quand les bars et les discothèques sont bannis, les *fast-foods* deviennent les seuls lieux qui permettent aux jeunes de maintenir une certaine vie sociale à l'extérieur. L'habillement a beau être réglementé, ici, on détourne les codes. Les filles portent des collants *flashy*, des ensembles cintrés, des vestes en jean et des chaussures à petits talons. Et pour compenser les restrictions vestimentaires, chaque visage est une toile sur laquelle se peignent autant de tableaux aguicheurs. Sous des foulards aux couleurs exotiques, les figures sont entièrement décorées d'un épais maquillage : fonds de teint ou crèmes blanchissantes transforment la peau. Les sourcils sont parfaitement épilés, les paupières brillent sous les paillettes et les poudres colorées, tandis qu'un épais rimmel permet de lancer des regards de braise. Les pommettes sont rosies et les lèvres présentent toutes les nuances du rouge carmin à l'écarlate, mates ou brillantes de gloss, toujours pulpeuses. Il s'agit de repousser l'interdit des relations entre hommes et femmes en sirotant sensuellement un *milk-shake*, la paille tenue entre deux doigts parfaitement manucurés. Comme chaque représentante de la gent féminine cherche à se démarquer des autres par une surenchère de maquillage, ces jeunes filles ressemblent plus à des putains qu'à des demoiselles, mais ce sont autant d'actes d'émancipation, de gestes politiques contre une société qui les contraint à la claustration. Tandis que je les observe depuis mon tabouret molletonné, je me rappelle ma piètre apparence. Il est difficile de conserver sa féminité dans un voyage au long cours, surtout lorsqu'on y passe son temps à manger ; je n'imagine même pas rivaliser.

Les jours suivants, Atefeh, sa sœur, son père et sa mère se relaient pour me faire visiter la ville malgré leurs nombreuses occupations. Auprès d'eux, je me laisse guider les yeux fermés et, lorsque je les ouvre, se découvrent mille merveilles : arpenter les palais du Chah reconvertis en musées, déguster un kebab fondant au pied des montagnes ou fumer le tabac fruité et sirupeux d'un *qaliun* sans s'inquiéter que ce soit mal vu pour les femmes. La gentillesse et la disponibilité de ma famille d'accueil sont hors du commun et se résument en un geste, le pincement de joue que me fait affectueusement madame Lari pour me signifier que, durant toute la durée de mon séjour, je resterai un membre de la famille comme les autres.

Dans le soleil froid du mois de février, les rues défilent derrière la vitre et le regard tombe parfois, le long des barres d'immeubles, sur le portrait d'un jeune soldat et de son lance-roquettes ou celui d'un chef militaire prêt à mourir pour Allah. Rehaussées de slogans colorés, ces peintures glorifient les soldats martyrs, ces héros de la nation amenés à mourir pour leur foi. Ne distribuait-on pas aux jeunes conscrits une clé en plastique, prétendument celle du paradis, pendant la décennie de guerre contre l'Irak ? Sur l'un des immeubles, les lignes rouges d'un drapeau américain peint à la verticale deviennent des traînées de sang au bout desquelles des bombes filent vers le sol, soulignées par ce slogan en anglais : *« Down with America »*.

Le bus qui m'emmène vers Ispahan entame sa longue traversée de plaines désertiques. Parmi les monts rocailleux, déserts de pierre, de poussière et de terre rouge, les ruines d'une tour émergent parfois ; seule sa base tient encore debout. Anciens repaires de bandits ou refuges pour les caravanes sur la route de la soie, elles ne sont plus qu'un agrément du paysage depuis le bus climatisé où une hôtesse me tend un sachet de nourriture et une bouteille d'eau fraîche.

Le moteur est coupé à côté d'un relais à air conditionné quoique la plupart des passagers préfèrent manger leur pique-nique à l'extérieur. Je m'assois sur un banc ensoleillé et profite de cette caresse sur le peu de peau laissé à la lumière. Un couple m'observe et, discutant à voix basse, s'interroge. L'homme est rond, le crâne un peu dégarni, et porte des lunettes cerclées de métal. Il doit avoir 45 ans. Sa femme a la peau brune. Elle semble assez belle, mais je la distingue à peine tant elle reste en retrait, timide sous son voile. Je remarque ce manège sans y prêter attention, distraite. Elle semble vouloir le pousser à quelque chose mais il ne se décide pas. Ce n'est qu'au moment de remonter dans le bus que Mohammed vient vers moi. Je ne reconnais pas tout de suite l'homme qui se présente ainsi. Il parle un peu anglais et voudrait m'inviter chez lui. Je le regarde d'un œil circonspect, méfiante. Je suis seule, il le sait. La gueule d'un loup se cache parfois derrière des apparences tout à fait anodines. Il se reprend : « J'ai une femme ! » dit-il, indiquant Narghiz, à l'arrière du bus. Elle me sourit, rassurante. C'était bien eux, le couple qui m'observait tout à l'heure. Il continue : « C'est elle qui m'a dit de t'inviter. Ici, c'est dangereux quand on est seul, surtout pour une fille ! Viens chez nous, on s'occupera de toi. Si tu en as assez, tu seras libre de partir quand tu voudras. » Je réponds vaguement oui, me gardant une alternative, mais quand le bus s'arrête le long d'une avenue moderne d'Ispahan et qu'ils descendent chercher leurs bagages, je les suis avec gratitude.

Nous arrivons avant le crépuscule sur la fameuse esplanade Naqch-e Jahan – le « modèle du monde » –, rebaptisée place de l'Imam. De rares passants déambulent au ralenti parmi les bosquets. Les mains claires d'une jeune femme enceinte se découpent sur son tchador noir pour soutenir son ventre rond ; elle s'appuie à son époux dans une démarche de somnambule. Mosquées aux mille faïences, bazars anciens et palais délabrés offrent leur plus beau visage, tournant le dos à une indésirable modernité faite d'entrelacs de klaxons, d'immeubles gris et d'un centre de recherches nucléaires. Bien loin des menaces occidentales et de l'agitation séculière, les heureux vendeurs de *ghali*, symbole du raffinement persan, replient leur fortune sous des arcades classées au patrimoine mondial de l'humanité. Ils proposent au passant un dernier thé dans le moelleux de leurs tapis, prêts à expliquer des heures durant les types et qualités du tissage ou le sens mystique des motifs, depuis le puzzle des bordures terrestres jusqu'au rayonnement divin du médaillon central : ils ne les vendent pas à n'importe qui, et veulent d'abord s'assurer que l'acheteur saura apprécier le bien à sa juste valeur. La place de Naqch-e Jahan est un miroir inversé de leurs ouvrages soyeux : ce n'est pas la fontaine de son médaillon mais bien les constructions sur ses bordures, reliées par des coursives doubles percées d'ogives trapues et régulières, qui sont une représentation divine.

La couleur crémeuse de la mosquée de cheikh Lotfollah s'est diaprée du rougeoiement du couchant. Son pendant, minarets affûtés et dômes arrondis de la mosquée de l'Imam, se dresse fièrement devant la barre rocheuse des montagnes d'Ispahan, salué par les ombres chinoises d'un vol d'oiseaux sauvages. Quoique cette seconde mosquée soit également orientée vers La Mecque, son portail sculptural, arc du triomphe divin propre à émouvoir les âmes humaines, fut déjeté pour fermer le rectangle parfait de la place. Debout devant sa masse imposante, je me sens terrassée par la beauté des décorations : les *muqarna*, ces alvéoles comme ciselés dans de la dentelle, qui se découpent et se redécoupent jusqu'à l'infiniment petit dans l'arche profonde, s'échappent et s'approchent à la fois du regard, soutenus par de fines colonnettes de faïence incrustées dans les cloisons du majestueux portique chamarré. Les bleus limpides ou obscurs des parois s'animent sous les arabesques blanches des prières aux calligraphies complexes. Tant de splendeur féerique occulterait presque la porte de bronze ouvragé où se découpe un panneau qui seul permet l'accès à la mosquée. À cette heure tardive, il n'y a plus ni guichet ni vérifications, et cette trappe de la hauteur d'un homme en devient secrète, telle l'amorce d'une mystique de la beauté.

Arcs de cercle ou angles aigus, couleurs variées et antiques, mariage du sable des briques et du bleu des céramiques : cette harmonie d'azur et de turquoise me rappelle Samarcande, de sa place du Reghistan à son avenue des Morts, Chah-e Zindeh, dont les mille nuances bleutées évoluent avec la lumière diurne ou nocturne, le passage des nuages ou de la pluie, offrant à chaque heure, chaque jour, un spectacle différent. Les artisans perses qui bâtirent Samarcande furent enlevés d'ici par Tamerlan, « l'émir de Fer » dit « le Boiteux », après qu'il eut exterminé le reste de la population. En 1387, 100 000 habitants furent égorgés en l'espace de deux jours. Tamerlan, mécène des arts autant que tyran, choya les rescapés, artisans de renom, maîtres dans l'art de la cuisson des bleus ou du dessin de mosaïques célestes, à condition qu'ils lui construisissent la plus belle des capitales, Samarcande. Deux cents ans plus tard, par un retour de l'histoire à son commencement, le chah Abbas Ier décida d'établir sa cour sur les ruines d'Ispahan, *Esfahan*, dont le nom sonne comme *Nesf-e Jahan*, « moitié du monde », par laquelle il voulut étonner la terre entière. Aujourd'hui, dans l'écrin splendide de la mosquée de l'Imam, des formes végétales jaunes, vertes ou roses protègent les prières blanches et bleues, parallèle minéral aux arbres qui bruissent délicatement dans la cour et abritent le fil ténu du chant rauque des croyants. Les minarets s'élancent impudemment dans la lumière des projecteurs et baisent un ciel devenu noir. Seules scintillent les étoiles d'une clarté transparente, voûte naturelle d'un calme éternel. Les larmes me montent aux yeux.

Le narcisse, *narghiz* en persan, est une fleur qu'on dit protectrice. Son œil jaune, cerné de larges pétales blancs, est toujours ouvert afin de veiller sur celles et ceux qui l'entourent. Narghiz, la femme de Mohammed, porte bien son prénom. Sa vie semble réglée autour du seul bien-être d'autrui. Professeur de géographie en congés, elle porte un regard si prompt à deviner les pensées de ceux qui l'entourent qu'elle sait y répondre avant même que la question ne soit formulée. Outre toutes les tâches de son propre ménage, elle cuisine pour ses belles-sœurs, coud des vêtements pour leurs enfants et les siens, et n'hésite pas à passer plusieurs heures à me détailler en sus la préparation de certaines recettes. Elle me dit se féliciter de sa chance : un époux qui l'aime et trois enfants vifs et studieux. Elle ne demande rien de plus et remercie cinq fois par jour le Seigneur pour le bonheur qu'ils lui apportent. Pourtant, elle agit parfois comme un automate au service de son entourage. Il émane d'elle, qui renonce à toute individualité, une forme de fatigue vitale. Lorsque je la rencontre, elle revient de Téhéran pour tenter d'y soigner son foie. Elle souffre d'une cirrhose – triste ironie pour quelqu'un qui n'a jamais bu d'alcool. Dans cette maladie qui l'épuise, je perçois le symbole de son abnégation.

J'ai eu de la chance de rencontrer Narghiz, dont la succulente cuisine est élevée à un niveau philosophique. Elle m'enseigne la combinaison des éléments froids et chauds, humides et secs, qui permet d'équilibrer les humeurs du corps – la lymphe et le sang, la bile et l'atrabile –, corrigeant les dysfonctionnements de nos tempéraments. Sur sa table, la viande et les noix « chaudes » sont toujours compensées par du yaourt aigre, de la verdure ou des légumes marinés « froids ».

Par-delà le mélange des saveurs, les couleurs safranées et la sophistication des techniques, la cuisine de Narghiz devient un art de vivre, qui donne un sens à sa vie et souligne son amour pour son mari. Elle estime d'ailleurs que plus une femme passe de temps à cuisiner un plat, meilleur il sera, car celui qui le mangera pourra se repaître à la fois de ses saveurs et de l'amour qu'il aura fallu à la cuisinière pour surmonter les difficultés de sa préparation.

Narghiz, les yeux plissés derrière ses lunettes en demi-lune, m'a également cousu une robe sur mesure, à la condition que je ne la porte qu'en présence de mon futur mari. Elle est une femme croyante qui respecte la loi islamique au point de me faire effacer les photos d'elle que j'ai prises à la maison : elle y apparaissait en robe légère, sans voile, et craignait qu'un autre homme que son mari puisse la voir ainsi et la désirer. Son rôle est d'être désirable pour lui seul. Narghiz s'y attelle, scrupuleusement. Elle est outrée d'apprendre que, « chez moi », il est normal de porter des robes dans la rue, au vu de tous. « Les pauvres ! » s'exclame-t-elle avec tristesse lorsque je lui explique qu'en France il est même autorisé d'avoir des enfants hors mariage. « Comment font-ils pour déclarer l'état civil de l'enfant ? » La chose est tellement inconcevable qu'ici une femme préférerait avorter illégalement plutôt que de subir l'opprobre d'un enfant sans père officiel. Narghiz et Mohammed finissent quand même par s'amuser de ce que des choses inconcevables en Iran puissent exister librement dans d'autres pays, malgré les questionnements métaphysiques que cela entraîne en eux. Qu'adviendra-t-il de tous ces Français qui vivent honnêtement dans la luxure ? Est-il possible qu'une population entière soit condamnable parce qu'elle tolère les couples non mariés ? Enfin, qu'en est-il de leurs valeurs, qu'ils croyaient absolues, si elles ne sont valables que dans le périmètre étroit de leur nation ?

Sous une pluie battante, un parapluie est perché sur le pavé : Narghiz et Mohammed attendent que mon bus démarre. Derrière les gouttes qui dégoulinent sur les carreaux, je contemple dans le lointain leurs deux silhouettes qui s'amenuisent.

Chapitre 8

DANS LA TOUFFEUR DU GOLFE PERSIQUE

Où les amoureux se mettent à table.

LE CHAUFFEUR VIENT de me secouer pour que je descende. Il est 23 heures à Yazd. La place est sombre, presque déserte, mais le fond de l'air est doux. Mes hôtes d'Ispahan ne m'ont laissé partir qu'à contrecœur. Inquiets des dangers qui m'attendaient, ils m'ont fait inviter chez une de leurs nièces qui étudie ici les beaux-arts. Je m'abrite en attendant dans la lumière d'une épicerie. Fahimeh arrive. Jeune fille belle et douce, la nièce de Mohammed me rappelle plutôt Narghiz, si calme. Son visage est délicat, aux traits fins, presque fragiles. Elle est accompagnée de Fati, sa colocataire et camarade aux Beaux-Arts. Fati est plus petite et pleine d'énergie, riant aux éclats à la moindre occasion. Elle est venue avec son cousin, Ali, un garçon gras, immense, vêtu de noir depuis les chaussettes jusqu'à la cravate de son costard de piètre qualité. Je suis tellement fatiguée que je donnerais tout pour un lit, mais ils ont faim. Il n'y a évidemment pas de restaurant, que des *fast-foods*. Les filles piaillent, se glissent des secrets à l'oreille comme des adolescentes. Elles ont presque mon âge mais je me sens à des années-lumière de leur comportement. Réciproquement, elles s'étonnent d'apprendre que je n'ai qu'un an de plus qu'elles ; en clair, elles me trouvent rabat-joie.

Ali revient avec les pizzas, une pour chacune et deux pour lui. La sauce dégouline sur son plateau tandis qu'il attrape une lampée de soda et s'essuie du revers de sa manche. Il arbore malgré la nuit des lunettes de soleil et sort sans cesse son téléphone portable dernier cri pour un

« important business ». C'est tout de même lui qui me fait la conversation car Fahimeh ne parle presque pas anglais et Fati est encore trop timide. Il m'expose ses combines en ligne, où l'on peut facilement gagner 80 euros par semaine et, après quelque temps et un peu de bon sens, décupler la mise, comme lui. À 24 ans, il gagnerait donc trois fois mieux sa vie que Mohammed, l'oncle de Fahimeh, alors que ce dernier est un ingénieur diplômé de la meilleure université d'Iran et a vingt ans de carrière… Sa morgue de nouveau riche me déplaît ; je ne comprends pas ce qu'il fait là, avec nous. L'explication arrive bientôt : alors que les filles continuent leurs messes basses et que la belle Fahimeh le pousse du coude, il finit par m'avouer l'objet de leurs chuchotements angoissés : « J'aime Fahimeh. » J'ai du mal à croire que la réciproque puisse être vraie :

« Et elle ?

— Mais elle aussi ! Nous nous aimons ! »

Incroyable. L'intéressée acquiesce pourtant, un léger sourire aux lèvres, visiblement amoureuse : « Ça t'étonne ? »

Je mets ma réaction sur le compte de l'interdiction légale de toute relation hors mariage. On me fait promettre de ne rien répéter à l'oncle. Sitôt la promesse faite, tous trois se décontractent : je ne suis plus un risque potentiel mais une confidente du secret. Désormais complices, ils me sourient et me parlent enfin ouvertement.

L'appartement des filles est aménagé dans une cave. Il est petit et pourtant spacieux, car le mur qui sépare le salon de la cuisine est creusé d'une large ouverture. Le sol est couvert de moquette, les murs blancs décorés de tableaux réalisés par Fati et Fahimeh. Une musique psychédélique – immédiatement allumée – enveloppe le tout d'une atmosphère étrange. Tandis qu'Ali prépare négligemment un *qaliun*, avachi sur un matelas, Fahimeh s'est accroupie à ses pieds. Elle sort une lime et la frotte amoureusement contre les ongles de son bien-aimé, un orteil après l'autre. Je contiens mon indignation féministe.

Le lendemain midi, nous partons tous les quatre visiter la ville. Les deux tourtereaux préférant se chamailler en retrait, Fati et moi continuons seules. Si elle m'avait paru immature la veille, elle me prouve aujourd'hui qu'elle est plus maligne qu'elle n'en a l'air. Loin de subir la relation étouffante de son cousin avec sa colocataire, elle en profite : sous prétexte de les laisser seuls, elle part régulièrement pour retrouver en secret son propre petit ami ! Après quelques heures en compagnie de ce grand brun aux traits fins, aux cheveux en bataille et au charme négligé d'artiste, je renonce à plaindre Fahimeh, qui a donc eu le choix : il y a visiblement des garçons séduisants et sympathiques dans cette ville.

Nous partons tous les trois pour les ruines des Dakhm-e zaratuch ou « tours du silence », deux larges collines pierreuses à la sortie de Yazd. À leur pied, au début d'une plaine étendue et aride, subsistent quelques dômes et maisons antiques. C'est au sommet de ces collines que les pratiquants de la religion zoroastrienne déposaient leurs morts. Dans la mesure où le monde se divisait entre l'ange du Bien et celui du Mal, les cadavres, touchés par le second, étaient considérés comme salis, polluant la terre. Par respect pour les quatre éléments, les croyants ne voulaient souiller ni le feu ou l'air par incinération, ni l'eau ou le sol par enterrement. Les cadavres étaient donc exposés au sommet de ces tours pour que leur chair putréfiée fût dévorée par les vautours. Le sang retournait nourrir la terre tandis que les os, devenus poussière, s'éparpillaient au vent. Lorsque le mort était un haut dignitaire, les mages observaient quel était le premier œil picoté par les vautours. S'ils s'attaquaient à l'œil gauche, l'avenir serait sombre ; s'ils dévoraient l'œil droit, l'augure était bon pour la communauté. Ce sont ces mêmes mages astrologues qui, ayant observé une étoile nouvelle dans le ciel, auraient voyagé jusqu'à une étable de Jérusalem pour y déposer l'or, richesse terrestre, l'encens, sagesse divine, et la myrrhe, substance d'immortalité.

Mes voisines de compartiment voyagent en première. Alors que les billets étaient tous vendus au matin, une fois sur le quai, à minuit, le contrôleur m'a trouvé une place en leur compagnie. Atana m'observe avec défiance du haut de ses 2 ans et demi, les cheveux ébouriffés, le regard sombre et brillant. Le long de ses bras, des dizaines de bracelets dorés s'entrechoquent. Sa mère, Atieh, tient un nourrisson, Moy, contre son sein. Zâra, la grand-mère, a le corps sec de celles qui ne mangent pas tous les jours à leur faim et sa peau la texture d'un papier Canson de couleur sombre. Mes quelques phrases de persan me permettent d'entamer pour l'énième fois un embryon de conversation en forme de : « Je suis française, voyage en Iran, apprendre la cuisine, 22 ans, pas mariée. Tes enfants ? âge ? belle ! »

Arrivées à Bandar-e Abbas, Zâra et Atieh, après un échange de regards, m'invitent à les suivre. Leur appartement semble presque inhabité tant les meubles y sont rares. Le sol est couvert de tapis et l'unique décoration qui orne un mur est le portrait du prophète Ali en tapisserie, qui s'achète au sortir des mosquées. Atieh s'est assise jambes tendues, dos au mur. Elle a allongé son bébé sur un coussin au bout de ses jambes, la tête de côté. Elle peut ainsi le balancer doucement, à portée de main, et garder les mains libres pour lire un livre de poche. De son côté, la petite Atana est allée se changer et porte maintenant un jean aux poches multiples. Comme son grand-père l'a accueillie en lui offrant deux billets de 1 000 rials, environ 2 euros, elle cherche la meilleure poche où ranger ce précieux cadeau. Sur la cuisse droite de son pantalon, une large inscription est imprimée en lettres capitales rouges : « WAR ON IRAK ».

Mes hôtesses ont appelé une amie de la voisine, professeur d'anglais d'un institut de langues *« like the Wall Street Institute »* pour faire un tour avec moi au marché aux poissons. Avec sa jovialité à l'américaine, de larges lunettes de soleil type Dior et un foulard de soie coloré, elle a l'allure d'une femme d'affaires sûre d'elle-même, libre et indépendante, mais une fois au volant de sa voiture – une Peugeot 206 neuve avec des sièges en cuir –, dans l'intimité des grandes avenues sans oreilles, la discussion en arrive très vite au problème : les hommes. Sachant que les filles peuvent être données en mariage dès l'âge de 13 ans et que la plupart se marient vers 22, être célibataire à 26 cache forcément quelque chose. Mon interlocutrice est tout simplement moderne. Née l'année de la révolution islamique, elle refuse de quitter la relative liberté de la maison paternelle pour se retrouver piégée dans le carcan marital, d'autant qu'elle redoute d'être marquée du sceau des divorcées, non vierges, à qui même les mendiants n'hésiteraient pas à réclamer des faveurs. Elle préfère donc, et de loin, la liberté que lui laisse le célibat dans la maison de ses parents et choisit ses nombreux *boy friends* parmi ses élèves. Souvent plus âgés qu'elle, ils sont presque systématiquement mariés, ce qui explique le peu de confiance qu'elle accorde à la notion de couple.

Comme j'hésite à lui demander si ses relations sont de simples flirts, elle me répond en riant : « Mais bien sûr que non, nous faisons l'amour ! Voyons, c'est comme si tu me demandais si j'avais déjà été au restaurant ! » Cette légèreté à parler de la chose est très inhabituelle, et me surprend de la part d'une Iranienne. En fait, ce n'est qu'un artifice. Dès l'instant où elle constate mon étonnement, elle se reprend. Si elle me dit ces choses-là, c'est parce que je suis une étrangère, qui ne lui jettera pas l'opprobre. Je dois, bien sûr, éviter d'en toucher le moindre mot à ma famille d'accueil. Et d'ailleurs, elle n'est jamais allée jusqu'au bout en fait. « On ne sait jamais », mieux vaut quand même se préserver. En France, cette jeune femme serait comme la majorité des célibataires, mais ici, dans le cadre d'une société ultra-conservatrice, elle semble mal dans sa peau et mal dans son pays. Je ne peux m'empêcher de la trouver étrange, un peu fausse, tiraillée entre sa personnalité extravertie et le monde clos qui l'entoure.

Au marché aux poissons, les vendeuses sont des femmes bandari. Habillées de voiles colorés qui vont du marron clair au rouge vif en passant par le brun, le jaune et l'orange, dos droit derrière leurs étals, menton levé, elles scrutent silencieusement les clients à travers d'étranges masques noirs aux reflets arc-en-ciel, qui occultent leurs visages depuis la lèvre supérieure jusqu'aux sourcils. Deux trous sont percés pour les yeux et une arête perpendiculaire est cousue le long du masque pour suggérer un nez. On dit qu'elles portent ces masques carnavalesques pour se protéger du soleil, mais ils ressemblent plutôt à une punition car ils attirent la chaleur, d'autant que le pétrole dans lequel ils semblent avoir été trempés, loin de protéger leur peau, doit l'abîmer durablement.

De Bandar-e Abbas à Qechm, il n'y a qu'un bras de mer à traverser dans un rafiot couvert où chacun s'entasse comme dans un autobus. L'île étant détaxée, le port d'arrivée est un immense supermarché, d'une grande laideur. La plupart des gens qui ont pris le bateau ont emporté d'énormes sacs à provisions ; à l'arrivée, ils détalent tous en direction des rayonnages. Hors du port et des navettes qui desservent les hypermarchés, le réseau de transports en commun est si maigre que c'est à se demander si des gens habitent là. Un minibus accepte finalement d'allonger son trajet habituel pour me déposer plus loin, à Laft, dans un village de pêcheurs.

Laft est d'abord une route goudronnée au bord de l'eau, où quelques garçons jouent les gros bras en faisant rugir les moteurs trafiqués de leurs mobylettes. Un petit ponton enduit de soleil donne sur un lagon turquoise planté de hautes herbes aquatiques ; je n'y reste que le temps d'entrevoir le supplice que représente un été à 45 °C sous un tchador. À l'ombre des parois de torchis d'une ruelle étroite, un vieil homme me dépasse. Son visage buriné est gravé de belles rides. Il porte une longue blouse gris clair et un châle blanc. Il se retourne, m'observe puis, d'un doigt noueux, me fait signe de le suivre. Au bout de la ruelle, il écarte ses filets de pêche d'un vert d'eau, turquoise, qui sèchent au soleil, et m'invite à m'asseoir dans la fraîcheur de son salon. L'ombre est illuminée par des aplats de soleil sur le sol. L'homme allume un *qaliun* de céramique et le fume sans un mot. Adossées au mur, deux jeunes filles brodent des fils noirs, rouges, verts et parfois d'or ou d'argent sur des tissus rose vif tendus sur des tambours, décorations qui orneront les chevilles de leurs pantalons de fête. L'une d'elles se lève délicatement, disparaît dans la cuisine et revient avec un verre courbe contenant un café épais, au bon goût de cannelle.

Chapitre 9

DU TOMBEAU DE HÂFEZ À PERSÉPOLIS

Où l'on prend de la bouteille.

MANDARINIERS, champs de pousses vert vif. Soleil puissant.

Déjeuner en compagnie de trois étudiants anglophones.

Compagne de siège âgée et fine. Beau visage creusé de rides, yeux doux. Soleil couchant.

Livre de poésie persane sur les genoux, impression de rêve, sensation d'apesanteur où torpeur et curiosité se combattent mollement. Réveil à Chiraz.

Fati, depuis Yazd, a prévenu sa jeune cousine Bahar de mon arrivée. Elle a quelques années de moins que Fati, mais ses traits gracieux sont illuminés à toute heure par le même sourire enthousiaste. Bahar m'accueille en fanfare et me bombarde de questions, m'explique que *Bahar* n'est pas son vrai prénom mais qu'il signifie « printemps », me laisse à peine poser mes affaires : il est impératif que j'aille honorer le tombeau de Hâfez dès mon arrivée. Au cœur d'un grand jardin d'orangers et de buissons aux feuilles grasses, le cercueil est en jade, d'un vert laiteux. Il est abrité par un dôme vert-de-gris porté par des colonnettes de marbre blanc. Sous la coupole, des décorations de céramique verte, bleue ou turquoise ajoutent à la délicatesse du lieu. Nombre de Chirazi s'y baladent nonchalamment, savourant le calme et le chant des oiseaux. Un vieil homme se prépare pour le *Fal-e Hâfez*, un mode divinatoire fondé sur l'esprit du grand poète :

il a apporté le *Divân*, recueil complet de ses poésies. Bahar, qui rêve de devenir pédiatre, prend le livre entre ses mains. C'est une carrière difficile, aussi attend-elle un signe encourageant de la prédiction. Les yeux fermés, elle invoque l'âme de Hâfez. Alors que nous gardons les paupières closes, l'homme lui fait ouvrir le livre et pointer au hasard l'une des pages, dont il commence la lecture. Dans une traduction approximative, Bahar m'explique que le poème lui enjoint de profiter intensément de la vie et de rejeter les faux-semblants. Elle est un peu déçue car la réponse, évidemment, est bien vague. « Peut-être que tu as prié plus fort que moi, et que Hâfez s'adresse en fait à toi ? »

Le soir, avant de nous coucher, je montre à Bahar le cliché de mon prétendu mariage, pris dans un magasin de location de robes de mariée. J'y apparais en robe blanche, cheveux longs et ondulés, gants blancs, au bras de Timothée, qui porte l'unique costume dont la vendeuse disposait, gris, col Mao. Nous nous tenons le bras devant le rideau de velours rouge de la cabine d'essayage. Ce jour-là, nous étions tous les deux grippés, aussi nos yeux brillants peuvent-ils passer pour l'expression d'un bonheur fébrile. Quant à mon compagnon, la barbe de douze jours et le teint olivâtre qu'il avait alors font ressortir ses yeux verts ; « Il est iranien ? » s'enquiert immédiatement Bahar. Pas déçue par ma réponse négative, elle enchaîne sur sa moustache : « Tu sais que ça se dit *sibil* en persan ? Ça veut dire "trente pelles", à cause des nombreux poils durs ! » Elle attrape une petite boîte précieusement rangée sous son lit. Dedans, elle conserve des minous, ces touffes de fils légers qui flottent dans l'air en été. C'est son tour de partager un secret : à chaque fois qu'un minou se dépose à côté d'elle, elle croit qu'une bonne nouvelle est arrivée. Son père est en Grande-Bretagne depuis près de huit ans et elle ne l'a pas revu depuis. Lorsqu'elle pense à lui dans la rue, elle cueille un minou, lui murmure un message et le souffle dans le vent pour que son père le reçoive. Il téléphone justement ce soir-là : il rentre définitivement dans quelques jours et demande à sa femme d'aller acheter des cadeaux en quantité sur l'île de Qechm, dont je reviens. La tradition veut qu'une personne partie en voyage rapporte des cadeaux à tous les membres de la famille, depuis sa femme et ses enfants jusqu'à ses cousins éloignés et ses vieilles tantes. Comme il n'aura pas le temps de s'en occuper, il charge sa femme de s'acquitter de ce devoir.

Les ruines de Persépolis sont à quelques kilomètres de Chiraz. Dans le premier bus qui nous y emmène, à 8 heures du matin, Bahar et moi sommes surexcitées de partir à la découverte du site le plus célèbre de la Perse antique ; pour Bahar, c'est aussi la perspective d'échapper aux révisions de son baccalauréat de mathématiques pendant une journée entière qui la rend si gaie. Nos bavardages en anglais, langue qu'ils ne connaissent pas, agacent les occupants du bus, qui prennent nos rires pour des moqueries. Une vieille femme se retourne vers Bahar pour lui faire remarquer sèchement que son foulard découvre ses cheveux tandis qu'un homme nous sermonne : « Ce n'est pas *votre* bus ! »

La route goudronnée s'arrête en cul-de-sac devant un long sentier pavé qui aboutit, au pied d'une courte falaise, à un bloc de pierre surmonté de piliers abîmés. Nous approchons à pied. Ce que j'avais pris de loin pour l'entrée du palais est en fait un double escalier taillé dans la masse compacte : la cité n'est pas bâtie à même le sol, mais surélevée d'une dizaine de mètres. On y accède donc par ces marches monumentales dont chaque extrémité est fermée par une pyramide cubique de trois étages, symbole de la religion dominante d'alors, le zoroastrisme. Cette lente montée, aux marches larges et peu élevées, permettait aux dignitaires persans et étrangers, à cheval si nécessaire, d'admirer et de faire admirer leurs tenues respectives. Ils rapportaient le cens à leur souverain en échange de l'administration des territoires. Des esclaves portaient ou menaient les cadeaux les plus extraordinaires : fruits exotiques, pierres précieuses, girafes et éléphants. Au cœur des ruines, une gravure d'un vert laiteux a conservé malgré les ans le souvenir de ces offrandes fastueuses. Aujourd'hui cependant, la rudesse des pierres nues et abîmées altère la majesté du lieu.

Malgré tout, une fois en haut des escaliers, taillés dans chaque pilier de ce qui fut la porte de Tous les Peuples, deux centaures ailés imposent encore leur magistrale assise au voyageur, le corps musculeux, le visage auréolé d'une noblesse figée en volutes de barbe et chapeau altier. Derrière, une allée ne se devine plus que grâce à des murets en pisé récemment disposés. Je ne peux m'empêcher d'être déçue : on parle plus volontiers de ce que cette ville a été que de ce qu'il en reste.

Nous progressons à travers le marquage en terre des fondations et les colonnes décapitées. Quoique nous soyons quasiment les seules visiteuses du jour, des haut-parleurs se déclenchent régulièrement. Du haut de sa tourelle, un garde nous sermonne sans cesse. Il est *interdit* de s'approcher des murets en terre, pourtant solides et récents. *Interdit* de grimper dessus pour tenter d'avoir une vue d'ensemble. Le garde doit manquer la crise cardiaque lorsque nous redescendons nous asseoir – sacrilège adolescent envers un écrin historique – sur un socle de pierre campaniforme qui supporta jadis les plafonds en bois de cèdre qui brûlèrent avec la cité.

C'est sans nul doute *interdit*, mais lorsque je sors mes aquarelles et mon carnet, le haut-parleur reste coi. Un groupe scolaire vient de passer la porte de Tous les Peuples en rangs serrés ; le garde s'est désintéressé de nous. Ma laborieuse tentative de dessin trouve curieusement un public : un riche Saoudien, à en juger par sa bedaine et son accent, propose d'acheter mon œuvre – « Combien en voulez-vous ? » demande-t-il en sortant déjà son porte-monnaie. Je dois argumenter longuement pour lui faire renoncer à mon « art ».

Au-dessus de la cité, les tombeaux d'Artaxerxès II et Artaxerxès III ornent la paroi de la falaise. Comme le prescrivait leur religion, seuls leurs os y furent déposés après que leurs cadavres avaient été dépecés par les charognards. L'entrée de chaque tombeau est immense, taillée à même le roc en forme de gigantesque croix. Sur les branches de chacune d'elles, des bas-reliefs sont sculptés dans la pierre. Au centre, une large plate-forme livre l'entrée interdite du tombeau. Tout de même, il y a étonnamment peu de protection, sinon de surveillance, parmi les blocs gisants de calcaire gris de Persépolis. Pierre Loti l'avait déjà noté il y a un siècle : « Un fragment quelconque de telles pierres qu'on emporterait avec soi deviendrait une pièce incomparable pour un musée ; et tout cela est à la merci du premier ravisseur qui pénétrerait dans ces vastes solitudes, tout cela n'est gardé que par ces deux géants pensifs, en sentinelle là-bas sur le seuil. » Il faut dire qu'il n'avait, lui, été accueilli que par des chèvres broutant thym, menthe et marjolaine entre les dalles.

Finalement, seuls nos estomacs s'émeuvent du temps qui passe : il est 1 heure de l'après-midi ; au musée des Trésors, nous préférons la buvette installée juste derrière. Un jus d'oranges et quelques biscuits ne suffisant pas à nous rassasier, nous pensons rentrer à Chiraz où Bahar doit assister à un cours de *daf*, large tambourin dont le cadre est percé d'anneaux ou de grelots. C'est alors que quatre garçons proposent de nous y ramener. Le plus âgé, 28 ans quoiqu'il en paraisse dix de plus, se présente comme le *« master of the crazy »* en roulant les « r ». Les *crazy*, en l'occurrence, sont deux frères jumeaux et un jeunot facétieux de 23 ans. Je préférerais payer la sécurité d'un taxi, mais Bahar refuse catégoriquement. D'un regard entendu, elle me rappelle qu'il n'est pas question de laisser passer une telle occasion de s'amuser avec des garçons et, sans me laisser le temps de m'y opposer, file s'installer dans leur 4x4. Puisque nous prenons toute la place que leur galanterie nous laisse, le *master* se voit obligé de coincer son grand corps dans le coffre. Bahar a résolument oublié son cours de musique tandis que nous partons manger des kebabs. Dans Persépolis, j'ai justement croisé pour la première fois des touristes, des Grecs qui se plaignaient de ne manger que des grillades et du riz. Si les véritables restaurants sont peu nombreux, c'est que les Iraniens savent qu'ils ne mangeront jamais mieux que chez eux ; il faut pénétrer dans les cuisines familiales pour avoir droit aux délices dont je me régale depuis mon arrivée.

De retour à Chiraz, notre joyeuse troupe s'arrête à la porte des Voyageurs, Darvaz-e Qoran, une arche de pierre blanche qui abrite un gigantesque coran à son sommet. Les Chirazi qui entreprennent un long voyage passent encore dessous afin de recevoir la bénédiction du livre saint. Je ne manque pas d'accomplir le rituel, car mon départ pour le Tadjikistan approche et m'inquiète. Cependant, nos quatre saltimbanques ont décidé de se prendre en photo devant la porte des Voyageurs en un empilement de têtes façon frères Dalton. Des touristes japonais, munis de téléobjectifs et émerveillés comme eux seuls savent l'être, se précipitent pour immortaliser l'instant; l'une des Japonaises n'hésite pas à s'allonger au sol malgré ses gants blancs pour compléter le tableau avec sa propre tête.

Bahar finit quand même par appeler sa mère qui lui remet les pieds sur terre: je peux entendre ses hurlements exploser hors du combiné. Voilà déjà dix heures que nous avons quitté la maison sans lui donner le moindre signe de vie. Outre qu'elle est morte d'inquiétude, elle lui ordonne de rentrer réviser son examen de mathématiques immédiatement. Mais cette liberté est trop rare pour ne pas en tirer profit au maximum; Bahar lui répond d'une voix innocente, s'excuse et implore pour rester encore un peu, insiste, quitte à être punie ensuite. Elle était mon guide, je suis désormais son chaperon.

Nous continuons donc vers Chah-Tcheragh, « la lumière du Roi ». La veille, on m'a refusé l'entrée de ce mausolée malgré mon large voile de prière. Les cerbères de l'entrée ne s'y sont pas trompés: depuis quelques années, ce lieu, tombeau du frère de l'imam Reza, est interdit aux étrangers. Apparemment, des touristes se seraient moqués des rites chiites qui consistent notamment à embrasser les portes ou à pleurer à chaudes larmes. Pour cette nouvelle tentative, Bahar a pensé à tout. D'abord, elle me prête ses lunettes, dont les bords larges et sombres cacheront mes yeux clairs. Ensuite, elle emprunte pour moi à l'entrée un voile noir que je porte en tchador afin de cacher complètement mes habits. Pour finir, elle m'accroche au bras de l'un des garçons pour que, blottie contre cet époux d'une heure, j'échappe aux regards scrutateurs des gardiens. J'avance tête baissée, pendue à son bras, jetant ici ou là un coup d'œil pour vérifier que mon voile ne traîne pas à terre ou pour admirer un pan de mur décoré.

J'essaie de me répéter les prières que j'ai entendues maintes et maintes fois pour pouvoir les marmonner si un gardien venait à douter de mon identité, mais personne ne m'interpelle. Une fois à la porte d'entrée, « mon mari » me quitte pour embrasser la porte de son côté puis il s'éloigne dans la longue cour avec ses semblables.

Le recueillement règne. Chacun évolue doucement d'un lieu à l'autre, le pas léger. Aucune parole n'est prononcée hormis le murmure des prières. Étouffés par les épaisses parois, la rumeur de la ville ne nous parvient que dans un bruissement lointain qui se confond avec le froufroutement des voiles. Ma présence nonchalante au milieu de la cour, bras ballants, sans occupation apparente, paraît louche. Bahar me rejoint, m'attrape par le coude et me dirige au fond de la cour, où se trouve le tombeau. Elle veut me soustraire aux regards des Gardiens de la foi qui se fondent dans la foule des pèlerins. Nous retirons nos chaussures sur les marches d'entrée, et Bahar s'éloigne pour les déposer parmi les autres. En l'attendant, je cherche une occupation qui puisse cacher la peau trop pâle de mon visage. Croyant bien faire, je reproduis donc le geste de l'entrée : j'embrasse la paroi du mausolée à côté de moi. Bahar revient presque en courant, affolée : « Ne fais surtout pas ça ! Seulement les portes, pas les murs ! » Nous filons à l'intérieur avant qu'on ait pu nous repérer mais, dans la précipitation, Bahar nous fait prendre le mauvais couloir, celui des hommes ! Un barbu nous arrête. Si nous avions voulu être discrètes, cette fois, la partie semble perdue. Je reste interdite, prenant soin de ne pas le regarder de mes yeux bleus, tandis que Bahar murmure quelques excuses. Il nous laisse repartir par le bon couloir.

Enfin, nous pénétrons dans le mausolée dont toutes les parois sont couvertes de miroirs. La salle est fortement éclairée et chaque rayon de lumière se reflète par mille éclats. Nous nous asseyons dans un coin, prétextant la lecture d'un coran pour mieux observer la scène. Au centre de la salle, un haut cube de verre contient le tombeau. Des ouvertures y sont percées pour permettre aux fidèles de glisser les billets qui s'amassent autour du cercueil de bois ouvragé.

Une deuxième enveloppe de métal le protège. C'est une sorte de grillage épais en losange, composé de cylindres d'une dizaine de centimètres de long dont chaque intersection est fermée par une grosse boule métallique. Les fidèles passent devant et s'accrochent à ces boules, passent la main dessus ou les embrassent. Comme l'un des cerbères, à la féminité plutôt virile, nous considère avec un peu trop d'intérêt, nous marchons vers le tombeau tête baissée. J'imite Bahar du mieux que je peux, accroche mes mains, me penche contre la paroi, murmure en arabe que Dieu est grand, *Allahu akbar*, et pose mes lèvres sur le métal où des millions de fidèles ont posé les leurs avant moi. Bien que la salle soit séparée en deux par de hauts draps qui interdisent tout échange entre hommes et femmes pendant les prières, le tombeau lui-même, aux parois de verre, permet d'observer ce qui se passe de l'autre côté. Le regard appuyé que me lance l'un des hommes en dit long sur son recueillement.

Alors que Bahar planche sur ses révisions, sa mère, Gulbahar – « fleur du printemps » –, m'apprend à cuisiner les plats qui font la fierté de la ville, notamment un mélange de riz et de pois chiches en bouillie, d'oignons et de fromage blanc, une soupe chaude qui devient vert fluo grâce à la menthe poivrée que nous y ajoutons. Cet après-midi-là, Sahand vient me chercher en voiture pour que je passe une nuit dans sa famille. C'est l'un des étudiants que j'ai rencontrés dans le bus de Bandar-e Abbas à Chiraz. Il est beau garçon, de taille moyenne, les épaules carrées, la peau mate. C'est un descendant des tribus kachgai, desquelles il veut m'apprendre les recettes. Il a coupé le moteur de son break vieillot en m'attendant car, pour mon départ, Gulbahar procède au cérémonial des adieux. Elle porte un coran à bout de bras, que je dois embrasser avant de passer en dessous par trois fois. Ensuite, lorsque je franchis le seuil, elle jette une tasse d'eau derrière mes pas. Symboliquement, cela signifie qu'elle espère mon retour avant que l'eau n'ait séché sur le sol.

J'ai à peine le temps de regretter ce départ que déjà la voiture de Sahand arrive dans une zone militarisée. Un soldat nous interroge.

Nous devons indiquer qui nous venons voir et pour combien de temps avant de pouvoir entrer. La barrière se lève et Sahand se gare quelques rues en amont. Ici habite la famille qui a élevé et nourri au sein ses aïeux, de mère en fille, jusqu'à lui. Il veut me les faire rencontrer pour que je comprenne sa culture, dont il est très fier.

Les Kachgai étaient un peuple nomade originaire de Turquie. Arrivés au sud de l'Iran entre les Xe et XVe siècles, la plupart se sédentarisèrent et commencèrent à cultiver la terre. Organisés en confédération, ils dominaient tout le territoire de Chiraz à Bandar-e Abbas. Sahand est noble ; son grand-père était un khan, c'est-à-dire un chef de tribu qui possédait un large domaine sur lequel paysans et bergers lui étaient inféodés : ils cultivaient les terres de ses vallées et transhumaient sur ses pâturages. Les serfs conservaient une part de la production pour eux et reversaient le reste au khan qui, en échange de leur travail et de leur soumission, entretenait un système de santé et d'éducation pour eux et leurs enfants. D'après Sahand, ce système féodal fonctionnait très bien et tout le monde était heureux car le khan était philanthrope et magnanime. Cependant les khans, tout-puissants sur leurs territoires, concurrençaient le pouvoir du Chah qui voulut réduire leur influence.

Sur les conseils des services secrets américains, le Chah instaura une « révolution blanche » en 1962, sur le principe d'« un homme, une terre », afin de restituer la terre aux paysans, dépouillant les nobles de leurs territoires. Selon Sahand, cette belle idée de redistribution et de démocratie n'était qu'un prétexte pour amoindrir l'économie iranienne. En effet, son corollaire fut l'anéantissement de l'immense capacité agricole de l'Iran qui reposait sur un modèle extensif, soit de larges domaines entretenus par des dizaines de paysans se partageant les machines agricoles nécessaires aux récoltes. Une fois ces domaines divisés en parcelles individuelles, chacun se mit à produire pour sa propre subsistance, sous forme de jardins potagers. Il en découla une chute drastique des exportations agricoles. Lorsque le Chah convoqua les khans kachgai à Chiraz en 1977 dans le but de les humilier, chacun d'eux releva les oreilles de son chapeau, imitant une couronne pour se moquer de leur hôte : la mode en est restée. Sahand, en héritier branché, a mis sur Facebook une photo de lui couronné d'un couvre-chef aux bords retroussés. Il rêve d'ailleurs, une fois son diplôme d'ingénieur obtenu, de repartir s'installer dans le village de son grand-père pour y reconstituer peu à peu cette grande œuvre charitable d'un autre temps.

Mais nous voilà arrivés chez Zâra, celle qui fut sa nourrice. Il s'agit dès lors de parler cuisine. Zâra est une très grande femme brune à la peau mate ; sa voix chaude, à la fois suave et affirmée, distille un charme particulier que rehausse l'éclat de ses yeux. Il y a un canapé dans son salon mais, preuve de l'incongruité d'un tel meuble, Zâra s'est assise au sol sans même s'adosser au canapé. Un grand enfant ayant pris sa cuisse pour oreiller, elle se tient accoudée sur son autre genou, replié, dans une attitude empreinte de fierté. Elle commence alors le récit de l'époque où elle vivait à la campagne, entre les plaines arides et les oasis de verdure, et m'explique ses recettes de printemps, lorsque l'herbe est grasse, le lait goûtu et les agneaux robustes.

Comme tout peuple nomade, les Kachgai limitaient leurs ustensiles à ce qu'ils pouvaient transporter à dos de cheval, de yack ou de dromadaire. L'essentiel, c'est la lame d'un couteau ; tout le reste est accessoire puisqu'il se trouve dans la nature. Ainsi, pour fabriquer du beurre, on utilisait un agneau ! D'abord tondu pour que sa laine fût filée ou garnît les couvertures, l'agneau était ensuite tué et dépecé. Sa peau, *yayeq* en turc, *machk* en persan, était plongée pendant deux jours dans de l'eau bouillie avec des glands afin de la rendre imperméable. Elle était ensuite fumée pour tuer les bactéries. On recousait alors les pattes et le ventre pour ne conserver qu'une ouverture à la place du cou. Ainsi, la peau devenait une outre qu'on remplissait pour moitié d'eau et pour moitié de lait frais. Une fois refermée, on la pendait à un trépied en l'attachant par les pattes. Les femmes battaient l'outre d'avant en arrière une heure durant. L'outre était alors rouverte et son contenu versé d'un coup sec dans une bassine. Des morceaux jaunes, gros comme des oranges, se détachaient du liquide laiteux et remontaient à la surface. C'était le beurre baratté, qui flottait dans le *dukh*, un petit-lait pétillant que les Iraniens affectionnent toujours : on en trouve dans le commerce, vendu en bouteille comme un soda.

Avec la viande de l'agneau, on cuisinait le *tâtchin*, ce qui signifie « mis au fond », une recette typique, aussi facile à préparer qu'à emporter avec soi jusqu'au prochain campement nomade : chaque tranche de viande était mélangée à du yaourt, du safran et du sel. Posées au fond de la casserole, elles étaient couvertes de riz précuit dont les quantités n'ont plus rien à voir avec nos estomacs modernes, et braisées pendant une heure et demie, à la suite de quoi le *tâtchin* devenait un bloc jaune, consistant comme un *cake*, servi avec de la verdure et du beurre frais ou conservé à l'intérieur d'un intestin séché.

Sahand veut me faire goûter l'un des plats de cette cuisine nomade, le *kalle-poche*. Littéralement, cela signifie « tête et pieds » – parties qui sont d'abord brûlées sur le feu pour en retirer poils et impuretés –, mais il contient également toutes les entrailles : l'estomac, les intestins, voire le cœur et le foie du mouton. En Iran, ce plat bouilli dans l'eau et les épices est généralement consommé au petit-déjeuner, et réservé aux hommes pour qu'ils prennent des forces avant d'aller travailler. Nous emmenons Zâra jusqu'au domicile de Sahand, une grande bâtisse entourée d'un jardin protégé des regards par un haut muret. Ses parents sont aisés. Son père, qui a travaillé pour l'ONU, est à la retraite ; quant à sa mère, elle travaille encore mais a perdu ses responsabilités depuis la Révolution, où il fut décrété que son poste ne convenait plus à une femme. Elle dit que la plupart des femmes mûres, de celles qui ont grandi « en liberté », sont dépressives. Celles-là ne sont pas comme ces jeunettes qui, nées dans le nouveau système, ont appris à en détourner les codes : elles ne peuvent que nourrir des regrets ou pleurer d'impuissance.

Zâra, imperméable aux changements, encore dévouée à la famille que ses parents servaient déjà, a commencé les préparatifs ; elle a vidé les pattes et la tête, yeux compris, à l'exception de la cervelle que le boucher a gardée pour lui. Les abats, accommodés d'épices, d'herbes aromatiques et de féculents, mijotent longuement. Zâra m'annonce, en dépit de mon air dubitatif: « Tu verras, c'est tellement bon que tu t'en mangeras les doigts. » Une fois prêt, le plat a une forte odeur de mouton, mais son goût est réellement plaisant. Pour s'en délecter, il suffit de faire abstraction de la consistance râpeuse d'un morceau d'estomac ou de l'élasticité d'un bout d'intestin. Étonnamment, le repas est d'ailleurs accompagné d'un vin blanc maison assez sucré. « Avant la prohibition, Chiraz était si réputée pour ses vignobles que le général de Gaulle en personne y réapprovisionnait sa cave. La révolution de 1979 a tout arrêté, mais on continue d'en préparer secrètement dans les baignoires des maisons du village ».

À mon départ de Chiraz, une jeune femme s'est assise à côté de moi. En attendant que le bus ne s'ébranle, elle trace les lignes courbes d'une calligraphie complexe sur son carnet:

« Hâfez, tes poèmes sont pour moi comme une source de vie,
Écarte les médecins, tes poèmes suffisent à me guérir. »

Elle est pianiste et effectue deux fois par mois l'interminable trajet qui nous ramène à Téhéran. Dix heures d'aller simple contre une heure de leçon de piano avec un professeur réputé. Chiraz était une ville florissante sous le Chah, très libre, plutôt riche, profitant également des projets de grande ampleur du gouvernement. Cependant, avec la Révolution, les mollahs s'en sont désintéressés: n'était-elle pas trop éloignée de leur capitale, indépendante et laxiste? L'argent public est parti ailleurs. Les immenses blocs de béton de la nouvelle université de Chiraz en témoignent: leur construction, lancée par le Chah, s'est arrêtée net en 1979. Ces géants bruts veillent désormais sur la ville, inutilisables. L'argent alloué à la culture a été le premier à partir, aussi n'est-il plus envisageable de faire carrière ici. Mon interlocutrice se contente de donner des leçons de piano aux enfants de la bonne société pour payer ses deux heures de cours mensuelles à Téhéran. Mariée et sans enfants, elle peut encore se le permettre. Un jour, elle donnera naissance à celui ou celle qui rendra impossibles ses longues courses vers Téhéran.

Chapitre 10

ESPIONNE À MACHHAD

Où l'on est soupçonnée pour des prunes.

UNE OPPRESSION MOITE flotte dans l'air, renforcée par l'épaisse fumée de la locomotive. Des écailles de peinture couleur de pin tracent une piste le long du quai pour les voyageurs empressés. Sur chacun des wagons, un écriteau indique la direction, notamment l'arrêt à Gombad-e Kavus. Sous la lueur d'une lune ronde et pleine, chaque détail semble participer de la mise en scène du *Crime de l'Orient-Express* : le marchepied de cuivre sur lequel sautent les retardataires, les parois en bois des wagons d'un vert sombre, le tapis élimé du couloir dont il ne reste que quelques touffes rougeâtres dans les nœuds tressés de fil beige, les larges fenêtres béantes qui ne laissent pourtant passer aucun souffle d'air... La lune découvre ses cratères d'ombre dans la transparence de l'air. Une grosse femme étale son corps face à moi, par-dessus le cuir usé de son fauteuil.

Dans notre cabine de six places, réservée aux femmes, seulement quatre sont occupées. Un contrôleur en uniforme tente de faire accepter deux personnes supplémentaires ; il est immédiatement rabroué par les cris d'indignation de mes voisines. Pour mieux marquer leur territoire, elles s'empressent de déplier leurs doubles sièges en vis-à-vis, recréant de confortables matelas. Reste la femme obèse et moi sur nos fauteuils respectifs. Il va falloir dormir tête-bêche.

Dehors, un paysage désertique défile sous l'astre blême. Il règne une atmosphère trouble, entre attente d'un crime et poésie d'un vieux livre de contes ; un équilibre incertain, une inquiétude vague, sous-jacente, qu'accompagne pourtant un sentiment de plénitude né du bruit des pompes métalliques qui actionnent les roues de ce train qui m'emmène, toujours plus loin.

Au petit matin, il fait beau à Gombad-e Kavus. La ville, « dôme de Kavus », tire son nom d'un roi qui voulut se faire « enterrer » au plafond de la plus haute tour du monde – 70 mètres de brique. Vanité de l'an mil ! Il demanda à être pendu à son sommet dans un cercueil de verre, loin des mains profanes, éclairé chaque matin par une unique lucarne donnant sur le levant. Assise sur un banc dans le parc alentour, je suis rapidement invitée à un déjeuner frugal par des gens bien intentionnés qui me déposent ensuite au bord d'une autoroute déserte, où des ballots de paille rebondissent sur l'asphalte dans des tourbillons de vent et de poussière. Après d'interminables minutes, ma monture apparaît à l'horizon ; sur chaque vitre du bus, un autocollant de Lucky Luke cligne vers moi son œil ironique.

J'ai appelé mes futurs hôtes de Machhad une première fois dans la matinée et de nouveau depuis le bus qui pénètre dans la ville à la nuit noire. Sur les recommandations de mon interlocuteur, le chauffeur m'a laissée au bord du périphérique, au pied d'un pont. C'est là qu'on doit venir me chercher. Éclairée par les lumières des magasins, j'attends. J'observe les passants, me demandant lequel d'entre eux fera de cette ville étrangère mon ultime foyer iranien. Lorsque l'un d'eux me dévisage en s'approchant, j'ai le regard qui s'éclaire et j'arbore mon plus beau sourire, mais l'homme continue sa route. J'attends encore. Un cabriolet rouge vif s'arrête au coin de la rue. Un homme d'âge mur, barbe blanche et costume élégant, en sort. Il s'approche. J'ai du mal à croire que ce monsieur à la fois distingué et clinquant soit là pour moi. Je regarde ailleurs, au cas où un autre arriverait. Lui aussi semble méfiant, voire inquiet. Il jette des coups d'œil à droite et à gauche, me regarde avec suspicion :

« Tu es bien Alice ?

— Oui.

— Bon, viens. »

Il jette mon sac dans le coffre et me fait monter.

La voiture avance doucement à travers les rues sombres et calmes. C'est un quartier résidentiel, assez chic. Il n'y a pas un chat. L'homme me pose quelques questions. Je raconte qui je suis, pourquoi je voyage, ce que je suis venue faire là et, surtout, qui m'a donné ses coordonnées : Yasdan. Il se détend un peu en entendant le prénom de son frère émigré en France. La voiture se gare devant une maison étroite de plusieurs étages, clôturée par une lourde grille. À l'interphone, je reconnais le mot « maman ». Nous montons les premières marches du perron. Un jeune homme à l'air studieux, le *boy*, nous ouvre la porte et nous précède jusqu'à l'étage supérieur. Il faut laisser ses chaussures à l'entrée de l'appartement où, enfin, une très vieille femme au dos voûté par les ans nous accueille en souriant. Elle m'indique une chambre où installer mes affaires puis m'invite à passer au salon où son fils et son mari m'observent en coin. Le *boy* a préparé l'apéritif : plateau et couverts d'argent, carafes de cristal. L'une contient du vin rouge et l'autre de l'eau, cristalline. Je m'en sers un grand verre et, quand je crois étancher ma soif, je prends conscience que ce liquide transparent n'est pas de l'eau. « Je m'étonnais de voir une jeune fille se remplir un si grand verre d'alcool, s'esclaffe le grand-père ; c'est de la vodka maison ! » Voyant du vin à table, j'aurais pu m'en douter, mais dans un pays où la moindre teneur en alcool est prohibée, je n'aurais jamais imaginé que cette carafe puisse contenir autre chose que de l'eau !

Au moins, cet éclat de rire a détendu l'atmosphère. Ils discutent entre eux pendant un moment puis m'expliquent enfin leur méfiance à mon égard : « Yasdan ne nous avait pas prévenus que tu arrivais. Quand tu as appelé ce matin en parlant un sabir de persan et d'anglais, nous avons cru à la blague téléphonique d'une jeune Iranienne. Plus tard, nous nous sommes demandé si tu n'étais pas envoyée par le gouvernement pour nous espionner. » Issus de la noblesse iranienne, propriétaires terriens comme la famille de Sahand, mes hôtes possèdent encore plusieurs hectares de champs et de vignobles, dont une partie a été confisquée au moment de la Révolution. L'autre est en sursis. Considérés comme des ennemis du peuple, ou tout du moins comme des soutiens actifs du Chah, ils se savent surveillés. Mon appel, venu de nulle part, les a effrayés au point qu'ils me prennent pour une espionne venue évaluer leur dissidence !

À table, la conversation se libère totalement. Les grands-parents sont encore en excellente santé malgré leurs 90 printemps. « C'est grâce à nos légumes ; tout ce que nous mangeons vient du village », affirme le grand-père qui se rend encore là-bas chaque week-end. Sur place, il s'assure que le partage des récoltes a lieu équitablement et rapporte à chaque fois un coffre plein des fruits et légumes que prépare leur cuisinière. C'est là-bas qu'ils se sont mariés, au village. À l'époque, on mariait les enfants avant même qu'ils ne se rendent compte de ce que cela pouvait signifier. La grand-mère s'en souvient clairement : « J'avais 14 ans. On m'a dit que j'allais me marier et j'ai pleuré toute la journée. J'ai pris ma poupée et j'ai pleuré avec elle. C'était ma poupée préférée, elle était en tissu, ses cheveux étaient en paille et ses ongles brodés de fil rouge très serré. » Le grand-père, quant à lui, avait à peine 13 ans : « Je jouais dans la rue avec mes copains quand mon oncle est venu me chercher. Il m'a dit : "Viens, tu vas te marier !" Je ne voulais pas venir, je ne comprenais pas pourquoi on voulait m'empêcher de continuer à jouer, aussi m'a-t-on emmené de force. On m'a assis sur un coussin, puis on m'a dit que j'étais marié. Après, je suis retourné jouer. C'était aussi simple que ça ! » Mes hôtes ont été mis dans les bras l'un de l'autre et on leur a dit qu'ils étaient mari et femme sans qu'ils se soient jamais adressé la parole. Quatre-vingts années de vie commune les ont rendus complices : ils se comprennent en un regard et se taquinent mutuellement à chaque occasion, mais ils se vouvoient en s'appelant respectueusement *agha* et *khanum*.

L'auguste *khanum* a eu sa première grossesse à 18 ans, mais cet enfant-là n'a pas survécu. Six autres grossesses et au moins autant de fausses couches ont suivi, permettant au couple de bâtir une large descendance de tous les âges. C'est d'ailleurs une de leurs petites-filles qu'ils appellent le lendemain pour me faire découvrir la ville.

Samine est une jeune et belle héritière, la vingtaine, vêtue d'un ensemble en jean moulant, les cheveux délicatement peignés et le maquillage élaboré. Lèvres vives, peau délibérément pâle, yeux sensuels. La coquetterie de son œil se remarque à peine, d'autant qu'elle la cache derrière de larges lunettes Gucci – des vraies, évidemment ! J'ai demandé à Samine de m'accompagner au tombeau de l'imam Reza. C'est le seul des douze imams chiites qui se trouve en territoire iranien. La ville de Machhad, dont le nom signifie d'ailleurs « lieu du martyre », est devenue un lieu de pèlerinage sans égal. Afin de bénéficier de la sainteté émanant des reliques de l'Imam, les hectares environnants sont entièrement dédiés à des lieux de prière, mosquées et sépultures ouvragées.

Samine a apporté des voiles de prière de couleur claire mais opaques. Comme elle n'est pas certaine que l'entrée soit autorisée aux étrangers, nous laissons la plupart de nos affaires dans sa voiture, une Clio bleu roi garée à distance. Elle m'intime l'ordre de garder le visage baissé et de ne pas dire un mot pendant la fouille, de peur que mon accent ne trahisse mes origines. Comme nous nous préparons à entrer, je me concentre pour éviter de reproduire les erreurs commises à Chah-Tcheragh. Je la suis attentivement, adoptant une posture respectueuse. Notre fouille est bien évidemment réalisée par des femmes qui, vêtues de tchadors noirs, ont l'air relativement sympathiques. Elles laissent passer Samine sans encombre mais me gardent un moment. L'une observe mon visage tandis que l'autre examine mon sac. Je n'y ai qu'un carnet et des aquarelles, mais ce petit boîtier blanc les intrigue. Elles me posent une question que je ne comprends pas et, tandis que je prends mon air le plus innocent, Samine leur lance une phrase d'explication et m'attire dans son sillage, sous le détecteur de métaux puis dans une large cour en plein air. L'une des gardiennes me lance encore une phrase, j'acquiesce benoîtement sans savoir de quoi il s'agit et nous nous éloignons avant qu'elles ne se lancent dans un interrogatoire plus poussé. Une fois que nous nous sommes fondues dans la foule, Samine m'explique que la phrase lancée derrière nous m'était bien adressée ; elle disait : « La prochaine fois, ma sœur, pense à mettre un peu moins de maquillage ! » Alors que Samine est apprêtée comme pour le grand soir, je n'ai pas la moindre poussière de maquillage sur le visage. Outre les aquarelles qu'elles ont dû prendre pour une trousse de beauté, c'est la pâleur de ma peau qui a justifié leur remarque. Ici, beaucoup se damneraient pour avoir mon teint pâlichon.

Avant le mausolée, nous pénétrons dans une haute salle d'ablutions où les femmes procèdent au *vuzu* : elles se nettoient consciencieusement la tête, les mains et les pieds. Des cris s'élèvent de la salle suivante, qui sonnent comme des pleurs, ou peut-être comme les éclats de voix d'une bataille. De l'autre côté des arcades, le tombeau apparaît au cœur de la foule, éclairé de mille feux. La salle est un véritable trésor de décorations, depuis le dallage du sol jusqu'aux lampes de bronze qui illuminent le haut plafond de stuc ouvragé : miroirs accrochés de façon à réfléchir les lumières et les inscriptions coraniques des murs, antiquités encadrées, dagues à la lame arrondie et bijoux offerts par les pèlerins forment un écrin somptueux pour le *zari*, le tombeau de l'imam Reza. Pour l'infidèle cependant, le véritable spectacle est plutôt dans le rituel des croyantes, dans l'atmosphère tendue, chargée d'émotions et de foi brûlante. Massées en un bloc compact de plusieurs mètres d'épaisseur, les femmes hurlent, pleurent, se lamentent et se battent pour pouvoir approcher du tombeau. Loin du recueillement de Chah-Tcheragh, les démonstrations de foi frisent ici l'hystérie. Toutes veulent toucher le grillage qui enserre le tombeau, l'embrasser ou jeter par-dessus un foulard qui sera ainsi sanctifié. Mais pour traverser la marée humaine qui les en sépare, il faut jouer des coudes, imposer son large corps ou se glisser par-dessous les autres tout en criant son amour pour Dieu.

Des surveillantes armées d'un plumeau accroché au bout d'une perche fouettent légèrement les mains des pèlerines agrippées au *zari*. Peut-être est-ce pour leur signifier de laisser la place aux suivantes, ou – ce ne serait pas improbable – les empêcher de grimper plus haut ! Quand les croyantes victorieuses de ce combat pour le deuil repartent à contre-courant et s'arrachent enfin au flot humain, leurs visages sont rouges, elles ont le souffle court et dégoulinent de larmes et de sueur, mais elles rayonnent de bonheur. En retrait, un groupe de paysannes à fichus imprimés de motifs floraux et vêtues de jupes crasseuses s'essaient à pleurer le plus fort possible ; d'autres se contentent de sangloter en lisant le Coran. Dans la clameur des lamentations qui emplissent la salle se distingue le nom de l'imam Reza, hurlé avec des accents dramatiques. Plus encore qu'à Ardabil, la scène dégage une ferveur mystique, un malheur tellement exacerbé qu'il semble surnaturel. Samine doit me tirer par le bras pour que nous quittions enfin les lieux.

L'esplanade où nous atterrissons est une bouffée de sérénité. Femmes, hommes et enfants mêlés y bavardent paisiblement en attendant l'heure de la prière. Nous nous asseyons au milieu des pèlerins pour reprendre nos esprits, tandis que Samine pianote déjà un texto sur le clavier de son téléphone portable.

Samine vit seule chez ses autres grands-parents. Sa chambre dispose d'un second lit, aussi m'invite-t-elle pour m'éviter une soirée en compagnie d'*agha* et *khanum*. Nous passons la fin de l'après-midi à nous reposer. Après avoir pris une douche, Samine emploie plusieurs heures à se maquiller. Elle commence par le *brushing* en s'attardant plus particulièrement sur la frange destinée à dépasser élégamment du foulard. Elle applique ensuite une base de fond de teint qui lui blanchit le visage. Petit à petit, certaines zones se colorent.

Pommettes rosies, un texto.

Lèvres rouge vif, un coup de fil. La voix traînante implore une faveur.

Paupières argentées et mascara, *il* rappelle. Quelques phrases sont échangées, puis elle raccroche.

« Y a-t-il une soirée ? Un bal ? Allons-nous sortir ?

— Non, non, il n'y a rien.

— Alors quand tu auras décidé que la journée est finie, tu vas effacer l'œuvre de ton visage et aller te coucher ?

— Oui, peut-être, on verra. »

Ce qui compte, c'est de se faire belle, peu importe pour qui. C'est un plaisir sain que de rendre son visage attrayant ! Absorbée par son reflet, Samine ne quitte pas le miroir des yeux. Son travail de fourmi trouve finalement son aboutissement quand, enfin, le téléphone sonne de nouveau et qu'*il* lui propose de sortir.

En réalité, « sortir » n'est pas le terme adéquat, car cela signifie monter dans sa voiture et y rester. Sur l'« avenue des flirts », quelques voitures rôdent à côté de la nôtre. Samine repère qui est là ce soir, dans quelle voiture et avec quelles personnes. Sa petite Clio avance à pas feutrés. Elle se gare un moment, observe, redémarre vers un autre emplacement et observe encore. On attend l'élu du moment, le *boy friend*. *Il* rappelle encore. Ils – car *il* n'est pas seul – arriveront plus tard.

Nous nous garons devant un restaurant, le restaurant où il faut être vue, celui qui n'est pas ringard. Le lieu est propre, il est vrai, mais ne présente aucune différence objective avec les autres : sol en lino, néons au plafond, quelques tables en plastique. Les deux garçons nous rejoignent enfin et le *boy friend* peut discuter avec Samine. Elle est belle, se veut belle, et ils observent ensemble celles qui le sont moins. Comment elles sont habillées – « Mal ! » –, la marque de leurs lunettes de soleil – « Combien ont-elles coûté ? » –, la taille ou la forme de leurs nez – « Il aurait dû être refait ! ». Samine s'est fait refaire le sien à 18 ans. Elle n'éprouve aucune gêne à en parler. « Les Iraniens, m'explique-t-elle, sont souvent beaux, ils ont les traits fins, des visages avenants, mais leur nez ! Il n'est jamais droit, il y a presque toujours une petite bosse au milieu, ce qui est extrêmement laid. » La solution est pourtant simple, et se résout à coups de dollars et de bistouri.

Sous ses dehors superficiels, Samine, à 23 ans, a déjà refusé une première proposition de mariage et s'apprête à éconduire un second prétendant qu'elle n'a encore jamais vu. Elle s'emporte : « Je ne peux me faire à l'idée qu'on puisse me choisir comme un vêtement sur un catalogue. Moi, je veux pouvoir rencontrer l'homme que j'aimerai, je veux décider de celui avec qui je partagerai ma vie ! » Pour l'heure, l'ami du *boy friend* et moi-même ne sommes que des accessoires au cadre de sa rencontre. Des accessoires quand même valorisants, puisque je suis une étrangère à qui elle a d'ailleurs prêté son foulard Pierre Cardin et que l'autre, le garçon, est « le mec que tout le monde connaît à Machhad ». Ça fait bien d'être vu en sa compagnie. À nous deux, nous leur évitons d'afficher trop clairement une relation qui dure depuis quatre mois mais se réduit à de multiples coups de fil où chacun teste l'attachement de l'autre sans vouloir s'impliquer. Ici, s'engager dans une relation signifie inévitablement mariage ou opprobre. De fait, ces deux-là flirtent sans jamais un mot doux, sans complicité. Leur manège apparaît plus comme une joute où le plus faible, celui qui avouera éprouver des sentiments, devra souffrir tandis que l'autre retournera papillonner ailleurs, jusqu'au mariage fatidique. C'est dans l'ordre des choses. À la fois câline et détachée, manipulatrice et soumise, Samine souffle le chaud et le froid avec son ami, qui est aussi son adversaire.

Lorsque nous repartons, chacun dans sa voiture, nous roulons de conserve le long de l'« avenue des flirts » afin de prolonger encore un peu le plaisir des ragots, puis nous nous suivons dans des ruelles en terre où la route défoncée n'est éclairée que par les phares des deux voitures. Dans le secret de la nuit, un demi-tour offre enfin aux deux conducteurs l'intimité d'un face-à-face. Vitres baissées, phares éteints, ils s'échangent un baiser rapide, puis filent en trombe dans l'obscurité.

Le jour arrive finalement où il me faut quitter l'Iran. Je ne peux pas passer par l'Afghanistan, trop dangereux, ni par le Turkménistan, où le visa n'autorise que sept jours en compagnie d'un soit-disant guide obligatoire. Je dois me résoudre à prendre l'avion et à couper le rythme lent du voyage par une ellipse brutale. Cela n'est pas sans m'inquiéter. À l'aéroport, un hall blanc en périphérie de la ville, il n'y a pas grand monde. Avant de me laisser passer les premiers contrôles, mes hôtes me remettent de nombreuses boîtes de safran. « Tu les offriras à tes parents ! » Le fait que je ne doive pas revoir ces derniers avant plusieurs mois ne change rien : on ne laisse pas partir un invité les mains vides. Sur le détecteur de métaux, passage obligé de tous les voyageurs, un coran est posé dans un filet ; même les autorités me souhaitent bonne chance pour le nouveau voyage qui commence. Ce mois passé en Iran m'a à peine permis d'aimer ce pays et de m'y sentir bien que, déjà, un autre se profile. La peur de l'inconnu refait surface. J'appréhende le départ pour une nation qui se remet doucement d'une guerre civile dévastatrice. Je crains également de retrouver la culture soviétique, qui m'apparaît alors fruste, avec sa vodka et son enthousiasme bon enfant. Le voyage a beau se dérouler en continu, chaque frontière est comme un nouveau chapitre, tournant définitivement la page du précédent, apportant son lot d'attentes, de fantasmes inquiets ou joyeux, de situations aux règles inconnues que le temps se chargera de dévoiler.

L'avion décolle, l'Iran s'efface.

TROISIÈME PARTIE

TADJIKISTAN

Tu ne manges la poule qu'une fois
mais son œuf tu le manges cent fois.

Chapitre 11
PRISONNIÈRE DE DOUCHANBÉ

Où l'on n'est pas dans son assiette.

« ET ÇA TE PLAÎT ? » m'interroge, effarée, une étudiante de l'École de police de Douchanbé, la capitale tadjike, à qui je viens d'annoncer que je voyage pour mon plaisir. Quel degré de folie faut-il pour quitter ainsi sa patrie et ses proches ? Non seulement la vie est rude, mais certains s'amusent à dépenser leurs économies juste pour le plaisir. Faut-il qu'ils soient bêtes ! Elle se détourne avec dédain : elle a des examens à préparer, elle, un travail qui l'attend, un travail avec un salaire. Elle n'a pas de temps à perdre. Un couple de Français croisé plus loin enfonce le clou ; le mari évoque un délicieux plat de brebis dans un restaurant et me tend sa carte, cependant que sa femme, ironique, m'interroge : « Tu veux te faire inviter, c'est ça ? » Ses mots font écho à une petite voix qui point depuis mon arrivée. Déjà, ce n'est plus une question mais un reproche : « C'est pour cela que tu prétends apprendre à cuisiner, pour profiter de l'hospitalité des gens, n'est-ce pas ? »

Après avoir quitté le musée des Antiquités et son bouddha géant, je déambule dans les rues de la ville. Les magasins sont rares, enterrés à mi-hauteur. Ils semblent vouloir se protéger des clients car seule l'enseigne est au niveau du trottoir. On y accède par un escalier étroit. L'un des magasins est différent des autres ; celui-là sait se mettre à la disposition des clients, se tenant droit sur le bord de la route, avec une unique marche d'accès. Ses murs vert pâle et ses néons clignotants lui donnent une ambiance d'hôpital au carrelage blanc et froid.

La paroi du fond est étonnante : sur toute la longueur, le mur est couvert de miroirs et d'étagères de verre ; un impressionnant étalage de tord-boyaux d'un genre unique s'y reflète à l'envi. Il y a là des centaines de bouteilles de vodka aux formes différentes, qui ressemblent à des fioles de médicaments dont chacune remplit sa fonction. Vodka pure, désinfectant ; vodka salée, la diarrhée ; vodka chauffée, les maux de gorge ; vodka tout court, oublie tes amours. Après un mois passé dans un pays où l'alcool est interdit, je regarde avec réserve les visages rougeauds qui viennent chercher de ces bouteilles au contenu frelaté dont on dit qu'il peut rendre aveugle en une gorgée. Les clients, tous des hommes, repartent dans le froid, un paquet glissé sous leur épais manteau. Je m'échappe dans leur sillage.

Aux abords d'un parc, deux fillettes ont entamé le rangement de leur étal de fortune, une table pliante sur laquelle est posé un torchon poussiéreux. J'espère leur acheter une barre de chocolat, c'est bon pour le moral ; sauf quand les vendeuses ont la figure sale et les cheveux pouilleux, malgré le joli peigne de plastique coloré qu'elles ont mis en vente ; sauf lorsque la barre chocolatée ne coûte que 60 dirhams alors que ma plus petite coupure est de 10 somonis, une fortune sur laquelle elles ne peuvent rendre la monnaie ; sauf lorsque leurs regards me renvoient à ma richesse relative d'étrangère, pourtant incapable de leur acheter cette modeste barre chocolatée ; sauf enfin lorsque je range le précieux billet dans ma poche sous leurs regards avides et leurs lèvres rendues muettes par cette fierté qui leur interdit de mendier.

Un vieil homme a traversé la rue, coiffé d'un chapeau ouzbek, quatre faces de tissu noir sur lesquelles sont brodés des dessins arrondis au fil blanc. Il vient acheter une cigarette à l'unité aux deux jeunes vendeuses. Autour de lui, le vent enveloppe la rue d'une danse de poussière. Les feuilles mortes s'élèvent en tourbillons, virevoltent dans les airs puis s'écrasent au sol. Un nouveau coup de vent relance leur ballet, les emporte dans des agrégats de poussière dont l'épaisseur dessine des tableaux éphémères. Spectacle magique, trop vite perturbé par les particules de terre qui aveuglent le regard.

Je m'assois sur un banc, dans le parc Lénine. Arrive une fillette à la bouille effrontée et charmante. Un rayon de soleil a percé les nuages. Cette demoiselle tient fièrement une guitare en plastique entre ses mains. Elle chérit son bel instrument dont aucun son ne sort – personne n'ayant pris le soin de lui offrir des piles –, l'accroche ostensiblement à la branche d'un sapin rachitique qui n'atteint même pas sa taille à elle et se campe debout, mains sur les hanches, à la manière, malgré ses 8 ans, d'une matrone devant son lupanar. L'œil moqueur, le sourire en coin, un « ça te fait envie, n'est-ce pas ? » dans la façon dont elle penche la tête et m'observe de biais. Elle tourne le dos, s'éloigne d'un pas ou deux, jette un coup de pied au petit frère dans le bac à sable, ici c'est elle le chef alors il ne faut pas moufter, me garde bien en ligne de mire sans en avoir l'air. « Ça te fait envie ou non ? » Si tu tends le bras, que tu t'approches un peu ou, pire, que tu sors ton appareil photo, sale voyeuse, tu sauras à qui tu as affaire. Elle m'ignore superbement, sait que je l'observe, revient prendre son jouet, le traîne derrière elle et part jouer ailleurs, loin de ma surveillance inutile.

Dans les rigoles des grandes avenues, les feuilles sont venues se noyer. À quoi cela m'avance-t-il de traîner dehors ? Pas une rencontre qui vaille, pas une qui me rappelle que je suis un être humain aimant rire et parler. Douchanbé, la ville maudite, a absorbé la vie et n'a laissé que des corps indifférents, de cette indifférence méfiante qui subsiste après trop de guerre, de cette guerre civile durant laquelle, de 1992 à 1997, une parole, une dénonciation pouvait coûter la vie. Dix ans plus tard, les sourires valent de l'or, ou plus encore, car ils ne flottent guère sur les lèvres des passants en ce printemps qui se fait attendre. C'est comme si les habitants n'avaient pas envie de vivre, qu'ils se contentaient de s'affairer dans leur coin, protégés par de hautes barrières de béton fissuré. Les murs ocre et les pastels délavés ont beau soutenir des enfilades de vêtements qui sèchent à la manière des cités méditerranéennes gorgées de soleil ; les garçons ont beau jouer au foot en riant avec une balle molle, les herbes pousser entre les pavés…

Tout cela, c'est entre des géants de plastique qui dégueulent la puanteur de poubelles dont la collecte reste hypothétique.

Je croyais entrer dans un nouveau voyage et vivre pleinement ma liberté vestimentaire ; je ne sens que la fatigue, l'épuisement d'un périple qui recommence chaque mois. Je n'ai même pas envie de retirer mon voile. Natali, la femme active, la femme mûre comme une pêche, s'en est moquée en m'accueillant à l'aéroport : « Enlève donc ça, il n'y en a pas besoin ici. » C'est moi qui en ai besoin pourtant. Ce voile me rassure, me protège. Ce voile m'assure la connivence des paysannes et le respect des lourdauds, il me raccroche à l'Iran, aux amitiés de passage nouées si facilement ; c'est lui qui me permettait de me sentir bien, de me sentir chez moi. C'est la fête de la Femme aujourd'hui, il faudrait en profiter, être heureuse, mais qui pourrait s'intéresser à l'étrangère un peu paumée qui erre dans la rue en se frottant le poing contre la paupière ?

Faute de recevoir un peu d'attention, je cherche à en donner. J'achète en rentrant un coffret de chocolats pour mon hôtesse, la plantureuse Russe au maquillage alourdi de rouges profonds, Natali. Elle m'accueille dans ce pays et pourtant, je lui en veux parce que, depuis cinq jours déjà, elle me promet un départ pour le Pamir, aux vallées encaissées et aux pics démesurés de l'autre côté du pays. Je la déteste parce que, depuis cinq jours déjà, elle m'annonce comme un fâcheux contretemps, un empêchement passager, comme si de rien n'était en somme, que finalement non, la voiture ne part pas, que je n'ai qu'à rester. Natali, l'hôtesse maternelle qui m'a servi un borchtch le matin de mon arrivée, cette soupe de betterave rougeâtre dont sue le sang de la terre : « Les étrangers l'adorent », a-t-elle dit d'une voix mielleuse en ajoutant une large cuillère de *smetana*, la crème fraîche des Russes. Natali qui s'est empressée d'ajouter son bon conseil : « Ne compte pas sur les Tadjiks que tu as rencontrés à l'aéroport, jamais ils ne te rappelleront pour t'apprendre à cuisiner ; *ces gens-là*, on ne peut pas leur faire confiance. » Les mêmes clichés racistes se retrouvent partout où l'homme a colonisé l'homme, partout où il continue de maintenir sa domination malgré les indépendances.

Le 17 mars 1991, on leur avait demandé avec candeur : « Considérez-vous nécessaire la préservation de l'Union des républiques socialistes soviétiques à travers une fédération renouvelée, entre pays égaux et au sein de laquelle les droits et la liberté des individus de toute nationalité seront pleinement garantis ? » Ils votèrent « oui », bien sûr, à 96,2 % pour la liberté et l'égalité. Pourtant, quelques mois plus tard, dans un ultime soubresaut, l'URSS s'éteignait, laissant place à la CEI et signant la fin des subventions massives aux républiques d'Asie centrale. L'indépendance du Tadjikistan mit un terme à la domination exclusive des blonds aux yeux bleus, ces chanceux légataires du tampon « nationalité russe ». Une guerre civile s'ensuivit, à laquelle ledit empire participa activement puisque ce morceau de territoire coincé au nord de l'Afghanistan et à l'ouest de la Chine restait au cœur de sa zone d'influence. Un moment de haine entre frères et voisins, un viol perpétré et répété de leurs sœurs et voisines ; cinq années – 100 000 morts et plus d'un million de déplacés – qui ne sont pas près d'être oubliées mais sur lesquelles demeure un bâillon de silence, et qui ont légué regards méfiants, éclats de balles dans les murs et remarques assassines sur « ce peuple de paresseux ». Un peuple qui s'est battu contre lui-même, factions du Nord, du Sud, de l'Est, factions proafghanes et prorusses, un peuple réunifié qui évite désormais la politique.

La solitude est là, partout, pas seulement la mienne mais aussi celle de tous les autres, celle de ces vieux qui traînent leurs corps osseux dans les rues, celle de ces enfants qui n'ont pas d'autre ambition que de manger au soir, celle de Natali restée malgré la fin de son empire, qui ne peut se résoudre à quitter trente années passées là, parce que partir serait sans doute pire. Natali oubliée par les siens, le gouvernement russe préférant soutenir les anciens communistes, des Tadjiks restés au pouvoir, plutôt que les minorités slaves, mais Natali qui a tout de même conservé quelques proches parmi les *apparatchik*, ceux-là même qui lui remettent mon permis pour la région autonome du Gorno-Badakhchan (GBAO) en une seule journée contre menue monnaie.

Quelle idée d'avoir atterri chez elle, dans son *mobil-home* coincé entre un noyer noueux et un potager ridicule, parmi les chats égarés qui se moquent des barbelés et des enceintes clôturées entre les jardins de la ville ! Sous les murs sans épaisseur de sa maison, la cave de son chasseur de mari, absent, protège la salaison des carcasses de venaison. C'est Natali qui organise en tour-opérateur chevronné les fusillades de ces étrangers qui paient à prix d'or l'autorisation de rentrer avec un trophée, une tête fine aux belles arabesques crénelées ou une tête velue enroulée de cornes grossières et puissantes. L'ibex et le mouflon de Marco Polo, tous deux prêts à charger, ne chargent que la cave de viande et le salon de trophées.

Natali part chez son médecin avec deux bouteilles de cognac et une plaque de chocolat, « pour qu'il me soigne bien », sourit-elle, gênée. Cela est égal à son fils, qui passe son temps libre devant l'ordinateur. C'est un adolescent comme il n'en existait, il y a peu encore, que dans les pays dits développés, de ceux qui se fichent de tout et vous regardent d'un œil maussade, qui ne vont pas non plus perdre leur temps à vous faire la conversation : il ponctue chacune de mes phrases hésitantes d'un haussement de sourcils méprisant. Ses quatre demi-frères et sœurs sont tous partis *là-bas*, « au pays » qu'il ne connaît pas mais dont il conserve fièrement, sur sa carte d'identité tadjike, la nationalité. Être russe sera son sésame pour échapper à cet « ici » où j'ai la sensation de m'être laissée enfermer. Moi qui suis plutôt de ces filles dynamiques qui prennent le taureau par les cornes et dont le moral ne flanche pas ; moi dont on louait si prestement le courage du « vraiment tu pars seule », je ne me sens plus à la hauteur ; moi enfin qui riais sous cape en pensant : « Jamais je ne serai seule ! La solitude n'est qu'une illusion. Je le sais, jamais une jeune fille, étrangère de surcroît, ne peut être seule lorsqu'elle voyage. Elle est constamment entourée, sollicitée, écoutée, admirée, observée, accueillie et remerciée de sa venue. On l'accepte comme un hôte de marque, comme un homme à titre temporaire à qui on accorde tous les honneurs. » Aujourd'hui pourtant, je ne suis rien moins qu'une brindille dans l'immensité du voyage, une brindille qui se laisse ballotter au gré de ce qu'elle prend pour des décisions, une brindille que Natali a attrapée et enfermée à double tour.

Et puis vient le dimanche, le *dou-chanbé*, deuxième jour de la semaine, jour de marché où tous, paysans ou bergers, contrebandiers ou commerçants, se rendent à la capitale, Douchanbé, qui en a gardé le nom. Ce dimanche, la nièce de Natali, Macha, arrive avec son mari, Maxim, un Pamiri plus fier qu'un Corse. Leur arrivée est une rédemption ; ils sont les sauveurs de ma journée. Loin de chez lui, Maxim porte pieusement son calot traditionnel à base carrée, cousu de couleurs vives. Il expose aussi des *jurab*, chaussettes tricotées main par les femmes du pays, les exhibant en signe de revendication à la façon des rappeurs, relevées par-dessus son *jogging* brillant. Contrairement à la plupart des Tadjiks, il n'est pas sunnite mais ismaélien : sa religion est une branche de l'islam chiite, dont le chef est l'Aga Khan. Si je suis malheureuse ici, c'est à cause de la grande ville, qui éloigne et individualise : « Dans les montagnes, tu verras ! s'exclame-t-il, en verve, tu verras comme les montagnards sont solidaires. Ils s'entraident et t'accueilleront avec plaisir. Un aussi beau pays que le Pamir… ça ne devrait pas appartenir au Tadjikistan ! » Il rêve et proclame la nécessaire indépendance de cette région déjà autonome, revendiquant l'identité nationale complète pour ce massif de roches et de neige qui ne survit que grâce à l'aide nationale ou internationale.

L'économie, ça ne l'intéresse pas, Maxim. Seules les siennes, d'économies, ont de la valeur à ses yeux. Il ne compte pas retourner chez lui plus tard : « Là-bas, on ne gagne rien ! » Il y a peu d'agriculture et pas de travail en altitude. On ne peut y envisager une vie de famille confortable. Pourtant, à Douchanbé aussi les conditions sont difficiles. Un salaire minimum garanti existe, bien qu'il ne soit que de 2 euros par mois, mais au moins il y a de vraies occasions pour la débrouille. Lui, Maxim, possède une voiture, une Lada défoncée qui lui permet mine de rien d'arrondir ses fins de mois, le soir, la nuit, lorsqu'il a fini les cours. Ça leur permet de vivre tous deux. Macha aussi, sa femme, étudie à l'université, mais la chose est mal vue. Une femme qui va à la fac, c'est une femme qui voit d'autres hommes que son mari, qui se fait belle hors de chez elle. Une vraie femme, une qui a de la valeur, c'est tout le contraire : elle connaît sa place, elle la tient, que ce soit à la maison, dans la cuisine ou dans les champs. Sa force, c'est de tenir son foyer, pas d'aller se farcir la tête d'idées de liberté totalement infondées.

« Aucune femme tadjike ne peut être en charge d'un poste important. Rares sont celles qui savent conduire » ; c'est Macha qui le dit. Parce que Maxim est parti au salon discuter avec Natali, elle se confie. Pour elle, ce n'est pas une vie. Elle aimerait travailler et conduire, mais elle me glisse à l'oreille que Maxim refusera de la laisser s'émanciper. Avec lui, il y a des choses qui ne se discutent pas ; la question du travail de sa femme ne se pose même pas. Par contraste, la vie de Natali m'apparaît soudain courageuse, avec son deuxième mariage, ses cinq grands enfants, son poste à responsabilité. En véritable femme russe, elle a refusé de se laisser marcher sur les pieds, s'affirme complètement, quitte à en paraître rustre. Avec le repas, la gaîté s'invite enfin dans ma prison de contreplaqué. Déjà, j'ai oublié que c'est elle, Natali, qui me retient prisonnière depuis mon arrivée, elle qui veut me faire peur, qui me dit attention, ne te promène pas toute seule, rentre tôt, ne t'éloigne pas, elle qui m'étouffe par trop de prévenances. La sonnerie du téléphone frissonne soudain en moi. Natali décroche au salon, parle un moment, revient avec un air contrit que je soupçonne satisfait. « Hier et aujourd'hui, des chutes de neige ont bloqué la route. » Bien qu'il ait à peine pleuvioté en ville, dans les montagnes, une tempête a recouvert l'unique voie pour le Pamir. Une fois de plus, les amis de Natali ne partiront pas.

Ma bouche a dû se tordre sous le choc.

Faut-il que cette femme soit perverse pour me faire miroiter chaque jour un départ qui n'arrive jamais ? J'aurais passé cinq jours d'une insupportable attente pour *rien* ? Impossible. Ma combativité se réveille. Je partirai coûte que coûte. À pied s'il le faut ; je trouverai bien des voitures pour m'emmener en chemin, et sinon, j'y ferai toujours des rencontres qui me sortiront enfin de cette oisiveté captive. Un peu d'aventure ne pourra que me faire du bien, me réveiller enfin de cette torpeur étouffante. Je déclare d'une voix calme : « Demain, je partirai quand même. »

Mon annonce imprévue les laisse pantois. Maxim, qui me vantait plus tôt les mérites de sa région, se récrie soudain : « Es-tu folle ? La route est dangereuse. En plus, tu ne connais personne pour t'accueillir ! Les gens sont méchants, ils te voleront, ils abuseront de toi ! » Lui qui me parlait du printemps ne mentionne plus que le froid, la neige et les loups. Il conclut même, catégorique : « Tu n'es qu'une fille, tu ne *dois* pas partir. » Mais il n'est pas mon mari et je ne suis pas tadjike ; ses mises en garde ne peuvent avoir de prise sur moi. Natali s'y met également : « Pourquoi partir, tu n'es donc pas bien ici ? » Je ne veux pas les laisser amollir ma volonté. Je réponds « Non ! » brutalement, dis que cette ville me pèse, que je ne la supporte plus. Que tout ce que j'entreprends ici échoue, et qu'il vaut mieux partir vers l'inconnu que de rester. D'ailleurs, j'ai le numéro d'une ONG qui travaille dans le Pamir, que nous appelons malgré l'heure tardive pour leur prouver que je ne serai pas perdue là-bas. Un homme nous répond. « Il existe une route par le sud du pays, révèle sa voix prodigieuse, cela allonge le trajet d'une dizaine d'heures, mais au moins, les voitures passent. » Devant ce soutien inattendu, ce traître qui m'a révélé une autre réalité, Natali capitule. « Si tu es vraiment décidée à partir… Mes amis ne partent pas, mais il y a une gare routière au bout de la ville. » Que ne me l'a-t-elle dit plus tôt ! Pourquoi n'y ai-je pas pensé ? « Là, des *marchrutka* partent régulièrement pour le Pamir. Tu peux y aller demain matin, et tu attendras que douze personnes veuillent partir en même temps que toi. Une fois le minibus plein, il démarre. Tu peux laisser des affaires ici, pour t'alléger, et surtout, appelle-moi en arrivant. » Natali ne comprend pas ma subite transformation.

Depuis mon arrivée, elle a essayé de s'occuper de moi comme une mère, voulant me protéger de tout. De mon côté, je n'ai sans doute pas su lui faire comprendre combien je souffrais de rester dans sa maison, seule, oisive et vaine, mais quelle bêtise que ces cinq jours de déprime inutiles!

Cette nuit-là, un chat noir gratte les vitres de ma fenêtre, appuyant vicieusement ses griffes pointues pour en tirer le bruit le plus lugubre qui soit. L'autre jour, ce messager du malheur m'a donné un coup de patte à l'œil, rien qu'une petite éraflure sur la paupière que mon isolement avait transformée en une éventualité de rapatriement sanitaire, une bonne occasion de rentrer sans perdre la face. Ce soir, le roublard gèle sous les gouttelettes glacées, il me transperce de son regard transi, les iris bleu glacé, la pupille dilatée, moi qui l'observe bien au chaud depuis mes couvertures. Malgré toute la haine que j'ai pu nourrir à son égard, je prends soudain en pitié cette créature innocente et trempée. Ou plutôt, tellement habituée à être déçue dans mon désir de partir, et parce que ce chat est noir, une vague de superstition me pousse à prendre soin de lui. Je vais lui permettre de dormir au chaud. Je l'autorise même à se nicher au pied de mon lit. Dans les moments délicats où l'avenir est incertain, mieux vaut mettre toutes les chances de son côté. La superstition en est une. Je peux alors profiter pleinement de cette nuit que j'attends depuis mon arrivée: la dernière à Douchanbé.

J'ai réglé le réveil sur 6 heures 30: honteuse de ma superstition, je renvoie le chat dehors en toute discrétion. Une heure plus tard, je commence mes adieux à la douche brûlante et au petit-déjeuner gargantuesque fait d'œufs au plat, de charcuterie et de produits laitiers, d'une pomme et d'un thé vert. Natali a les larmes aux yeux: «Alors, tu pars vraiment?» Le ciel est interminablement gris, mais cette fois, ça m'est égal, je me sens enfin légère, soulagée. Je ne lui réponds pas, baisse simplement les yeux en signe d'acquiescement et croise les doigts pour que la réponse soit bien un «oui». Je prie le ciel et l'enfer pour trouver la gare routière, pour qu'il y ait une *marchrutka* en partance, pour que son moteur ne tombe pas en panne, pour qu'enfin la route ne soit bloquée ni par la neige, ni par la pluie, ni par les militaires.

À l'abri de bus, l'un des chauffeurs m'embarque sous une pluie battante. Je lui demande de me signaler mon arrêt mais il m'oublie instantanément dans le flot humain. Son véhicule est plein à craquer, il scrute le macadam défoncé en évitant les piétons égarés. Une femme m'assure que je trouverai facilement, m'écarte gentiment mais fermement, puis disparaît derrière de nouveaux arrivants. Une place s'est libérée contre la vitre ; la pluie y dessine de fins ruisseaux, transformant les rues en une rivière de crème glacée dégoulinant ses couleurs. Le bus, indifférent, fonce d'un arrêt à l'autre, par à-coups, freine brusquement devant un piéton qui lève le bras, ouvre ses portes, l'avale et redémarre au quart de tour. Il traverse la ville à en perdre haleine, tressautant sur les nids-de-poule, crachant son mauvais gasoil, dégueulant la chair humaine. Petit à petit, les maisons se raréfient, les passagers descendent mais plus aucun ne monte. Le bus s'est vidé ; il n'y a plus que moi et le chauffeur. Il freine, se gare dans une forêt de jeunes bouleaux épars où se trouvent deux ou trois autres véhicules et quelques hommes, des chauffeurs sans doute, qui viennent prendre la relève. Perplexe, je demande, connaissant déjà la réponse :

« C'est ici, le terminal pour le Pamir ?

— Ah non, pas du tout, ici, c'est le terminus, celui du bus ! »

Voyant ma mine déconfite, l'un des chauffeurs me rassure : « Ne t'inquiète pas, nous repartons justement dans cette direction, monte, nous allons te déposer ! »

Ils démarrent. Cette fois, je reste à côté d'eux, à l'avant, attentive aux environs pour ne plus manquer l'arrêt. Nous traversons un semblant de banlieue aux maisons individuelles, route défoncée bordée d'arbres qui préparent leurs bourgeons. À mesure que la route s'améliore, le paysage enlaidit, les arbres disparaissent et les maisons poussent de plus en plus haut. Au sortir d'un tunnel, le bus s'arrête dans un non-lieu urbain. Il n'y a qu'une aire de jeux détrempée qui s'ennuie entre des barres HLM des années 1960. Quelques jeunes y traînent dans leurs survêtements brillants.

« C'est vraiment là ?

— Oui, oui, tu traverses la rue, c'est au fond, derrière le bâtiment. Bonne chance ! »

Je descends. Trente mètres à peine me séparent de ce qu'ils m'ont indiqué comme étant le terminal mais je n'arrive pas à le croire. Je redemande par trois fois mon chemin, à un homme qui passe par là, à des jeunes qui fument des cigarettes de l'autre côté de la chaussée et à un vieillard un brin éméché qui pousse mollement un caddie de vieux chiffons. Son doigt crasseux m'indique l'arrière de l'immeuble : une allée de plaques de béton mène à un baraquement de tôle. Je m'avance, fébrile. Sur la porte de ferraille rouillée, une vieille inscription rouge faite au pochoir indique :

TERMINAL GORNO-BADAKHCHAN

Douchanbé/Khorog

C'est donc vrai. C'est là. Je ne sens plus mes pas. Le soulagement, la joie, la gratitude même, me tirent à quelques centimètres du sol, je vole. Il ne faut pourtant pas crier victoire. Il est 11 heures et demie. Si un véhicule devait partir, il l'aura sans doute déjà fait. Alors que je passe le portail de fer, des gens arrivent en sens inverse. Je remonte le courant, à la fois rassurée et inquiète. Si ces gens viennent d'arriver, c'est que la route est ouverte. Mais alors leur chauffeur, épuisé, ne repartira pas de sitôt. Je rêve. L'allée débouche sur une esplanade bordée de garages. D'innombrables *marchrutka* occupent l'espace ; blanches, grises ou kaki, la plupart sont en piètre état. Des mécanos, les manches relevées, traversent la cour avec leurs outils et se glissent sous les carcasses, plongent dans les capots, discutent des réparations une cigarette à la main. Autour de l'un des véhicules, néanmoins, un groupe attend. Insensiblement, mon pas s'est accéléré et m'amène face au chauffeur qui jubile, lui aussi.

« Khorog ?

— Oui.

— Tu es seule ?

— Oui. »

Il vérifie mon passeport. Le visa y est, le permis GBAO également. Une dernière vérification, pour savoir si je dispose des 100 somonis que coûte le trajet, et puis c'est bon.

C'est une chance inouïe, improbable. Il est déjà tard, le voyage doit durer vingt à trente heures et il faut toujours attendre que la *marchrutka* soit pleine avant de pouvoir partir, ce qui peut durer des heures, voire un ou deux jours ; il faut que la route soit dégagée, qu'il n'y ait pas d'intempéries et bien sûr que le véhicule fonctionne. Et voilà que, par un coup du hasard qui se tourne enfin de mon côté, je tombe pile au moment où il manquait une personne avant le départ. Juste une. Moi… En regardant mon sac jeté au fond du coffre et les bagages réorganisés parmi les passagers, j'ai une pensée secrète pour le chat noir que j'ai laissé entrer la veille. Je monte. À vide, il y a huit places confortables à l'arrière, dix en se serrant un peu. Nous sommes douze, plus une fillette assise seule à l'avant. Je suis calée au fond d'une banquette, entre le siège et la paroi, une fine planche de bois branlante en guise de dossier, la fesse gauche dans le vide. Nos genoux s'entrecroisent en vis-à-vis ; les miens s'enfoncent carrément dans le siège d'en face. Mes énormes chaussures de marche peinent à se frayer un chemin jusqu'au plancher, coincées entre les pieds du voisin et les sacs Tati qui débordent de sous les sièges. Le contact est mis, le moteur pétarade un peu, avance de 20 mètres, toussote et s'essouffle. Faux espoir.

Le chauffeur disparaît sous le châssis et trifouille le moteur, demande un outil, tape sur les tuyaux, resserre un boulon. Les hommes en profitent pour fumer. J'attends à l'intérieur avec les femmes. Tout semble réparé. Il redémarre, va se garer dans un coin de la cour pour faire le plein à la station d'essence, rudimentaire : deux larges bidons de plastique, un entonnoir et quelques seaux cabossés. En guise de pompe, les seaux sont plongés dans les bidons, passés de main en main puis vidés à travers l'entonnoir pour qu'aucune goutte du précieux carburant ne soit perdue. Deux gars s'accrochent sur l'aile droite de la *marchrutka* et secouent énergiquement la voiture pour s'assurer que chaque interstice du réservoir a bien été rempli ; ils y ajoutent encore quelques centilitres. Le bouchon est revissé fermement mais nous attendons encore. Un quatorzième passager arrive enfin. C'est un officier en uniforme. Il attrape la fillette qu'il assoit sur ses genoux, à l'avant. Tous les passeports sont ramassés et rangés dans la boîte à gants en vue des prochains contrôles. Enfin, en échange de trois piécettes, un vieillard à la barbe blanche effilée, calot tadjik sur la tête, vient nous bénir.

Chapitre 12

ÉCHAPPÉE BELLE DANS LE PAMIR

Où personne ne reste en carafe.

Le paysage blanchit à mesure que la route s'élève. La ville s'est effacée pour laisser place aux campagnes enneigées. Au premier col, déjà, le chauffeur s'arrête, et chacun fait ses emplettes. Une vieille femme me vend quatre *samsa* brûlants, ces petits pains triangulaires garnis de viande et d'oignons, depuis un panier d'osier qu'elle a couvert d'un linge pour les conserver au chaud. J'en garde un pour moi et distribue les autres. Un passager m'offre un collier de petites figues séchées. Un autre a acheté plusieurs kilos de pommes abîmées, à la chair juteuse et sucrée, qu'il partage équitablement. Quitte à être entassés les uns sur les autres pendant des dizaines d'heures d'affilée, autant sympathiser. Les hommes font des blagues ambiguës auxquelles les femmes rient en levant les yeux au ciel. Bien que je ne comprenne pas leur dialecte, ils font des efforts pour m'inclure dans la discussion, me traduire les jeux de mots en russe, ou m'interroger sur mon voyage et m'expliquer le leur. Dilrabo, la fillette, retourne au pays après six ans d'école à Douchanbé ; elle compte y passer ses quatre dernières années de scolarité en compagnie de sa grand-mère et de son père, l'officier, qui a été muté à Khorog. Nazira, une femme âgée, habillée sobrement et voilée de noir, nous raconte que son fils vient de mourir à Moscou, laissant sa petite amie enceinte. Baskhotun, habillée à l'occidentale, en revient justement car son père est très malade dans le Pamir : elle veut passer du temps à ses côtés avant qu'il ne soit trop tard. Quant à Davlatbegim, la trentaine un peu fatiguée quoiqu'elle prenne soin de son apparence, elle s'était absentée deux semaines pour le travail : elle s'occupe du musée de son village et était partie chercher des pièces pour en compléter les collections. En fond musical, l'unique cassette audio tourne en boucle. Face A et B de pop russe, mièvre et entraînante. À nouveau la face A. Puis la B. Encore et encore.

Derrière les vitres, le paysage se colore. Les bas sommets enneigés jouxtent une terre rouge piquetée par les premiers brins d'herbe, d'un vert vif. Arrive le barrage de Norak, un gigantesque lac artificiel qui fournit l'ouest du pays en électricité. Le chauffeur s'arrête pour se dégourdir les jambes face au panorama. À gauche, les eaux glaciaires d'un turquoise laiteux viennent mouiller le pied de falaises noires à la crête enneigée. À droite, la surface lisse et souple du lac se perd dans un troupeau de collines rouges qui dodelinent de leurs mamelons vert fluo dans une brise lointaine. Sous nos pieds, la terre noire s'effondre à pic jusqu'au lac ; quelques arbres accrochés horizontalement à la paroi soutiennent de lourds flocons. Au fond, une grue de chantier gît sur un tertre sombre saupoudré de neige ; elle semble avoir été oubliée là en pleine ascension ; son jaune d'or se détache distinctement.

Le voyage reprend, inconfortable. La couverture matelassée qui complète désormais mon siège ne suffit pas à rendre la place agréable. Coincée contre la paroi, les jambes bloquées par le siège d'en face, trop proche, le bras de ma voisine dans les côtes, j'appréhende les dizaines d'heures qu'il va encore falloir tenir ainsi. Toutefois, à la première pause, constatant ma gêne, toute la banquette joue aux chaises musicales pour m'offrir la place contre la porte. Un courant d'air glacé s'y infiltre insidieusement, mais je peux enfin étendre les jambes.

Lorsque nous atteignons Kuliab, à l'extrême sud du pays, le soleil décline vers l'horizon. Cette fois, la route est réellement bloquée : trop de neige. Il faut attendre. Les hommes ont quelques bouteilles avec eux et l'officier assis à l'avant a l'air plutôt compréhensif, à condition de partager. Il est néanmoins interdit de boire dans la rue et nous sommes garés à côté d'un poste de l'armée. Qu'à cela ne tienne, ils partent boire dans une *stalovaya*, identique à toutes ces cantines soviétiques où l'on vous sert le seul plat du jour sur une toile cirée collante. Les passagers de la *marchrutka*, avec quelques verres au fond du gosier, sont suffisamment joviaux pour égayer le lieu. À peine me suis-je assise à leurs côtés qu'une énorme cuisse de poulet est déposée devant moi. Je dois manger, raconter mes histoires et rire des leurs, le tout dans la fumée des cigarettes et les haleines empestées de vodka.

La lumière est déjà ténue lorsque le signal du départ est donné : la route a été dégagée. Tout le monde revient s'entasser, ça réchauffe. Les phares s'allument, les discussions continuent avec la vivacité d'un feu de paille, elles s'espacent peu à peu jusqu'à s'éteindre, faisant place aux ronflements. Le chauffeur avance au plus vite malgré l'ombre croissante ; concentré sur la route, il veut rattraper le temps perdu bien qu'il doive s'arrêter régulièrement aux postes de contrôle : le sud du Tadjikistan borde l'Afghanistan et c'est l'une des voies privilégiées des passeurs d'opium. Les préposés contrôlent nos papiers et, même si tout est en ordre, il faut leur glisser un billet avant de repartir vers les suivants.

Vers 1 heure du matin, alors que nous cahotons dans les montagnes, le moteur s'éteint. Son silence emplit mes oreilles usées par le vrombissement. Chacun ouvre un œil, s'ébroue et descend remplir tasses et bouteilles à une source d'eau pure, glaciale. Dehors, le froid est saisissant ; nous battons la semelle pour éviter les engelures. Quelques mètres en contrebas, dans une minuscule auberge, sept lits sont entassés autour d'un poêle. Le chauffeur exténué y fait une sieste qui ne lui laisse que le temps de rôtir devant le poêle puis de se lover sur les matelas épais, avec son blouson pour seule couverture, juste assez pour sentir combien la nuit aurait pu être agréable puis repartir au rythme des cahots. La nuit est comme un puits sans fond dont les phares peinent à éclairer les premiers mètres. D'un côté, une paroi rocheuse, abrupte. De l'autre, la noirceur qui laisse deviner l'abîme dont un coup de volant nous sépare. Nous sommes tous épuisés, le chauffeur plus encore. Je me concentre sur le froid qui me transit pour ne pas penser au vide. Mon voisin m'a prise sous son aile. Paternel, il m'engouffre sous son énorme manteau fourré et place son bras contre la paroi pour m'éviter d'être projetée dessus à chaque secousse. Je somnole en attendant que les heures passent, qui pourraient être les dernières.

Lorsque j'ouvre à nouveau les yeux, c'est dans la lumière diffuse de l'aube. Nous sommes au fond de la vallée du Panj. Par-delà le fleuve s'étend le versant rocheux, à pic, de l'Afghanistan. J'absorbe la vision bleutée de ce pays que je ne visiterai pas.

À 6 heures, le jour perce suffisamment pour qu'on distingue les premiers détails. Par-delà le cours d'eau, entre quelques maisons en pisé, une Afghane enveloppée d'un long voile clair se penche pour la prière. Plus loin, trois cavaliers galopent majestueusement dans la caillasse. Un troupeau de buissons se déplace ; ce sont des hommes, pliés sous les fagots, qui avancent à grands pas. Un autre peine à tirer son âne bâté sur le chemin taillé à même la falaise, si étroit qu'un faux pas pourrait le précipiter dans le vide. Pas de croisement possible. Les passagers de la *marchrutka* commencent à se réveiller et le pointent d'un doigt moqueur. « Tu vois, lui, il est à pied avec son âne tandis que nous, on est en voiture. Si tu traverses le fleuve, tu remontes un siècle en arrière ! » Peu importe de vivre dans l'un des pays les plus pauvres du monde tant qu'il y a un voisin plus malheureux encore ; c'est toute la magie de la relativité. Et puis, après tout, le Tadjikistan a longtemps été un morceau d'Union soviétique, grande puissance mondiale, et avant cela, de la Perse. Ne sont-ils pas ce peuple qui a fondé Samarcande et Boukhara, joyaux des routes de la soie ? Avicenne, le père de la médecine moderne, n'est-il pas né tadjik ? Alors, n'ont-ils pas raison d'être fiers ?

La *marchrutka* se gare au pied d'une auberge sommaire. Dans quelques heures, nous serons à Khorog, mais il faut d'abord refaire le plein d'essence et de nourriture. Les femmes se rendent aux toilettes, trois trous creusés côte à côte dans le sol. Seuls trois murs nous protègent de la route et des regards. Pas de paroi du côté afghan, comme s'il n'y avait pas de honte à être vu de ces voisins-là ! Accroupies les unes à côté des autres, nous bavardons en attendant que ça vienne. Ici, pas d'intimité, pas de pudeur. On peut être assises les fesses à l'air et attendre, cinq, dix, quinze minutes, à pester contre la constipation tout en se racontant des histoires. Un rire embarrassé m'échappe ; elles me regardent sans comprendre.

Quand nous les rejoignons, les hommes sont déjà attablés. Ils engouffrent d'énormes assiettes de *plov* au raisin saupoudré de minces morceaux de mouton. Assise à la table des femmes, je goûte à mon premier *chirtchay*, le plat favori des Pamiri, un thé au lait légèrement salé où des morceaux de pain sont mis à tremper. J'ajoute au contenu de mon bol une large louche du beurre épais, jaune vif, qui trône au centre de la table. Il faut plonger la main à travers la pellicule jaune d'or pour attraper les morceaux de pain. « Frotte tes paumes l'une contre l'autre quand tu auras fini, c'est bon pour la peau », me recommande Nazira, la mère endeuillée.

À quelques kilomètres de Khorog, dans le village de Porchniev, Davlatbegim me lance « Suis-moi ! » avant de sauter dehors pour saluer gaiement ses parents. Debout sur l'*iwan*, cette large véranda ouverte sur le sud caractéristique des maisons tadjikes et ouzbèkes, toute la famille semble m'attendre. Le père, la mère puis les deux sœurs adultes me serrent dans leurs bras l'un après l'autre. Un garçon de 5 ans m'observe, caché derrière les jupes de l'une de ses sœurs. Personne ne les a prévenus de mon arrivée, mais c'est comme si j'étais moi aussi un membre de la famille parti depuis longtemps. Après les embrassades et les bruyants adieux au reste des passagers, je me déchausse à leur demande. L'une des sœurs de Davlat – c'est son diminutif – m'apporte une paire de sabots en plastique fourrés.

La maison est calme et fraîche. Un long couloir débouche dans le coin de la spacieuse salle principale, de forme carrée. Le plafond est soutenu à plus de 3 mètres de haut par cinq colonnes dont chacune porte le nom d'un Imam chiite : Hassan et Husseïn protègent l'entrée, le prophète Mahomet est dans la diagonale à droite. C'est le pilier d'Ali qui est en face ; marqué par son portrait, il symbolise la place d'honneur, celle du messager des croyances chiites. C'est à côté de lui qu'est installée la table, unique meuble de la maison. Sur le côté droit enfin, dans le prolongement de la droite formée par les piliers d'entrée, le pilier de Fatima indique l'espace réservé aux femmes. C'est là que sont rangés les ustensiles de cuisine et que les plus jeunes d'entre elles doivent se tenir pendant le repas. On y trouve, surélevée, la petite porte qui mène au garde-manger. Au-delà des piliers, la pièce se prolonge jusqu'aux murs mais le sol y est surélevé d'environ un mètre et couvert d'une antique moquette verte et noire. C'est l'espace habitable. Chaussures et chaussons y sont interdits.

Avant que nous ne nous y installions, l'une des sœurs se précipite pour balayer. Munie d'un bouquet de rameaux ficelés entre eux, elle frotte le sol avec des gestes amples et une énergie enfantine qui soulève des nuages de poussière. Le père m'explique qu'il a fait une erreur en construisant une maison aussi vaste : un tel espace est impossible à chauffer pendant l'hiver, et les fenêtres, entorse à la construction traditionnelle, sont perméables au froid ; elles achèvent de réfrigérer l'intérieur. Au centre de la pièce est posé un poêle à charbon ; son conduit se perd dans le plafond, dont l'ouverture laisse échapper la fumée. Une ampoule nue pend inutilement à son côté. La centrale hydroélectrique qui alimente le village a lâché il y a près d'un mois et n'est pas encore réparée ; il n'y a donc plus de lumière après le coucher du soleil, et pas de four du tout. Seul le poêle, posé sur une plaque de métal pour protéger le parquet des braises, pourra donc être utilisé. Davlat s'en amuse : « Pour toi qui voulais apprendre la cuisine traditionnelle, c'est parfait, non ? » Le poêle sert à la fois de four et de plaques, de chauffage central et de luciole pendant la nuit. Une grande casserole y est immédiatement posée pour nous préparer un *chirtchay*.

On m'a fait asseoir contre le pilier d'Ali, insigne honneur, pour reposer mon dos. Cette place est celle du *sarkalon*, le chef de famille, auprès de qui les convives s'assoient par ordre d'importance : sa femme si elle est âgée, puis ses fils, ses frères et sœurs, enfin les jeunes garçons. De confortables matelas dont le moelleux soulage nos articulations douloureuses sont tirés d'un coin de la pièce. Assises en tailleur, épuisées par le voyage, Davlat et moi nous reposons autour du *dastarkhon*, une nappe en coton posée à même le sol et souvent préférée à la table. Nous buvons doucement le thé brûlant dans le silence de la grande maison, puis la nappe est repliée sur le pain, dont on conserve jusqu'aux miettes. Dans un pays montagneux au climat rude, où peu de cultures parviennent à pousser et où les gens ont longtemps souffert de la faim, le pain est un aliment primordial, presque sacré. Il est préparé, coupé, distribué et conservé selon un rituel précis et, même dur comme de la brique, il sera trempé puis consommé.

Je somnole confortablement, tandis que Davlat distribue les cadeaux qu'elle a rapportés de la ville : des habits achetés pour trois fois rien au bazar et un jouet en plastique pour le petit garçon. Ni elle ni aucune de ses sœurs ne sont pourtant mariées. Elles ont deux frères qui travaillent à Moscou. C'est l'un d'eux qui leur a envoyé son fils afin qu'il grandisse à la montagne. C'est aussi celui qui, comme un million de ses compatriotes expatriés, pourvoit aux besoins de la maisonnée. Les 80 euros qu'il envoie chaque mois ont permis à mes hôtes de construire cette maison spacieuse, bien qu'ils vivent d'autosubsistance : trois vaches et leurs veaux respectifs, une dizaine de poulets et un lopin où poussent carottes et pommes de terre. Dans cette région où le chômage est la norme et où les retraites ne dépassent pas 7 euros par mois, chacun se débrouille comme il peut, ainsi la mère de Davlatbegim, ancienne dactylo, qui s'installe à la sortie des classes pour y vendre des graines de tournesol. Le père, qui fêtera dans trois mois ses 60 ans, âge fatidique de la retraite, a la main bandée. Il a l'air très préoccupé par les conséquences de cet « accident du travail » sur sa pension. Quant à Davlatbegim, quoiqu'elle ait étudié la biochimie pendant cinq ans, elle est directrice du musée historique local. La fonction lui convient, car son maigre salaire lui assure une place avantageuse dans la famille malgré son célibat. D'autant que le musée est situé au-dessus de chez elle ; comme personne ne vient jamais le visiter, elle peut rester à la maison et aider sa mère. Sa sœur, qui a étudié l'histoire, est au chômage. Elle serait plus qualifiée qu'elle à ce poste, mais Davlat ne lui céderait sa place pour rien au monde. La cadette a beau être plus compétente, elle est plus jeune, aussi la mariera-t-on sans doute : un autre statut social lui serait inutile.

Sitôt le père parti, une marmite d'eau est mise à chauffer. Lorsqu'elle commence à bouillir, l'un des bancs, côté femmes, est soulevé : une bassine de fer-blanc est placée au fond du trou. Davlatbegim chasse l'enfant curieux afin que je me déshabille pour m'y mettre debout, mes épaules dépassant à peine du banc. Elle tiédit le contenu de la marmite avec un peu d'eau encore glacée d'avoir été tirée du ruisseau, puis, une écuelle à la main, m'asperge le corps. Armée d'une éponge savonnée, elle me frotte vigoureusement le dos jusqu'à ce que toute la crasse et la fatigue aient décampé. L'une des sœurs m'enveloppe alors dans une serviette tandis que l'autre m'apporte un habit traditionnel en velours rose, pyjama douillet qu'elles m'offriront au moment du départ. Elles se lavent à leur tour puis nous préparons un *plov* avant de le manger à la lueur d'une bougie.

Enfin, le père récite les grâces et, ensemble, nous levons les paumes vers le ciel et les glissons le long de notre visage en prononçant « *umin* », puis « *Allahu akbar* ». Le père pose ensuite sa main droite sur le pain et, en un ultime remerciement au Ciel, embrasse ses doigts joints. Le repas est bien terminé ; matelas et couvertures, rangés dans un coin de la pièce en une pile de près de 2 mètres de haut, peuvent être répandus sur le sol de la partie haute et enveloppés dans des draps. Il n'y a bientôt plus qu'à se glisser dedans pour vaincre la nuit glaciale. Mes hôtes me couvrent d'un pan de feutre si lourd que je peux à peine bouger en dessous. Il y fait bien chaud, presque trop, et je m'endors, bienheureuse.

À l'aube, toute la famille chuchote doucement autour du poêle juste rallumé. La vapeur s'échappe de nos bouches à chaque respiration. Mes hôtes m'intiment l'ordre de me rendormir et quand j'émerge pour de bon, tous vaquent déjà à leurs occupations. La plus jeune sœur, âgée de 17 ans, part en classe de première tandis que les autres s'affairent aux champs ou à la corvée d'eau. Je m'habille rapidement pour me réchauffer un peu. Dehors, il fait grand beau, mais les murs sont trop épais pour que le soleil pénètre dans la maison. Un thé brûlant le remplace.

Le musée de Davlat illustre la grande tradition russe qui consiste à momifier les lieux de vie de personnages célèbres, en l'occurrence la maison natale de Chirincho Chotonur. La vie de ce héros de la nation tadjike est emblématique de l'ère soviétique. Issu d'une famille pauvre, il partit pour les usines de Tachkent âgé de 15 ans et ne revint que sept ans plus tard, en 1921, pour se lancer en politique au sein du nouveau régime. Le Tadjikistan étant alors rattaché à la République socialiste soviétique d'Ouzbékistan, Chotonur fut le principal acteur de son autonomie administrative. Néanmoins, les rancœurs de certains *apparatchik* d'Ouzbékistan surgirent à son encontre en 1937, sous forme d'accusations pour activités contre-révolutionnaires. Il fut immédiatement jugé puis exécuté à Moscou tandis que sa femme était déportée en Sibérie et que ses deux fils se voyaient interdire d'étudier ou de prendre part à toute activité publique. Ce n'est qu'en 1956, après la mort de Staline, qu'il fut réhabilité et que fut construite cette vaste pièce aux photos et documents écornés. Sa maison, accolée au musée, a été conservée telle quelle : une forte odeur de cave emplit l'espace exigu où la lumière ne pénètre plus depuis des années. Le sol et les quelques objets qui traînent là – un stylo-plume, trois livres d'histoire et un poêle – patientent sous une épaisse couche de poussière. De vieux sabots en bois pourrissent tranquillement dans un coin.

L'obole versée, nous quittons le musée pour flâner au-dehors. Nous passons les maisons carrées du village, bordées de bouleaux aux longs troncs blancs. Derrière le bureau de poste badigeonné de bleu, nous longeons le terrain de football en contrebas. Le lit du Panj coule au pied du village. Encore à l'étiage, cette frontière sensible serait facile à traverser ; l'Afghanistan est à un jet de pierre. Deux hommes la passent justement à gué, qui nous sifflent ouvertement. N'ont-ils pas peur d'être repérés ? Peut-être auront-ils passé des accords avec les autorités locales… Le Tadjikistan est la principale plaque tournante des dérivés de l'opium afghan, dont près de 1800 tonnes transitent chaque année vers Moscou et l'Europe ; la saisie de drogue, pourtant la troisième plus importante au monde, ne représente qu'une part infime de ce trafic. Inconsciente, fâchée par leur attitude, je réponds à leurs sifflements importuns. Ils étaient loin, mais leur cadence est plus rapide ; nos routes se croisent. Je comprends alors mon erreur : ce sont des militaires. Ils ne traversent pas la frontière, ils la surveillent. Tomber sur une étrangère est une aubaine pour eux. Ils menacent de nous emmener au poste, arguant que j'aurais dû venir me présenter dès mon arrivée : « L'enregistrement des étrangers est obligatoire dans chaque village. » Mon œil ! Davlat se lance dans une longue explication.

Je me suis mise à l'écart et profite de leur conversation sans queue ni tête pour gribouiller mon carnet de notes. Davlat, elle, semble prendre plaisir à cette rencontre, finalement. Elle rit avec eux, fait des manières. Le capitaine joue les durs. Il reste inflexible quoique son œil soit tendre. L'adjudant, en retrait, rit sous cape. Malgré les jeux de mots et les regards éplorés, ils finissent quand même par nous emmener au poste, un bunker en béton armé à demi enterré dans la colline, à moins de 30 mètres de nous. Sympathiques, mais fermes. Le pas de Davlat est étonnamment alerte, un léger sourire flotte sur ses lèvres.

Dans l'une des salles, des soldats jouent aux cartes en attendant que le temps passe. Le capitaine nous conduit dans son bureau, un minuscule réduit. Il y fait chaud et la pièce est éclairée par la lumière du jour grâce à une percée dans le toit. Tout en prenant note de mon identité avec un grand sérieux, buste droit et figure fermée, appliqué à recopier mon nom, il continue à plaisanter avec Davlat et nous apporte à chacune un sachet de douceurs, spécial soldats, directement importé des États-Unis – des céréales Kellogg's, des barres énergétiques au beurre de cacahuètes, un mélange de noix et d'autres sucreries. Quand il me rend enfin mon passeport, le capitaine nous invite à revenir. Sans façons, merci. Mais Davlat lui a tapé dans l'œil, il insiste : « Pas ici, bien sûr, revenez chez moi, à la maison, j'habite au village. »

Nous dînons en famille, de délicieuses pommes de terre frites avec une carotte et un oignon, accompagnées d'infâmes saucisses en boîte faites de farine et de colorant. Quoique les Tadjiks soient d'origine persane, leur pauvreté a éteint tout art culinaire. Ici, plus d'épices ni de safran, on se contente de sel ou de sucre pour une cuisine de subsistance. Matin et midi, *chirtchay* ; le soir, tantôt du riz, tantôt du blé concassé ou des patates, pour changer. Et encore, tout dépend de ce qu'il y a dans le garde-manger. La viande rouge est le luxe de ceux qui possèdent une carabine. Les autres se contentent des saucisses sans porc et des poulets rachitiques de leurs basses-cours.

Tandis que je quitte la maisonnée en compagnie de Davlat, qui veut apporter du lait frais à son cousin de la ville, sa mère prépare son lot de graines de tournesol, qu'elle passe rapidement dans de l'eau salée avant de les griller trois minutes au four. En jupe sombre et foulard coloré, elle rejoindra ensuite l'entrée de l'école avec son panier et un vieux roman dont les pages déchirées serviront de cornet. Grâce à cette famille, j'ai repris confiance dans mon voyage. Lorsque tout se passe bien, on ne se pose plus de question. On peut recommencer à avancer sans crainte, juste pour voir. En guise d'adieu, Davlat m'offre, en plus de l'habit traditionnel, un pain tout chaud, un sachet de mûres sauvages séchées et un autre de noix. Je lui laisse mon *manteau* iranien, un foulard et plusieurs échantillons de parfum.

Chapitre 13
MURGAB, VILLE DES CONFINS

Où l'on connaît le début et la fin des haricots.

KHOROG, la « capitale du Pamir », n'est pas véritablement une ville. Plutôt une unique rue asphaltée, jalonnée par l'université des Langues, le bazar et sa gare routière, un ou deux hôtels et quelques bureaux. Tout de même, les trottoirs y sont pavés et les maisons s'étalent, quoique anarchiquement, jusqu'à l'autre versant de la vallée. Davlat me quitte à l'entrée du bazar. J'ai à peine le temps d'y pénétrer qu'une étudiante, la vingtaine, se précipite sur moi et me débite en anglais la totalité des phrases qu'elle connaît : « Tupar langlaiTuviendoùCommentutappellTuaquelâge ? » À peine si elle prend le temps de respirer pour attaquer de plus belle, sans attendre de réponse : « TueslàdepuilongtempTucherchunguideTuveuxêtre monamieTuvaoùensuiteEttufaisquoimaintenant ? »

Habituée à parler peu, j'ai du mal à supporter son babillage. Elle me rappelle un homme rencontré l'été précédent en Ouzbékistan, alors que j'étais partie trois semaines avec une amie pour rassurer mes parents avant mon grand départ : il s'était retrouvé pendant plusieurs heures seul avec nous à l'arrière d'un minibus. Maladivement bavard, il pouvait parler sans prendre le temps de respirer, ni de me laisser traduire son russe, ni d'écouter la moindre réponse. En manque flagrant d'attention, il ponctuait chacune de ses phrases d'une tape sur mon épaule, et la répétait inlassablement tant que je ne lui avais pas répondu. À un moment donné, excédées, nous lui avions proposé un jeu : le roi du silence. Sans succès, car l'envie de gagner fut moins puissante que son inextinguible loquacité. Nous lui avions alors demandé s'il savait imiter les animaux, proposant immédiatement la carpe, *ryba*. « Comment imite-t-on la carpe ? » avait-il naïvement demandé. « C'est simple, la carpe ne fait aucun bruit, elle est muette ! » avions-nous ricané plus naïvement encore. Après cinq minutes d'un silence où seul le bruit du moteur fatiguait encore nos oreilles, se sentant en manque de considération, il m'avait attrapée par les épaules et secouée comme un prunier pour me montrer comme il imitait bien la carpe ; n'y tenant plus, il avait explosé : « Hmmm ! hmmm ! T'as vu ça ? Je ne parle pas ! Je ne parle pas ! Je l'imite bien, hein ? Je suis Monsieur *Ryba* ! Monsieur *Ryba* ! » Trois heures de ce supplice avaient suffi à nous épuiser au point que nous fondîmes en larmes lorsque, à l'arrivée, il proposa encore de nous aider à trouver un hôtel.

Dans le bazar de Khorog, au moins, cette fille a quelque chose à dire. Elle me raconte sa vie, sa sœur jumelle – photo à l'appui qui ne souligne qu'une vague ressemblance –, ses études… J'ai beau rester distante, répondre à ses questions par bribes, m'éloigner chaque fois qu'elle me montre un étal, elle continue à me suivre envers et contre tout. Pis encore, elle me vante les mérites des Français, qui sont si gentils ; elle en a rencontré beaucoup, un justement, l'an dernier, avec qui elle est partie dans un endroit ravissant, elle lui faisait la traduction, il était très sympathique, oui, vraiment, elle aime beaucoup les Français… Impossible de l'envoyer paître sans porter préjudice à la réputation de ma belle patrie. Un rendez-vous opportun avec Dilrabo, la fillette de la *marchrutka*, me donne l'occasion de filer. J'abandonne l'hystérique au prochain étranger qui aura le malheur de croiser son chemin.

Dilrabo et moi employons l'après-midi à voir ses chevreaux. Son chien ne nous a pas accompagnées : il vit dans un cube de planches en bois, où il reste enfermé toute la nuit et presque tout le jour, « à cause des loups ». Un fermier s'est fait dévorer deux chiens, et dans le village voisin, c'est la même chose. Pendant l'époque soviétique, les Russes distribuaient des cartouches et payaient pour la fourrure afin d'endiguer la prolifération des loups. Aujourd'hui, les munitions sont un bien précieux qu'on ne gâche plus contre ce prédateur. Elles servent à braconner : ibex et mouflon de Marco Polo pour leur viande, léopard des neiges pour le prestige. Tous sont en voie de disparition, mais aucun chasseur n'y renonce : les législations imposées par un gouvernement qui les a oubliés depuis trop longtemps ne valent pas grand-chose à leurs yeux. Moins encore les lointains concepts de conservation de l'écosystème ou de développement durable, insensés quand il s'agit de survie quotidienne.

Ce soir-là, le père de Dilrabo, militaire tranquille, membre du prestigieux KGB qui a gardé son nom pourtant évocateur de terribles souvenirs, nous envoie acheter une quinzaine d'œufs pour m'apprendre à cuisiner un plat d'une grande complexité : l'omelette. Dans une échoppe en bord de route, un réduit de quelques mètres carrés, le commerçant ne propose que de rares produits frais ; le reste, ce sont des nouilles chinoises et des bonbons emballés à l'unité. C'était l'instituteur du village. À force de n'être pas payé, il a délaissé l'école. Être enseignant ou médecin, ou tout autre métier de la fonction publique, n'est pas une sinécure au Tadjikistan. Le gouvernement, ruiné par la fin de l'ère soviétique puis par la guerre civile et la corruption, a cessé de verser les salaires. La plupart des fonctionnaires ont tout abandonné pour faire de l'import-export avec la Chine ou le Kirghizistan et ouvrir de petites boutiques, alimentant ainsi le cercle vicieux de la pauvreté. Pour ces populations montagnardes, coupées du reste du monde, les Soviétiques avaient apporté une éducation certes standardisée, mais obligatoire et de qualité. On les regrette.

J'ai décidé de me rendre à Murgab, à 3 900 mètres d'altitude. Je descendrai ensuite plus au sud, dans le Wakhan, avant de revenir prendre mes affaires à Douchanbé pour franchir la frontière du pays au nord. L'altitude ne m'inquiète pas ; nous sommes déjà à 2 800 mètres et je me sens très bien. Vers 10 heures du matin, je me présente au départ des Jeep, mais il ne reste qu'une vieille Volga soviétique.

Sur l'une des vitres, un morceau de carton indique « Murgab ». Je sens que je commets une erreur, mais voilà, c'est la seule voiture et une impulsion me pousse à ne pas chercher ailleurs, à ne pas attendre le lendemain. Je monte. J'ai pourtant été prévenue. Le trajet peut prendre huit à dix heures, mais tout dépend de la météo, de l'état de la route, de la voiture et, surtout, du chauffeur. Avec ce dernier, je ne suis pas au bout de mes peines. Il ne manque ni de dextérité ni de sobriété, mais il a décidé de profiter du trajet pour saluer toute sa famille, sa belle-famille et celles des deux autres passagers. Les escales se multiplient. Ici, il faut boire un thé ; là, une vodka. Il y a aussi la neige, sur laquelle les pneus élimés de la Volga dérapent allègrement. Il faut alors creuser les bas-côtés pour trouver un peu de terre et la répandre devant les roues.

À Bulbulkil, nous laissons deux passagers. Leur village est splendide, pris dans une glace épaisse, bleutée. Sur le versant nord-est, les troupeaux de yacks et de chèvres paissent avant de redescendre au bercail. Devant la maison de l'un d'eux, une femme est venue puiser de l'eau dans un trou creusé à même la glace. Je m'arrêterais bien là, mais la course est payée et je crains de ne pas trouver un autre moyen de continuer. C'est une erreur élémentaire ; il faut toujours s'arrêter dans l'endroit où l'on se sent bien ; le reste advient de surcroît.

Je reste seule à l'arrière. La femme du chauffeur est devant, leur fils sur les genoux. À la sortie du village, la route contourne un plateau inondé de flaques irisées, splendides nuances de gris, de bleu et d'ocre, comme un instantané de beauté laissé derrière nous. Trop vite, le soleil disparaît derrière les pics enneigés ; le froid s'installe. La cigarette du conducteur, les baffles tunées à l'arrière et dans mes oreilles, la musique à fond, le crâne qui bourdonne, l'altitude qui augmente, insensiblement mais de façon de plus en plus palpable… Dans l'air qui se raréfie, la tête me tourne et me laisse en proie à un sentiment nauséeux. Les indices se multiplient. Je suçote une aspirine en poudre à même le sachet parce qu'il n'y a ni eau, ni verre pour la diluer. Et encore une autre, pour liquéfier mon sang.

Survient l'arrêt à Alichur, enfin, où l'on dépose la femme et le garçon. Les grands-parents, les frères et sœurs, les cousins, les enfants de chacun, toute la famille est là pour le repas du soir. Le plein est fait ; nous ne sommes plus que deux. À Murgab, à 11 heures du soir, je suis épuisée, incapable d'avaler un morceau ou d'accomplir les échanges de politesse nécessaires, si bien que je pars m'écraser dans un coin de la pièce commune, emmitouflée dans mon duvet. Malgré le poêle qui chauffe au maximum de sa puissance, de confortables matelas et une épaisse couverture en surplus ne suffisent pas à m'apaiser. Mille cent mètres de dénivelé brutal en une journée éreintante : mes muscles sont courbaturés, je sens des picotements dans mes mains, mes pieds. La douleur remonte le long des bras et des jambes. La vision de caillots de sang affluant vers mes poumons pour provoquer un œdème mortel me paralyse, terrifiant cauchemar dont la matérialisation pourrait n'être qu'une affaire de minutes. Je me force au calme, respire profondément et pense à mille choses pour me rassurer, mais mes yeux clos perçoivent des éclairs rouges et noirs. Vision infernale.

Dans la clarté du jour, je crois me sentir mieux. Depuis la maison où nous avons dormi, seuls quelques barbelés tordus nous séparent du plateau murgabi. Je les contourne facilement, quoique le peu d'oxygène restreigne mes déplacements au strict nécessaire : la tête tourne vite et le nez saigne abondamment dans cet air desséché et gris. Le vent s'est levé, un vent puissant et continu qui balaie l'étendue sans répit. Seuls les yacks, les moutons et les hommes y survivent. Un peu de terre, creusée de sillons de glace ou de vent, s'accroche encore. Elle est maintenue par les *tersken*, de courts buissons jaune paille en voie de disparition, sans lesquels le désert d'altitude gagne peu à peu. Leurs racines sont un précieux combustible qui se consume lentement et brûle à très haute température malgré l'altitude. Les riverains continuent à les arracher, mettant en péril leur propre écosystème. L'alternative, c'est ce que deux femmes s'affairent à ramasser ici et là.

Elles se penchent vers le sol, munies de sacs de jute qu'elles remplissent de boules noires. « C'est du *kezak* », me lance l'une d'elles, laconique. C'est une autre forme de combustible : des bouses et du crottin séchés dont la fumée pique les yeux et dont l'odeur imprègne les vêtements. Une fois secs, ils brûlent bien et, même quand on n'a pas d'argent, ils sont disponibles à volonté.

Murgab, poste militaire avancé bâti lors de l'expansion russe du XIXe siècle, est posée au cœur d'un cirque désertique, fermé par des sommets qui ne semblent plus si hauts depuis la ville. Il faudrait plutôt parler de bourgade, car une fois de plus, le terme est usurpé : une ou deux rues asphaltées et des pistes de terre sur lesquelles sont plantées des grappes de maisons basses, trapues, au toit plat parfois bosselé d'une yourte pliée en attente de l'été. Ces habitats ne comprennent qu'une à deux pièces communes que tous se partagent ; les chambres supplémentaires sont le lot des riches, les générations ne se séparant qu'au gré des mariages et des naissances, à condition qu'une nouvelle maison soit disponible. Les quelque 4 000 Murgabi sont essentiellement d'ethnie kirghize, nomades sédentarisés de force pour être éduqués aux mérites de l'*Homo sovieticus*. L'URSS leur a imposé des frontières là où il n'y avait que prairies et plateaux, limitant les déplacements de ces hommes trop libres. Même si rien n'y pousse, les Murgabi s'accrochent à ce morceau de territoire délaissé. Pour ceux-là qui ont toujours vécu dans une yourte, changeant de pâturages au gré des saisons, alors oui, Murgab est une ville. Construite en dur, de brique ou de ciment, c'est cela une ville : plusieurs habitats fixes.

Staline, alors qu'il était Commissaire aux peuples, a tracé les lignes étranges et discontinues de la région, mêlant les groupes ethniques, brisant leur unité, réduisant les échanges, laissant pourtant des enclaves territoriales aux uns et aux autres, afin de complexifier encore cet espace conçu pour que les peuples ne puissent ni ne veuillent devenir indépendants. Les territoires étaient trop morcelés, les identités nationales détruites. L'implosion du bloc soviétique en 1991 fut vécue comme un abandon de Moscou-la-toute-puissante. Certains des « *Stan* » se réinventèrent une mythologie patriotique ; ainsi de l'Ouzbékistan, qui entama une campagne de nationalisation, recommença à enseigner l'ouzbek en alphabet turc plutôt que le russe en alphabet cyrillique et retrouva en Tamerlan, le sanguinaire conquérant mongol, un héros de la patrie. Quant au Tadjikistan, « pays des Tadjiks », il perdit les innombrables subventions étatiques de l'économie planifiée mais conserva en son sein les germes de la guerre civile, avec son lot de factions rivales et de corruption lucrative. Il oublia les Kirghizes rebelles du Nord-Est. Murgab, avec sa terre décharnée, tellement aride qu'elle en est presque invivable, n'a jamais été qu'un point stratégique en raison de sa proximité avec la Chine et de sa route vers l'Afghanistan. Durant la guerre froide, il y avait du prestige à la maintenir, pour prouver à l'Occident qu'on était capable de grandir encore, d'étendre sa zone d'influence. Aujourd'hui, les habitants y restent faute de mieux. Ici au moins, la terre leur appartient.

Navruz, le nouvel an persan, se célèbre à l'équinoxe vernal, dans trois jours. C'est l'occasion d'un grand nettoyage de printemps : mon hôtesse bat son tapis, debout sur la mare glacée qui fait face à sa maison, jambes écartées pour ne pas glisser. Elle s'occupe d'un *patchwork* de feutre dont la couleur est passée depuis longtemps. Vu de loin, on dirait un monstre aquatique sorti de l'eau pour la dévorer lorsqu'elle le frappe contre la glace. Elle le dompte d'un coup sec, et le corps noirâtre d'onduler sous le choc avant de la menacer à nouveau, laissant de larges rectangles gris-bruns au sol.

Dans sa maison, Pamirbek, le « roi du Pamir », m'attend. C'est lui qui doit m'héberger à Murgab. Assez jeune, quelques pattes-d'oie autour de ses yeux qu'il garde constamment plissés contre le soleil et le vent. Son visage est fin, la peau mate, le regard espiègle. Il m'attend devant sa Jeep soviétique, un héritage du bon vieux temps. Son père était le chauffeur personnel du secrétaire du parti communiste du district. Aujourd'hui, ce 4x4 défoncé, pare-brise ébréché et suspensions usées, reste le meilleur gagne-pain dont on puisse rêver dans la région. Il m'emmène à la milice pour que je m'y enregistre ; j'y explique, mécaniquement, être venue « apprendre des recettes de cuisine traditionnelles ». Ma bêtise est confondante. Ne jamais rien dire à la police. Le moins possible. Cela pourrait être prétexte à une amende, ou pire. Les sourcils froncés, on m'interroge : « Qui vous emploie ? Pour combien de temps ? » Personne ! Personne. Je suis juste une touriste en fait. Face aux miliciens, mieux vaut ravaler sa fierté de « voyageur ». Il faut redevenir un « touriste », cet étranger de passage aux poches pleines de billets venu profiter des charmes du pays pour en rapporter des photos exotiques, touriste que je suis certes également.

Justement, Pamirbek me propose de visiter les environs qu'il connaît comme sa poche. J'opte pour un cratère de météorite. Pas très éloigné, il nous permet quand même d'aller sillonner le reste du plateau et d'observer les monts Chinois. Le paysage est impressionnant de nudité. Un unique buisson de *tersken* et puis le sol, lunaire, infiniment vide. Une rivière a creusé son lit un peu plus loin. Le pont, en béton armé, a glissé avec la crue d'un orage. Brisé en son milieu, il pend piteusement dans l'eau. Ce n'est pas grave, personne ne s'en sert. Nous restons de notre côté. Une fois au cratère, je tente une petite escalade. J'ai déjà oublié que nous étions à 4 000 mètres, que la respiration y est difficile, que la tête tourne plus vite et que la fatigue s'accumule. Je reste assise de longues minutes pour reprendre mon souffle. Pamirbek propose de marcher, mais chaque pas est une épreuve. Au bout de 20 mètres, je m'écroule au sol, incapable de faire un pas de plus. Des points lumineux obscurcissent ma vue. Pamirbek, ennuyé, s'assoit à côté de moi et commence à raconter des histoires. Celle du yeti, abominable homme des neiges dont les empreintes seraient encore visibles à côté d'Ichkachim, tout au sud du pays. Celle des *bech katen*, de « cinq femmes » qui vivaient seules dans une maison. Alors que Baba-Yaga, terreur de la région, tentait d'en faire son repas, elles parvinrent à la repousser en lui jetant de l'huile brûlante à la figure : l'ogresse s'enfuit pour toujours.

Pamirbek raconte aussi des histoires vraies, actuelles. D'un geste ample, il indique les mines de rubis et autres pierres précieuses, rendues inexploitables par le climat et l'altitude : l'extraction n'est pas rentable. Les entreprises minières, subventionnées par l'État, ont disparu avec la chute du régime soviétique, laissant sans la moindre ressource la population installée ici de gré ou de force. En été, les hommes vont désormais de leur propre chef chercher des pierres pour les revendre au marché noir. Tout fonctionne à la débrouille ici.

De retour à Murgab, Pamirbek s'arrête dans une ferme de yacks. Les mâles ne sont pas là, mais deux femelles viennent de mettre bas. Deux petits de trois jours à peine tremblotent sur leurs frêles jambes grisonnantes. Ils ressemblent plus à des vaches naines qu'à des petits yacks avec leur pelage blanc tacheté de noir, frisé. Le dernier-né, arrivé sur cette terre aride quelques heures plus tôt, s'approche doucement, le pas mal assuré. Il dédaigne néanmoins nos caresses vaines – puisqu'elles ne sont pas accompagnées de nourriture – et retourne se lover autour de son piquet. L'éleveur nous invite à prendre un thé chez lui. Il y fait bon. Une boîte à musique laisse échapper un tube de pop russe, étonnant fond sonore de discothèque dans la nudité du plateau, tellement déplacé. Tandis qu'il tourne la manivelle, sa petite fille s'est blottie contre ses genoux pour y cacher son visage abîmé. L'autre jour, elle s'est approchée trop près des femelles. Protectrice, stressée par la mise bas, l'une d'entre elles lui a donné un coup de corne dans la joue.

Pamirbek me dépose chez Jambai et Anargul, ses voisins d'en face. Lui ne peut pas m'accueillir, finalement : sa sœur étant là, il n'y a plus de place dans sa maison. Jambai était son camarade de classe. Tous deux gauchers, ils s'asseyaient côte à côte pour ne pas se gêner. Jambai n'a cependant pas la chance, peut-être pas l'intelligence non plus, de Pamirbek. C'est un large bonhomme, l'air mi-abruti, mi-bagarreur, gentil au fond. Le visage plus rond, les joues épaisses et les yeux légèrement bridés des Kirghizes, Jambai a en permanence un bon sourire accroché au visage. Il est pourtant au chômage. Il travaillait pour une entreprise d'extraction turque dans la vallée et gagnait bien sa vie. Puis, avec la guerre civile, les Turcs sont partis, l'entreprise a fermé. Il s'est d'abord engagé dans l'armée avant de revenir. Aujourd'hui, il fait vivoter son ménage grâce à l'aide de ses parents et à quelques petits boulots effectués pour le compte de son frère, passeur de charbon depuis le Kirghizistan. La maison ne lui appartient même pas, c'est celle d'un oncle qui reviendra peut-être un jour ; on ne l'espère pas. Anargul, sa femme, semble bien plus jeune. Elle a tout juste 20 ans, le visage mince, les yeux tendres, mais l'air fatigué déjà par le climat et par la vie. Leur fille de 2 ans, Zhorla, pleure sans cesse.

Les hommes s'éclipsent tandis qu'Anargul m'apprend ma première recette kirghize. Elle ne parle plus russe depuis longtemps, depuis l'école. Ici, le kirghize lui suffit. Avec moi, elle utilise donc toutes les subtilités de la langue des signes, ose parfois un mot, incline la tête, interrogative, pour vérifier que j'ai bien compris. Je reformule le tout. Elle confirme ou reprend l'explication, appelle au besoin une voisine pour traduire une expression. Dans l'après-midi, nous cuisinons un *urumo*, large rouleau de pâte qui se farcit généralement comme un ravioli. Anargul commence par tamiser la farine. Elle ajoute ensuite de l'eau, car le lait, qui enrichirait le plat, coûte trop cher. Elle aurait voulu y mettre un œuf aussi, mais la poule achetée cet été est morte en février. L'hiver est trop rude, par ici. Anargul s'escrime contre la pâte, trop dure pour ses poignets fragiles. Elle a beau être courageuse, elle s'épuise vite. Elle me parle des femmes de la vallée, quand Jambai avait du travail, qui pétrissaient la pâte des deux poings, avec énergie. « Moi, je n'y arrive pas », me glisse-t-elle d'une petite voix. Il faut faire vite, pourtant, car la lumière du jour décline, et aujourd'hui, il n'y aura pas d'électricité. En hiver, quand l'eau est gelée, la centrale hydroélectrique ne peut alimenter qu'une ampoule par maison, un soir sur deux uniquement. C'est mieux que rien, on fait avec ; les bougies compensent.

Pour étaler la pâte récalcitrante, Anargul utilise ce qui, chez nous, correspondrait à un plan de travail, *takhta*, une large et épaisse planche de bois qu'elle pose à même le sol, sur une toile cirée. Elle apporte ensuite un *norguj*, long rouleau de 50 centimètres qui s'affine légèrement aux extrémités et lui permet de presser la pâte d'avant en arrière. Sitôt que cette dernière est suffisamment large, Anargul tamise un peu de farine par-dessus, et l'enroule complètement sur elle-même, autour du *norguj*. Elle appuie alors sur le rouleau avec ses mains, partant du centre dans un mouvement de va-et-vient, et fait glisser ses paumes vers les extrémités en appuyant de plus en plus fort. Cette pression agrandit la pâte qui s'affine progressivement. Régulièrement, elle la déroule pour la réenrouler dans un autre sens afin qu'elle forme un cercle homogène. Lorsque la pâte est devenue quasi translucide, Anargul la couvre de beurre fondu. C'est du beurre de yack fabriqué par sa belle-mère, il y a plusieurs mois déjà ; il a été conservé depuis l'été dans un intestin de mouton, comme du saucisson. Son goût, comme son odeur, est rance.

À partir de là, nous aurions pu répartir sur toute la surface de la pâte des petits cubes de carottes, de pommes de terre, d'oignon, de poivron, d'ail et même de viande. Mais Anargul ne possède rien de tout cela ; elle se contente d'un peu de sel et de poivre, pour relever le goût du beurre. Pour la cuisson enfin, elle est si démunie qu'elle ne possède même pas de ces cuiseurs à vapeur, empilement de plats percés où il suffit de déposer les aliments. Indigence de bien n'est pas indigence d'esprit : Anargul accumule plats, assiettes et couvercles dans un fond d'eau pour imiter l'ustensile manquant.

Au retour de Jambai et Pamirbek, la première bougie est allumée ; il va falloir passer à table. L'*urumo* qu'elle a préparé est une simple pâte mal cuite baignant dans l'huile, servie avec un peu de beurre de yack pour ajouter encore à cette pitance une dose de graisse rance.

En aidant à ranger la cuisine qui est aussi ma chambre, l'estomac lourd, je découvre que la grande salle dans laquelle mes hôtes vont dormir n'a pas de poêle. Ils m'ont laissé la petite chambre chauffée où ils vivent d'habitude, pour me procurer de l'intimité. Je suis une Occidentale, j'ai l'habitude de dormir seule, d'avoir ma chambre à moi.

Eux vont dormir par –20 °C, alors que la maison est mal isolée et qu'ils ont un enfant en bas âge, tout cela pour m'offrir un peu de confort. Je les conjure de revenir partager ma chambre afin que nous y dormions tous ensemble. J'ai beau être étrangère, voilà déjà quelque temps que j'ai oublié ce que peut être « avoir un endroit à soi ». Cependant, la pièce est emplie du graillon écœurant de l'*urumo*. Bien que je me sois ménagée le plus possible, assise à même le sol ou avançant à petits pas, je m'épuise d'être simplement éveillée. Dans un accès de faiblesse où mes jambes ne me portent plus, je manque de tomber. Anargul s'inquiète. Après deux aspirines dans de l'eau bouillie, je m'allonge. Pamirbek vient me rassurer : « C'est normal. Ça passe après deux ou trois jours. Repose-toi. Demain, ça ira mieux. » Tandis que se poursuit le dîner à mes côtés, je m'endors, apaisée par leurs chuchotements. Nuit de plomb.

Jambai a quitté la maison. Anargul, épuisée par les pleurs de sa fille, finit par l'emmener chez ses beaux-parents, dans la maison d'à côté. Je profite de son absence pour faire une toilette de chat, la première depuis déjà quatre jours. Heureusement, elle a laissé la bassine et un savon. Je tente également de nettoyer mes habits, où la poussière s'est incrustée. Anargul revient seule. Me voyant faire, elle m'attrape le savon des mains : « Tu es une invitée, va te reposer, je m'en occupe. » Je dois négocier âprement pour qu'elle me laisse faire, mais elle s'impose. Deux savonnages et trois rinçages, soit beaucoup d'eau pour si peu de vêtements. Justement, le *vadavoz* doit venir aujourd'hui. C'est un camion-citerne qui fournit les habitants en eau. La source est trop loin pour y aller à pied avec un seau, aussi le camion passe-t-il cinq fois par mois pour livrer 500 litres d'eau que la famille entrepose dans des jarres métalliques. Il klaxonne pour prévenir de sa venue. Les seaux sont sortis et on fait la chaîne, depuis la pompe jusqu'aux réservoirs domestiques. Ce sont les parents de Jambai qui partagent l'approvisionnement et règlent la note : 10 litres d'essence et 7 somonis par mois.

De nouveau seules, Anargul et moi, concentrées sur les gestes de l'une et de l'autre pour nous comprendre, devenons peu à peu complices. Plus à l'aise, mon hôtesse esquisse quelques phrases. Elle apporte des photos, prises pour la plupart le jour de son mariage, où tourbillonnait une neige glaciale. Drôle de saison. Le mariage devait avoir lieu en été ; par suite du décès de sa mère, il fallut attendre la fin du deuil. C'était un mariage arrangé. Au jour dit, Anargul quitta Och, au Kirghizistan, pour rejoindre son futur mari et s'installer à Murgab. Ce jour-là, elle rencontra Jambai pour la première fois.

« Et ça te plaît comme ça ?

— Oui », me répond-elle dans un haussement d'épaules.

Elle n'avait pas vraiment eu le temps de s'intéresser aux hommes avant, affairée qu'elle était à soigner sa mère. Lorsque nous nous relevons pour ranger les photos, je suis à nouveau prise d'un vertige et dois m'accrocher aux murs pour éviter d'être happée par le sol. Anargul souffre aussi de l'altitude ; elle supporte d'autant plus mal sa fille qui hurle sans fin. Il y a quatre ans, elle a eu une première fille, beaucoup plus calme et souriante, mais celle-ci n'a pas résisté au climat. Elle me sourit tristement tout en commençant la préparation d'un *qatama*, pâte feuilletée à partir de la même base que la veille, qu'elle étale en un cercle de la taille de son *kazan* dans lequel frémit légèrement une bolée d'huile. Elle perce son gâteau feuilleté au couteau et le fait dorer dans le *kazan*. Puis elle égoutte le *qatama* et verse dessus cinq cuillerées de lait sucré, tandis que Jambai revient de la mosquée. Anargul conserve l'huile déjà cent fois recuite dans un bocal, et s'installe au sol avec nous. C'est plutôt bon quoique toujours terriblement gras, proche d'une pastilla marocaine mais sans la délicieuse chair de pigeon qui accompagne celle-ci d'ordinaire.

Jambai, plus loquace qu'à l'accoutumée, m'explique comment ils ont survécu à la guerre civile. Tous se combattaient, rendant impossible l'acheminement de la nourriture dans ces régions reculées, alors même qu'elle venait à manquer dans les plaines de Douchanbé.

C'est la Fondation Aga Khan qui envoya et distribua des denrées alimentaires aux habitants. Chaque famille, en fonction du nombre d'enfants et d'adultes et de ses possessions matérielles, recevait une certaine quantité de nourriture, ainsi qu'un abri pour ceux qui n'avaient plus de maison. La famille de Jambai reçut chaque mois 9 kilos de farine par personne, ainsi que, pour toute la parentèle, 500 grammes de sucre, 15 kilos de lait en poudre la première année, 15 kilos de lentilles noires et 20 kilos de haricots. Les habitants de la région n'avaient jamais vu de haricots secs ; dans les premiers temps, ils se défiaient de ces drôles de féculents et durent se faire expliquer comment les cuisiner ! Aujourd'hui, beaucoup de Murgabi subsistent encore grâce à l'Aga Khan, dont la fondation fournit toujours de la farine en dessous du prix du marché pour les plus pauvres. C'est l'ingrédient de base, presque l'unique ingrédient, avec lequel on fabrique pain, pâtes, *urumo* et *manty*… L'économie réelle étant trop précaire, beaucoup ne survivraient pas non plus sans le soutien familial de ceux qui réussissent au Kirghizistan, en Chine ou en Russie.

Au bazar, j'espère trouver quelques fruits pour diversifier notre alimentation. Peine perdue. Le bazar de Murgab, c'est un peu le *Far West* : une large allée où s'engouffrent des bourrasques de poussière. De part et d'autre, plusieurs roulottes en ferraille rouillée, caravanes privées de leurs roues, semblent abandonnées là ; c'est le décor idéal pour un duel de *cow-boys*. Les Murgabi se contentent d'y vendre et d'y acheter des vêtements, des jouets chinois, des pâtes ou des biscuits secs. Pour les produits frais, ils ne disposent que de pommes de terre et d'oignons germés, parfois d'autres trésors : du chocolat, des œufs, du dentifrice. Les prix sont le triple de ceux de Khorog, mais il n'y a pas le choix. Au bout du bazar, le lait et la viande sont vendus sous deux fausses yourtes en béton. La première est fermée. Sous la seconde, trois hommes discutent dans la puanteur d'un cuissot noirci et d'un baquet de viande. Je rentre offrir mes maigres achats pour le repas du soir.

À l'aube, je me réveille en ayant mal dormi, mal au ventre. Ce jour-là devrait être le dernier. Le dernier des nausées, de la fatigue : le jour de l'acclimatation. Je me lève précipitamment pour rejoindre le fond de la cour. Malgré les crampes qui me tordent le ventre, je reste un instant suspendue à la beauté du paysage. Le vent insidieux qui enroulait la ville de poussière est tombé. De larges nuages, bien dessinés, laissent filtrer une lumière diaphane. Pour la première fois, des ombres se dessinent autour des maisons, des piquets et même du grillage, donnant une épaisseur aux objets et aux bâtiments. Cette ville morte, ville de poussière et de dénuement, affirme soudain une certaine majesté. Comme un cadeau d'adieu. Cependant, les vertiges se font plus nombreux, les muscles plus faibles, l'estomac tellement irritable que même le thé ne passe plus. Mon corps se rebelle contre cette altitude inhumaine. Je ne tiens plus debout et ne me lève que pour me traîner vers les toilettes, prenant appui sur les murs pour ne pas m'effondrer. Il faut redescendre.

Pamirbek va aux nouvelles sur le bazar, Anargul reste à mon chevet : « Tu as très mal ? » Comme j'acquiesce, elle commence à pleurer doucement : « Tu es comme une petite sœur pour moi. Si tu souffres, je souffre aussi. » Pamirbek revient préoccupé : il y a bien des voitures pour Alichur, mais l'altitude est la même et il sera plus difficile encore d'y trouver un véhicule avec une place libre pour la vallée, d'autant que de la neige est annoncée ; bientôt, les routes seront bloquées. Pamirbek se propose de me ramener au prix de l'essence. Son offre est d'autant plus aimable que nous sommes à la veille de Navruz ; à cause de moi, il sera sans doute coincé à Khorog par la neige, loin de sa famille : « Ça sera l'occasion de passer un Navruz un peu différent, cette fois », répond-il en souriant sereinement. Sitôt la décision prise, tout s'accélère. Il est déjà midi, et nous devons arriver avant la nuit, glaciale, et ses premières chutes de neige. Il me faut descendre, et je m'accroche à cette idée fixe. Descendre. Nous dénichons un passager pour diminuer ma note. Bientôt, le premier poste de contrôle est passé.

Quitter Murgab me soulage infiniment, même si la barre qui me traverse le crâne y est encore ancrée. Nous valdinguons de concert sur le long serpent de macadam tordu. Le col de Naizatach, à 4 100 mètres, est passé sans même que je m'en aperçoive. Un ruban blanchi par la neige des derniers jours se déroule devant nous, interminable. Pamirbek semble maîtriser parfaitement virages et nids-de-poule, dérapages et coups de frein. Tandis que je somnole, il devine la route et ses pièges dans une lumière opalescente. Sur les bas-côtés, quelques troupeaux – chèvres, moutons et yacks. Deux bergers, les jambes disparues dans la blancheur du plateau, le reste du corps occulté par leurs vêtements, une simple fente laissée pour les yeux, nous regardent passer. Ils lèvent un bras en guise de salut. À quelques kilomètres de là sont posées trois yourtes de feutre sombre où sèchent des vêtements d'enfants colorés. Et partout, le même éclat ivoirin alors que le soleil peine à percer l'épaisse couverture nuageuse. Alichur est passée d'une traite. Il faut, toujours plus vite, fuir l'altitude tant que la météo le permet. Enfin, la route s'enfonce. C'est la descente qui commence, nous quittons le plateau. Aux alentours de Bubulkyl, le panorama magnifique de l'aller est devenu maussade, écrasé par la grisaille du jour finissant.

Plus bas, une *marchrutka* bondée avance à grand-peine. Le chauffeur sort, fait des signes. Il veut une bougie pour son moteur. Voilà cinq heures qu'ils sont partis de Khorog. Il nous reste donc tant de trajet ? Mais nous sommes dans la descente et la Jeep est nettement plus adaptée. C'est sûr, on ira beaucoup plus vite. Il nous met quand même en garde : plus bas, la neige a recommencé à tomber ; la route sera bientôt bloquée. Nous filons. Entre chien et loup, un faux mouvement nous envoie de côté. La voiture glisse, dérape et s'enfonce mollement dans une épaisse poudreuse. Nous devons nous en extraire par l'aile gauche, proche de la route, où la neige tassée peut nous porter. En un instant, Pamirbek a enfilé ses moufles et sorti une pelle. Il creuse comme un forcené sous la voiture, derrière les roues. S'épuise vite. Notre passager le relaie pour tenter de libérer la voiture qui patine, impuissante. Il nous faudra une demi-heure et trois tentatives pour dégager la Jeep.

Nous réembarquons. Alors qu'ils transpirent de l'effort, je suis transie. Le jour a quasiment disparu. Dans un sourire, Pamirbek s'excuse, « *Izvini !* ». C'est pourtant ma faute s'il a dû prendre la route à cette vitesse et par ce temps. Nous redémarrons, Pamirbek se concentrant plus encore sur le faible halo des phares. Nous filons, toujours plus vite, toujours plus bas, pour rattraper le temps perdu. La fatigue est si prenante qu'elle m'empêche de craindre vraiment une deuxième sortie de piste au dénouement moins heureux. La neige tombe désormais à gros flocons. La route a quitté la plaine pour serpenter à flanc de montagne. Par deux fois, nous traversons d'immenses coulées de neige qui se noient dans le ravin au-dessous de nous. Des pelleteuses ont dû creuser dans ces blocs de plusieurs mètres de haut pour permettre le passage. On m'a mise en garde contre ce tronçon de la M21 qui rejoint Khorog puis Douchanbé. « À éviter absolument en cas de gros temps, la roche y est friable et les éboulis monnaie courante. »

L'altitude décroît, et avec elle la neige devient pluie. Des gouttes épaisses s'écrasent dans la nuit noire. Pas de lune. Toujours plus vite. Le compteur est cassé, bloqué à 60 kilomètres à l'heure. C'est mieux ainsi, ça évite de trop penser. Enfin, nous voilà à Khorog. Pamirbek se gare devant le domicile de son amie, la seule Française du Pamir. Après avoir tambouriné à sa porte, Marielle nous ouvre dans un bâillement, le sourire accueillant malgré la fatigue.

Chapitre 14

FÊTER NAVRUZ À KHOROG

Où l'on ne crache pas dans la soupe.

Tapis, matelas et couvertures aux couleurs vives décorent les balcons de la ville ; chacun les fait sécher comme il peut. Sous le soleil matinal, les gens flânent, l'air de ne penser à rien, le sourire aux lèvres – en vacances. Au *stadium*, un amphithéâtre rural au sol en terre battue, un spectacle est prévu : défilé d'habits traditionnels, démonstrations sportives à la mode soviétique et enfin combats de lutte, le sport national. Avant les véritables lutteurs qui se battront pour la récompense, les jeunes garçons se mettent en place. Au coup de sifflet, ils se jettent les uns contre les autres. Dans le stade, c'est une rixe généralisée. Pourtant, à y regarder de plus près, ils bataillent par paires, en mouvements chorégraphiés ; les policiers restent vigilants.

Dans le public, tout Khorog se retrouve. Les filles ont tressé leurs cheveux avec de la laine rouge, les garçons bombent le torse lorsqu'ils passent devant elles. Les vieux ont sorti leurs costumes, reprisés et amidonnés, et observent ce beau monde en rêvassant. L'un d'eux me lance un clin d'œil complice depuis ses lunettes à triple foyer : appuyé sur sa canne, il clopine autour du stade avant de se faufiler devant tout le monde – le privilège de l'âge. Juste à côté, les meilleures cuisinières de chaque quartier sont venues démontrer leurs qualités en disposant leurs plats sur une immense tablée. « *Khoch zost* », comme elles se dénomment généreusement, « mains délicieuses » : le *noch khufpa*, potage d'abricots qui guérit les rhumes et la grippe, côtoie le pain baignant dans du lait aux oignons, le pain à la farine de pois, la soupe au beurre et les pâtes sablées, mets traditionnels de circonstance. L'une d'entre elles a même fait pousser du blé en herbe, le symbole centrasiatique de Navruz, qui marque le renouveau de la nature au printemps, bien qu'il ne se cultive pas par ici.

Les saladiers de *pirochki* et *biliachi*, immanquables beignets de patate ou de viande, sont vidés en un instant. Les femmes mettent à la disposition des passants bols et assiettes garnies, accompagnés d'un joyeux « *Navruz mobarrak!* ». Elles rient, se moquent les unes des autres, débattent pour savoir laquelle est la meilleure, s'apostrophant comme coqs en foire. Flattées que je m'intéresse à leur conversation, plusieurs m'invitent même à passer chez elles le lendemain, pour les « cuisiner » de nouveau sur leur art.

Parmi les spectateurs, j'ai retrouvé quelques-uns des passagers de la *marchrutka*. L'un d'entre eux m'a aperçue au loin et m'appelle à grands cris. C'est mon protecteur, celui qui m'a prêté son blouson fourré pendant la traversée nocturne de Douchanbé à Khorog. Lorsqu'on voyage comme je l'ai fait, avançant de ville en ville, on ne retrouve jamais les mêmes personnes, c'est pourquoi, bien que n'ayant passé que quelques heures dans le même car que ce gaillard costaud et jovial, j'ai un peu l'impression de retrouver en lui un ami. Prénommé Dada, « papa », il me présente gaiement à ses collègues : « C'est la petite Française, regardez ! Elle apprend notre cuisine ! » Je comprends à leurs talkies-walkies grésillant et aux regards qu'ils jettent de temps à autre au public qu'ils sont en fait des agents du KGB en civil. Ils confirment, font mine de s'intéresser à ma bague argentée, cadeau d'Anargul, puis rient de mon étonnement un brin effrayé. Après tout, qu'importe. Les mauvais temps sont loin et ceux-là m'invitent à déjeuner, renonçant à surveiller le stade. Sans doute ont-ils raison car, en tant qu'étrangère, je représente un danger plus réel ; les policiers en uniforme plantés aux quatre coins du terrain de jeu suffiront amplement à contenir d'hypothétiques mouvements de foule.

L'immeuble est à deux pas. L'entrée, d'apparence miteuse – peinture craquelée et sol en terre battue –, abritée des regards, sert de pissotière aux participants de la fête, comme en témoigne l'odeur âcre. À l'intérieur, une femme discrète nous conduit à un salon confortable : moquette rouge, tables et chaises de bois vernis, armoires de livres. En un instant, la table se remplit. À la russe : fruits et saucissons en morceaux, vodka et ses petits verres, jus de fruits pour faire passer le tout. J'arrive à ne me faire servir que du thé. C'est une prouesse quand on sait qu'un Russe considère comme une insulte qu'un invité ne boive pas au moins trois vodkas cul sec avec lui. Pour eux, c'est une façon de prouver qu'on vient en ami, et tenir l'alcool, c'est être un homme, un vrai. Être du sexe faible aide beaucoup à y échapper, d'autant qu'ils approuvent mon choix : un thé vert, qui « préserve la jeunesse des femmes » !

Chaque toast fait l'objet d'une discussion. En mon honneur, le premier est porté à l'amitié internationale entre les peuples et le deuxième, comme à l'accoutumée, aux femmes. Avec quelques grammes dans le sang, la conversation dérive facilement, et voilà que ces malabars se lamentent sur leurs histoires de cœur. Quand l'un, Kurche, « rayon de soleil », prétend qu'il n'en aimera qu'une dans sa vie entière, les deux autres le charrient. Dada détaille quant à lui tous les types de femmes dont il a partagé la couche, et se félicite d'une telle diversité dans le monde, rappelant néanmoins qu'il a aimé pendant sept ans une femme mariée, et qu'il est parti à la guerre pour l'oublier ; le voilà aujourd'hui marié sans amour, mais amoureux des femmes des autres. Le dernier, enfin, raconte avec emphase qu'il a aimé une femme à en perdre la raison mais qu'elle l'a finalement quitté. La conclusion tombe comme une évidence : « On ne peut pas faire confiance aux femmes, voilà pourquoi il faut en changer souvent. » Les verres, tels des sabliers, se vident et s'emplissent avec constance. Mes trois ours gardent pourtant la tête claire et se lancent dans un concours de citations attribuées à Omar Khayyâm, le grand poète persan du Moyen Âge :

« "L'amour qui ne ravage pas n'est pas l'amour", entame Kurche, romantique, avant d'ajouter :

"J'ai bien longtemps cherché dans ce monde d'inconstance
Qui nous sert un moment d'asile ; j'ai employé dans mes recherches
Toutes les facultés dont je suis doué ; eh bien ! J'ai trouvé
[que la lune pâlit
Devant l'éclat de ton visage, qu'à côté de ta taille le cyprès
[est difforme."

— "Ô Khayyâm ! Quand tu es ivre, sois dans l'allégresse ;
Quand tu es assis près d'une belle, sois joyeux.
Puisque la fin des choses de ce monde c'est le néant,
Suppose que tu n'es pas, et puisque tu es, livre-toi au plaisir", répond Dada, plus épicurien.

— "Oh ! Que le temps où nous ne serons plus et où le monde
[sera encore
Il ne restera de nous ni renommée, ni trace.
Le monde n'était pas incomplet avant que nous y vinssions ;
Il n'y sera rien changé non plus quand nous en serons partis" », conclut le troisième, fataliste.

Le toast suivant est pour notre nouvelle amitié, et Omar Khayyâm nous y accompagne :

« Mange auprès de tes amis, avant que ton souffle ne se refroidisse,
Après toi, ce sont tes ennemis qui mangeront. »

Nous trinquons ensuite à la France. Ils énumèrent alors la liste de leurs auteurs préférés, Alexandre Dumas en tête, avec ses *Trois Mousquetaires*. Balzac, Maupassant, Romain Rolland et Victor « Giougo ». Dans la bibliothèque du salon, ils m'indiquent tous ces livres que chaque enfant se devait d'avoir lu à l'école soviétique. Ils n'oublient pas non plus leurs acteurs fétiches, rares élus dont les films furent autorisés : Pierre Richard et Gérard « Dieupardiou ». Parce qu'une bouteille ouverte doit toujours être finie par ceux qui l'ont entamée, et qu'immanquablement une autre suit, un toast supplémentaire est porté à l'Asie centrale, que les Occidentaux tiennent pour arriérée. Ils s'échauffent un peu, me prêtant soudain des idées méprisantes, « des idées d'Américaine », comme l'espion et tête brûlée Frederick Burnaby, qui affirma à la fin du XIXe siècle : « Nous marchions dans la direction de l'Asie centrale, c'est-à-dire en sens inverse de la civilisation. » Mais voilà déjà le toast suivant, « à la cuisine », et je me découvre un niveau de vocabulaire suffisamment avancé pour leur expliquer la recette de la carbonnade flamande, un plat de chez moi où la viande mijote dans la bière, ce qui ne peut que leur plaire !

Ce soir-là, Marielle, Pamirbek et moi sommes invités chez Latifa. Latifa enseigne le russe à Marielle depuis son arrivée à Khorog ; c'est une femme d'âge mûr, d'une grande gentillesse. Elle nous a invités à dîner car elle veut nous montrer le Navruz des petits, une coutume pamiri. Par groupes, les enfants courent de maison en maison et en ouvrent la porte d'entrée pour la claquer immédiatement en y coinçant leurs foulards. Ce claquement leur permet d'attirer l'attention des maîtres de maison, à qui ils chantent alors une longue comptine sur le retour du printemps : *Navruz cheudau lolai khochrang baromat bulbul badafitchang...* (« Nous rencontrons Navruz pendant ce beau printemps... »). Entre-temps, il faudra accrocher une friandise dans le coin de chacun des foulards.

Auparavant, les enfants grimpaient sur les toits et laissaient pendre leurs foulards depuis leurs ouvertures. Gare à celui qui essayait d'obtenir le double de friandises en passant plusieurs fois par la même maison. On s'en rendait compte et, à la fin de sa deuxième comptine, il ne trouvait, attachée à son foulard, qu'une pomme de terre. La leçon était efficace.

Les adolescents, lassés par ces jeux d'enfants, jouent de la guitare dans la rue. D'autres, un peu plus âgés, tournent d'un salon à l'autre pour y donner des concerts improvisés. Le premier groupe est franchement mauvais. Ses membres ont sans doute déjà bien bu car ils chantent faux et le guitariste qui les accompagne maladroitement touche 1 somoni sous réserve qu'ils décampent au plus vite. Ils s'enfuient en riant et le groupe suivant arrive. Nous les écoutons depuis la nappe de soie brodée posée à même le sol. Elle est fastueusement décorée d'assiettes dorées, de bougies et d'un pain en forme de couronne tressée. Les plats y défilent, toujours plus riches et plus sucrés. Pendant ce temps, le mari de Latifa, un chapeau kirghize de feutre blanc enfoncé sur sa tête grisonnante, reste planté devant la télé, de l'autre côté de la pièce. Il vient passer un moment avec nous, puis retourne devant son documentaire animalier, indifférent à la fête.

Une fois la nuit tombée, la dernière née de Latifa revient avec son foulard gonflé de friandises. Latifa nous confie en aparté : « Je ne pensais plus pouvoir en avoir, mais finalement je suis très heureuse qu'elle soit là. » La fillette étale ses cadeaux sur le sol, les yeux brillant d'une joie gourmande. En plus d'une cinquantaine de friandises, il y a une poupée, un gros peigne et quelques piécettes. Elle partage magnanimement son butin en nous donnant à chacun un unique chewing-gum. Ce sont ses bonbons préférés.

Le lendemain, je retrouve Neghina et ses copines, les fières cuisinières de la veille, pour qu'elles m'apprennent l'*och*, un bouillon de pâtes à base de farine de pois qui se cuisine en été, lorsque les hommes travaillent au jardin ou réparent la maison, car il leur redonne une saine énergie. Neghina se veut bonne cuisinière ; elle y met donc les formes. Pour commencer, elle tamise sa farine en la bénissant – *« Bismillah ! »* –, puis la mélange à de l'eau salée pour en faire une pâte très dure. Elle pose ensuite quatre *kurut* dans un bol d'eau chaude. Ces boulettes de fromage sont fabriquées en période estivale, lorsque les femmes transhument avec les bêtes vers les pâturages fleuris, à l'époque où le lait est abondant et savoureux. Elles le laissent alors cailler, puis le pressent et le font sécher sur des nattes au soleil. Il existe des *kurut* blancs, qu'on peut grignoter tels quels bien qu'ils soient durs comme de la pierre et généralement trop salés, et des *kurut* noirs, qui donnent à la cuisine un bon goût de parmesan. Neghina m'assure qu'ils sont d'excellents remèdes à l'hypertension qui affecte les Pamiri.

Elle s'attaque ensuite à la pâte de farine de pois préparée auparavant, si épaisse qu'il lui faut frapper le plan de travail avec son rouleau. « Taq-taq, taq-taq, taq-taq », chante la préparation. Une fois la pâte bien étalée, Neghina sort son grand couteau, l'aiguise sur le dessous d'une tasse en céramique, et découpe en rapides coups secs de larges tagliatelles gris-vert, qu'elle jette dans l'eau bouillante avant de les déposer, une fois cuites, dans un large bol en bois. Elle ajoute l'eau des *kurut*, et parsème le tout de verdure hachée.

Ses amies et moi nous asseyons en cercle autour du plat. Neghina nous tend alors deux louches grossièrement taillées dans un bois sombre, que nous faisons tourner entre nous pour le *lakh* : chaque femme boit une cuillerée, puis elle remue trois fois l'ustensile dans le plat avant de le déposer devant sa voisine de gauche. Le plat est véritablement *bamaza* ; elles m'apprennent à dire ce mot, « délicieux », puis à claquer la langue en signe de satisfaction. Lorsqu'il ne reste plus qu'un fond de nouilles dans le creux du plat, *ostadka sladka*, ce « succulent petit reste », elles l'attrapent avec leurs doigts. Il s'agit d'accomplir le *sawob*, c'est-à-dire de terminer le plat jusqu'à la dernière goutte pour apporter la prospérité sur la maison de notre hôtesse. Chez Neghina, le plat est si réussi qu'elles m'en remercient toutes, moi qui n'ai fait que les observer. Qu'importe, *khoch poi kadam*, « bonnes jambes sont venues ».

Marielle est en charge du développement touristique auprès de la Fondation Aga Khan, aussi nous propose-t-elle de l'accompagner jusqu'à la vallée de Bartang, facilement accessible malgré l'hiver, où elle doit s'assurer de la bonne mise en place d'installations essentielles avant la saison touristique : toilettes, douches et électricité ; le café matinal, presque plus important encore, sera acheminé en temps voulu. Nous partons tôt, mais la route est si mauvaise que Marielle, Pamirbek et moi ne parvenons qu'à 11 heures passées à Khijez, départ de la marche. Dans ce village, les champs sont labourés en commun en vue des semailles. Tous s'affairent à retourner le sol à la bêche ou à la charrue, puis à verser des sacs de bouses fraîches au milieu de chaque parcelle. Cet engrais naturel, qui ne coûte que l'effort de son ramassage, est répandu à l'aide de larges râteaux de bois. Depuis son tabouret, une vieille femme observe les laboureurs en épluchant des branchages encore verts : l'écorce sera servie comme repas aux moutons et le bois, une fois sec, alimentera le poêle. Aujourd'hui, sept hommes travaillent dans le champ de Mavluda, une amie de Marielle. Demain, ils passeront au suivant. Mavluda a préparé un gigantesque *plov* pour les nourrir et, puisque nous sommes là, il nous faut également « prendre des forces », car une invitation ne se refuse pas. Les explications au sujet du chemin – 18 kilomètres en remontant la vallée de Bartang – ressemblent à une blague belge : « Allez tout droit, vous arriverez à un pont. Continuez tout droit. Au deuxième pont, allez toujours tout droit, et ensuite, c'est tout droit. »

Pamirbek, en galant homme, porte notre paquetage, tandis que Marielle, qui s'est récemment abîmé la cheville, chemine doucement. Après quelques heures de marche agréable dans le lit asséché d'une rivière qui emporte jusqu'aux voitures en période de crue, nous atteignons un abri de fortune, une hutte de bergers au toit si bas qu'on ne peut s'y tenir qu'assis. Les hommes du village de Ravmed, au courant de notre venue, nous y attendent ; ils ont préparé un thé dans la pénombre de l'abri. Brûlant, un peu terreux, il a la saveur de l'arrivée. Cependant, nous n'avons parcouru que les deux tiers du chemin. Il faut repartir ainsi, avec le soleil couchant qui rafraîchit l'air et les jambes coupées par cette trop longue halte ; je peine à suivre le rythme des montagnards. Enfin, les premières maisons de Ravmed apparaissent. Les derniers mètres se font dans la neige, ultime effort avant que mes lunettes ne s'embuent dans la chaleur de la maison, où un thé bout déjà sur le poêle brûlant.

Une nappe est déployée devant nous, qui contient du pain et des friandises, tandis que la mère de famille s'approche de Marielle, notre chef d'équipe, pour lui retirer ses chaussures. La maison où nous nous trouvons a été choisie par le village pour un projet de tourisme équitable, et notre présence sert de test avant le lancement. Ils interrogent plusieurs fois Marielle, inquiets : « Quand recevrons-nous les premiers touristes ? » Ils ont réalisé de nombreux investissements pour participer au projet, mais les étrangers sont si peu nombreux dans la région qu'il faut les attendre de longs mois avant la courte saison touristique de juillet-août. À Ravmed, les habitants ont construit un petit *kombinat* sur la rivière, qui alimente en électricité leurs quarante foyers. Parfois, un bloc de neige vient bloquer la roue à aubes, et le courant s'éteint subitement. À peine le temps de tâtonner vers la lampe à pétrole, de craquer une allumette que, déjà, l'ampoule se rallume : le bloc neigeux se sera disloqué sous la pression de l'eau. Quelques clignements d'yeux éblouis et la conversation repart.

Au mur, une demi-douzaine d'instruments sont accrochés ; la plupart sont à cordes, certains achetés à un artisan, d'autres faits de bric et de broc. Nous sommes dans une famille de musiciens : l'un joue quelques morceaux de guitare tandis qu'un autre retend la peau de son tambour devant le feu. Un troisième fait mijoter de la viande dont l'odeur, étonnamment, n'est pas celle du mouton. Il nous sert un premier plat, savoureux, dans une sauce épaisse. Il existe donc une si bonne viande ici ? Mais pourquoi ne mange-t-on jamais que du mouton alors ? « C'est de l'ibex, tique Marielle, strictement interdit. Cela fera partie de l'entraînement avant l'arrivée des premiers touristes : ne pas leur servir d'espèces en voie de disparition. Oui, même si leur viande est meilleure. » Le cuisinier sort ensuite son violon, dont le corps est une boîte de conserve aplatie et le manche une branche mal écorcée. Des fils de fer tendus par-dessus laissent échapper un son déchirant à chaque coup d'archet ; pourtant, le rythme rend la complainte entraînante.

La soirée commence à peine : nous sommes samedi, il faut danser. Celui qui nous a guidés de l'abri jusqu'au village se lance le premier. Plutôt trapu, replet, il s'installe debout au centre de la pièce. Alors que nous battons le rythme des mains, il écarte les bras. Quelques sautillements, une légère torsion du tronc : ce sont surtout ses mains qui dansent, bras tendus en croix, une paume en l'air, puis l'autre, tournée alternativement vers le ciel ou vers le sol ; les pieds font pivoter l'ensemble du corps sur lui-même. Malgré l'économie de ses mouvements, grâce à un rythme régulier et répétitif, il parvient à capter notre attention. La grâce de son gros corps, tellement simple et inattendue, tient de la magie. Le cuistot, un sourire hilare au-dessus de son pull Winnie l'Ourson, nous convie alors à la danse. Tandis que les autres continuent de jouer, il lâche son violon et se lance dans les mêmes mouvements simples, rythmés, délicats. Son regard facétieux annonce la suite : après avoir bien vérifié que tous l'observaient, il se met à sautiller comme une puce, balançant bras et jambes de tout côté en gestes disloqués, tournant sur lui-même, ondulant du bassin, levant les bras, pliant les coudes. Puis il s'arrête d'un coup et nous annonce : « Ça, c'était de la danse russe ! » Et chacun de le féliciter en éclatant de rire. C'est vrai ; dans cette danse de pantin désarticulé, il y avait un petit quelque chose des boîtes de nuit moscovites ou parisiennes, où chacun se trémousse dans son coin.

Satisfait de sa farce, le danseur se remet à la cuisine, allonge la sauce de la viande et nous sert ce bouillon parsemé d'herbes séchées. Déjà rassasiés par la viande, nous peinons à le boire. Heureusement, les danses reprennent ; nous nous y joignons les uns après les autres. Pour remercier les danseurs, nous glissons quelques billets sous leurs chapeaux, comme c'est la coutume en Asie centrale. Eux aussi, une fois que nous avons dansé, nous déposent à chacun un cadeau sur l'épaule : une paire de *jurab*, tricotées main selon des motifs propres à chaque vallée.

À mon réveil, Marielle et Pamirbek ont déjà visité les installations du village, depuis l'école jusqu'à l'emplacement du futur sanibroyeur. Nous prenons dans la foulée le chemin du retour, en même temps qu'un groupe de villageois qui descend glaner du bois dans la vallée. À la sortie du village, sur une passerelle de 2 mètres de large au-dessus de la rivière, un homme cherche à faire traverser ses bœufs à la puissante musculature. L'un, albinos, attend patiemment de l'autre côté du pont. L'autre, noir de jais, s'y refuse. Il se cabre, rue et charge ceux qui l'entourent, les cornes menaçantes, prêt pour la corrida. Nous restons en retrait tandis que l'homme se démène pour calmer la bête, aidé par les autres. Plusieurs fois, ils s'approchent en cercle autour du bœuf, qui trépigne et lance des coups de corne que chacun tente d'éviter en sautant de côté. L'animal récalcitrant se réfugie finalement quelques mètres plus haut, dans un pierrier d'où il martèle le sol de plusieurs coups de sabots et nargue son maître d'un air hautain. Laissant l'homme à son embarras, nous profitons de la voie libre pour traverser en courant. Cependant, au détour du virage, le bœuf blanc, plus calme, n'en est pas moins dangereux. Il nous attend avec défiance, mime un début de charge, et nous de partir en courant. La brave bête préfère attendre son maître…

Nous dépassons ensuite un homme qui descend au village avec son âne bâté. Le chargement, mal ficelé, glisse sans cesse à cause du trottinement de la bête. Régulièrement, l'homme doit s'arrêter pour tenter un nouvel équilibrage, toujours aussi instable. Sa dégaine est amusante : chapeau de paille, jean *baggy* et T-shirt rouge imprimé Marlboro ; on croirait un Texan égaré loin de chez lui. Pamirbek nous appelle. Les derniers kilomètres parcourus la veille à marche forcée révèlent des surprises. Au-dessus du chemin, il a trouvé un dessin gravé dans la pierre : un ibex. Il s'agit d'un site complet de pétroglyphes. Partout, sur le plat d'un rocher ou sous une plante desséchée, les pierres blanches sont gravées de dessins stylisés : ibex aux cornes bosselées, poursuivis par des chasseurs ; peut-être des flèches.

Au fond de la vallée, par-delà les *won*, arbustes rouges, et les pierriers immenses, le village de Khijez réapparaît. Mavluda nous impose une nouvelle collation et ne nous laisse partir qu'après avoir chargé nos bras de carottes et de patates : « À la ville, on manque de tout, prenez au moins ça ! » Le soir tombe quand nous démarrons. « Revenez dès que possible ! » nous crie-t-elle en multipliant les signes d'adieu.

Chapitre 15
PAR LES VILLAGES DU WAKHAN

Où l'on fait une belle brochette de rencontres.

La vallée du Wakhan, « la plus belle du Pamir », est traversée par le Panj, dont une rive est afghane et l'autre tadjike. En hiver, son extrémité orientale est bouchée par la neige et la route de Khorog en devient l'unique voie d'accès. À l'arrière du bazar, seule une Jeep crasseuse se prépare, mais elle ne se rend qu'à mi-parcours. En attendant le départ, je déambule entre les tas de craie et de charbon, les étals de bonbons fondus au soleil et les fours en terre d'où sortent, un à un, de délicieux *samsa* fourrés à la viande et aux oignons, dont le jus épais dégouline à chaque bouchée. Devant les restaurants de poissons grillés, trois chats pelés guettent les restes. Ils restent en retrait, observent et tentent parfois une attaque d'un coup de patte, mais les rats, plus nombreux et mieux nourris, sont plus menaçants. Les chats se replient, dépités.

Le chauffeur, comme souvent, est aussi commerçant : il rapporte au village quantité de gadgets et de denrées non périssables. Je me félicite d'avoir marqué ma place à l'avant car, malgré les sacs sous mes pieds et l'adolescent maigrichon à mes côtés, tout l'arrière est bouché par des paquets empilés jusqu'au plafond qui tombent sur les passagers au moindre cahot. Ils sont trois à se partager un bout de banquette : le frère du chauffeur, qui a comme lui la quarantaine, et deux femmes wakhi. Chacune a trois points bleus tatoués sur le visage, un sur chaque pommette et le troisième au milieu du front.

Les passagers demeurent stoïques, la tête haute et droite, les yeux fixes. Parfois, un début de conversation s'étouffe dans le rugissement du moteur. À la sortie de Khorog, un orage a abîmé les poteaux électriques. Les câbles d'une ligne à haute tension, tombés dans la rivière, traversent la route humide. Malgré sa crainte de l'électrocution, le chauffeur se décide finalement à tenter un test empirique. Il roule doucement, passe le câble une roue après l'autre et continue. C'est bon. Il n'y avait pas de danger. Il poursuit sa route, moteur éteint à la moindre pente. Quoiqu'il compte dormir chez lui, est-il bien nécessaire d'y être pour le repas alors qu'en allant doucement on peut économiser plusieurs litres d'essence ? À la montée, il ne dépasse jamais les 30 kilomètres à l'heure et, à la descente, on peut espérer atteindre une telle pointe de vitesse par la seule inertie de la voiture.

Derrière un virage, le panorama, jusqu'alors encaissé, pris dans le gris beige des pierriers, s'ouvre sur un champ de *won*. Ces petits arbres couvrent le plateau d'un chatoiement d'ocre chaud. Au loin, les sommets enneigés de l'Hindu Kuch, côté afghan, resplendissent dans un rayon de lumière.

À Ichkachim, Jumabek, le chauffeur, qui m'a enfin dit son nom, s'arrête sans raison apparente et disparaît pour un temps indéterminé. J'achète pommes et biscuits que mes compagnons de route dévorent en un clin d'œil ; les langues se délient. Un proverbe local affirme : « Si tu connais les langues, tu connais le monde. » Dans le Pamir, chaque vallée a la sienne, voire chaque village, fût-il peuplé d'une dizaine d'habitants. Un paradis pour philologues et anthropologues. Je ressens néanmoins une certaine gratitude envers les Soviétiques qui ont imposé le russe, me permettant ainsi de discuter avec tous.

Nous atteignons finalement l'entrée de la longue vallée du Wakhan au coucher du soleil. Jumabek se gare devant une maison isolée ; il ne s'agit que de la maison de sa sœur, où nous sommes invités à manger. Dans le grésillement de la télé, un *jingle* connu m'interpelle. Entre les bandes blanches et noires qui traversent l'écran coloré, par intermittence, se devine un sketch de *Caméra café*, dans lequel les personnages débitent leurs blagues en russe. Dans cette maison traditionnelle en bois, perdue au fin fond d'une vallée tadjike, là où l'on ne boit que du thé, le décalage de cette émission ne semble pas gêner. Chacun regarde sans les voir les acteurs siroter leur café ou déplorer un bouton d'acné.

Jumabek redémarre dans la nuit épaisse. Il y en aura encore pour deux heures de route, le déchargement des camions au magasin en prime, mais, alors qu'il n'a plus le courage de m'amener là où il me l'avait promis, 40 kilomètres plus loin, il a la gentillesse de m'héberger.

Dans le village de Vrang, du matin jusqu'au soir, les troupeaux de chèvres et de vaches se promènent tranquillement, faisant fi des coups de bâton frénétiques des jeunes bergers. Quoique peuplé de quatre cents familles, le cœur du village ne compte pas plus d'une cinquantaine d'habitations ; le reste se poursuit dans la vallée. Une falaise à pic borde le village. Jumabek m'y indique des abris troglodytiques : « C'est là que les habitants se réfugiaient lors des raids *basmatchi.* » Pour lutter contre l'expansion russe qui voulait les enrôler durant la Première Guerre mondiale, les populations musulmanes du Turkestan d'alors se révoltèrent. Après la révolution bolchevique de 1917, les rebelles ne reçurent aucun soutien des puissances occidentales, pourtant protsaristes : on craignait déjà les islamistes. La mort de leur chef, Enver Pacha, tué en 1922, jugula la lutte des *basmatchi* ; ces « ennemis de l'intérieur » furent réprimés par la police politique durant la décennie qui suivit.

Une rivière coule de la falaise, où les femmes se rendent en groupe car l'eau n'y a pas encore été souillée par les animaux. Elles attendent que chacune ait rempli son seau d'eau glaciale avant de repartir ensemble, le pas alourdi par leur pénible charge. Légèrement en amont, un autel zoroastrien trône sur un bloc rocheux semé de taches blanches, de l'iode naturel dont les chèvres se régalent en dévotes assidues. En aval, une source ferrugineuse au goût de limonade désaltère le marcheur. Son eau est détournée pour actionner les pales d'une meule à farine, bloc granitique circulaire sous un cabanon de bois. La propriétaire, une vieille femme percluse de rhumatismes, attend les clients sur un banc de pierre blanche. Sa canne posée entre les jambes, les doigts de pied véritablement en éventail, elle prend le soleil. Sur un carnet, elle note consciencieusement qui est venu moudre du blé et pour combien de kilos. Une roue à aubes actionne la meule grâce à la force hydraulique, mais elle ne semble tenir que par la grâce fragile de vieux morceaux de bois retenus par des bouts de ficelle. La farine produite varie selon le tamisage des grains de blé, qui les sépare des cailloux et des particules de terre. Le *non boy*, le pain des riches, doré dehors, bien blanc en son cœur, ne se trouve qu'en ville. Dans ces villages, la farine n'est que de deuxième ou troisième choix, et donne au pain une couleur gris clair et un bon goût de céréales. Il faut cependant le manger avec prudence : au prix de la dent en or, un reste de caillou mal croqué pourrait coûter cher. Ici, les sourires brillent du précieux métal.

À l'autre bout du village, derrière le modeste bazar, Jumabek m'indique le centre téléphonique *international*, qui permet aux familles de rester en contact avec leurs enfants émigrés. Cette pièce est à peine éclairée par une lucarne et la maigre lumière d'une ampoule nue. Au milieu de la salle trônent une table, un lourd calepin, une calculatrice, un téléphone et une horloge. Un vieil homme est assis à son bureau, dos à la fenêtre, une chaise vide en face de lui. Le fil du téléphone traverse toute la pièce jusqu'à l'unique prise de courant. Le préposé compose lui-même le numéro, note scrupuleusement la minute de début puis de fin de chaque appel, pianote les chiffres sur sa calculatrice pour en obtenir la durée, cherche dans sa liste le prix à la minute en fonction de la destination et annonce d'une voix traînante le montant à régler. La ligne est mauvaise, elle grésille, mais, aussi incroyable que cela me paraisse alors, elle fonctionne. J'entends la voix lointaine, soulagée, de mes parents.

À la maison, la femme de Jumabek est fatiguée. Elle a beaucoup d'enfants et, chaque jour, habille tout le monde pour l'école ou la garde des chèvres. Partout où elle va, elle emporte la petite Zarina, un nourrisson de 10 mois aux jambes et aux bras maigrelets. Quand sa fille pleure trop, les yeux moqueurs, elle sort son sein et le tapote en riant : « Tiens, voilà ton lait ! » Il est évident que la petite souffre de malnutrition, mais c'est ici le lot commun. Si elle est forte, elle survivra, sinon, on en fera une autre.

Zarnikor, la grand-mère, est chargée de traire l'unique vache de la famille. Elle lui apporte un seau plein des eaux usées de la journée, agrémenté des épluchures de carottes et d'oignons et épaissi d'un peu de farine. La vache patiente dans une étable dont le toit est si bas qu'il faut s'y avancer courbé. Elle est énervée, fait un pas de côté, meugle puis repart en arrière. Les trois poulets en rajoutent, caquetant à qui mieux mieux, battant des ailes autour de nous. Zarnikor cale le seau appétissant contre la paroi, afin d'installer son minuscule tabouret sous les pattes de la bête qui piétine encore sur place. La grand-mère doit réajuster sans cesse son pot à lait pour éviter que la vache ne le renverse. Les pis sont vidés rapidement, l'un après l'autre, en balancier ; il y a encore trop peu d'herbe.

Lorsque je quitte cette famille, après une séance photo, quelques échanges de cadeaux et une prière, Zarnikor fait claquer cinq gros baisers sur mes joues avant de me laisser partir. Les femmes m'accompagnent de leurs adieux jusqu'au bord de la route, puis tout redevient silencieux, désertique. Il n'y a plus que le son des graviers qui crissent sous mes pas le long des berges du Panj. Qui pourrait croire que ces minces filets d'eau alimentent l'Amou-Daria – l'Oxus des Grecs ? Qui pourrait imaginer que ces eaux himalayennes, irriguant les champs de coton ouzbeks, ont charrié pesticides, fertilisants et autres produits toxiques jusqu'à la mer d'Aral désormais asséchée, abandonnant les carcasses de bateaux au désert et provoquant la disparition de dizaines d'espèces endémiques ? Je chemine seule sur le sable gris où quelques insectes pourtant vifs tentent vainement de défendre leur territoire ; des armées de fourmis serpentent en colonnes autour de mes chaussures, les antennes en alerte, puis se tapissent sous les broussailles, attentives à mes pas de géante.

« Je pars seule avec un projet en tête : parcourir les routes de la soie, non pour découvrir les tissus précieux et les épices rares, mais pour apprendre la cuisine. Pas la cuisine gastronomique, le raffinement des plats ou leur savante présentation. Non. Ce que je veux apprendre, c'est la cuisine populaire, celle des marmites pour quinze personnes, celle qu'on fait mijoter durant des heures en papotant entre femmes, celle des fours en terre comme celle des plaques électriques. »

{p. 11-12}

AU PAYS DE L'OR NOIR

Des vestiges de l'invasion arabe subsistent dans le vieux Bakou, où l'islam, tempéré par les années de communisme, cohabite avec les autres religions. Conquis par les Perses zoroastriens, les Azéris alimentaient autrefois un feu éternel grâce au gaz naturel. De l'adoration du feu à celle du dollar, les derricks de la Caspienne ont repris le flambeau.

SUR LES ROUTES, LA CUISINE

Dans une échoppe, une paysanne prépare les poulets *levenghi*, à la farce aigre-douce. La cuisson au *tandyr*, le four en terre traditionnel, les rend craquants et savoureux. Fruit d'un climat varié, la cuisine azerbaïdjanaise s'enorgueillit de milliers de recettes, du *plov* inventé par Alexandre le Grand aux plats que découvrit Alexandre Dumas lors d'un voyage en 1859.

LA MAGIE DE L'ACCUEIL

Tissage des tapis ou confection de « cheveux d'ange » sucrés, les traditions perdurent dans le Caucase. Les femmes, qui cuisinent à même le sol, offrent à leurs convives un *plov* aux abricots ou au canard sauvage. Dans les villes azerbaïdjanaises, l'effervescence des rues sous le soleil hivernal tranche avec le calme des hameaux à la frontière du Daghestan russe.

AU SEIN DU « GRAND AZERBAÏDJAN »
En janvier, l'accueil chaleureux des familles me soulage du froid et de la solitude. Par-delà la frontière, dans l'Azerbaïdjan iranien où le voile est désormais de mise, je visite la forteresse de Babak, bandit débonnaire du VIIe siècle qui lutta contre l'islamisation de la Perse par les Arabes. Devenue un lieu de pèlerinage pour les irrédentistes azéris, elle est très surveillée.

POUVOIR ET RELIGION EN IRAN
L'imam Khomeini figure sur tous les murs. À Ardabil, des étudiantes prosélytes m'enseignent les fondements du chiisme en attendant le retour du douzième imam. Ahmadinejad use de la foi pour asseoir sa présidence et revendiquer le droit au nucléaire à chaque anniversaire de la révolution de 1979, qui déboulonna le Chah pour n'en garder que les bottes.

UN HÉRITAGE MÉDIÉVAL

Vues du dôme de Soltanieh, tombeau du khan mongol Öljeitü, les montagnes s'estompent dans le couchant ; ces vestiges perses dont la méthode de construction a été oubliée sont désormais entretenus avec soin. Le bruit des heurtoirs aux portes (ici, celui des hommes) informait les hôtes du sexe et du nombre des arrivants.

L'ART ISLAMIQUE DE YAZD ET D'ISPAHAN

Un fidèle se repose sur le toit de la mosquée du Vendredi tandis qu'à Ispahan, Narghiz interroge son avenir dans le Coran. Sous le porche de la mosquée de l'Imam, les *muqarna* aux décorations non figuratives se démultiplient sous les yeux émerveillés des pèlerins ; elles surplombent des prières calligraphiées en inaltérables émaux bleus et blancs.

DANS LA TOUFFEUR DU GOLFE PERSIQUE

À Bandar-e Abbas, seuls les hommes profitent de la plage ; les pêcheurs approvisionnent le marché où des poissonnières portent le *niqab*, un masque de cuir. Fati me guide au sommet d'une tour du silence, lieu zoroastrien d'exposition des morts. En ville, les *bagdir*, des conduits ouverts aux quatre vents, climatisent jusqu'aux alcôves des étudiants coraniques.

UNE FENÊTRE SUR LA MER
Accoudée à son balcon, une jeune femme bandari du village de Laft, sur l'île de Qechm, se laisse bercer par l'air marin. Elle rêve d'ailleurs, alors que j'appréhende au contraire de quitter les couleurs vives et la chaleur du Golfe en février. Quelques jours plus tard, je décollerai de Machhad pour aborder les confins de la Perse antique : le pays des Tadjiks.

UN SENTIMENT DE DÉROUTE

Au Tadjikistan, pays composé à 93 % de montagnes, le fragile équilibre du voyage en solitaire, qui repose sur le plaisir du partage et de la découverte, semble rompu. Malgré dix ans de paix, les traces de la guerre civile – vodka russe et impacts de balles dans les murs – pèsent sur le peuple et mon entrain. Je cherche à fuir la capitale, Douchanbé, sans succès.

Un jour pourtant, la solution prend forme : une route a été déneigée vers le Pamir, cette région autonome d'une altitude moyenne de 4 000 mètres où ne voyagent que de rares alpinistes à la saison estivale. À l'approche du printemps, en dépit des risques d'éboulement, les *marchrutka* traversent le Gorno-Badakhchan via la M21 et m'emportent vers Khorog.

LE WAKHAN, FRONTIÈRE NATURELLE

Marco Polo, passant par le « Vocan », a popularisé ces 350 kilomètres de vallée que jouxtent la Chine, le Pakistan, l'Afghanistan et le Tadjikistan, laissant son nom à des mouflons velus aux cornes convexes. En hiver, seuls les bouleaux, typiques du Pamir, ponctuent l'étendue neigeuse dominée par les sommets afghans de l'Hindu Kuch, à quelque 7000 mètres.

L'ÂPRETÉ DU PAMIR

Quand le Panj est à l'étiage, les soldats patrouillent pour limiter le trafic d'opium afghan. Animal d'altitude, le yack fournit le lait nécessaire à la fabrication du beurre et de la crème *(kaymak)* ainsi que le combustible *(kezak)*, rassemblé en tas. Les agriculteurs labourent ensemble les vallées, tandis que les enfants restent sous la garde de leurs aînés.

MURGAB, 3 900 MÈTRES D'ALTITUDE
Lénine, fraîchement repeint, veille encore sur les sols appauvris du plateau murgabi où broute un mouton karakul, dont la poche de graisse caudale, le *kurdiuk*, est un mets prisé. Mon hôtesse bat son tapis de feutre en vue du nouvel an persan, Navruz, malgré les nuages et la poussière qui cernent la bourgade de 4 000 habitants, emblématique du Pamir.

LE PRINTEMPS DU FERGHANA

J'arrive à Och, où les allées des bazars explosent de vie et de couleurs. Vêtues d'étoffes chamarrées, les vendeuses attirent les badauds avec pains blancs *(non)* et pâtisseries, pistaches, raisins *(kizmis)* et abricots secs *(uriuk)*, qui côtoient les têtes de bœuf sur les étals. J'y reprends des forces avant de poursuivre ma route dans la douce fraîcheur des montagnes.

LA SUISSE DE L'ASIE CENTRALE

À Jalalabad, les institutrices kirghizes préparent le *sumalak* avec les premières pousses de blé en herbe, tandis que les écoliers en uniforme profitent des vacances pour jouer aux *pogs*. De jeunes danseuses s'appliquent pour les festivités du printemps. Sous la bruine de Kyzyl Unkur, les noyers séculaires abritent des morilles, dont les Kirghizes sont friands.

UNE OASIS DES ROUTES DE LA SOIE

Avec son mausolée aux briques ouvragées, le minaret d'Uzgen est l'un des rares sites médiévaux d'Asie centrale. Étape florissante sous la Horde d'or, la ville a ensuite perdu de sa grandeur. Malgré de fortes tensions ethniques, elle est majoritairement peuplée d'Ouzbeks qui, réputés pour leur cuisine, cultivent un riz rouge avec lequel se prépare le meilleur *plov*.

DANS L'ATTENTE DES NOMADISATIONS

Apa, la « mère », règne sur sa famille depuis le décès de son mari. Elle écrème le lait bouilli après la traite du matin, effectuée par sa bru. Sur le plateau de Susamir encore vide de yourtes, l'essence se vend en bouteilles d'un litre. Le lac de Toktogul, limpide, reflète les monts Kirghizes ; j'y nage après avoir quitté Bazar Korgon, où des femmes écalent les noix.

КУПЛЮ
СОЛЯРКУ
СУУСАМЫР
АЙЫЛ ӨКМӨТҮ

SOVIÉTISME À LA KAZAKHE

Malgré l'indépendance acquise en 1991, l'influence russe persiste à Almaty, tant dans les tracasseries administratives que dans le gigantisme des monuments. Au terme d'une descente en radeau de l'Illi, sous le fort vent de mai, la pêche est miraculeuse : Berik a ferré un « amour blanc », qu'il croit en voie de disparition mais cède contre trois bouteilles de vodka.

POUR LE LAIT DES CHAMELLES

Les véritables nomades qui transhumaient sur les plateaux d'Asie centrale ont été sédentarisés de force au profit de l'*Homo sovieticus*, le travailleur collectif, depuis 1920. Récemment soumis au libéralisme économique, ils sont devenus métayers et vivent chichement du tiers de leur production laitière, avec laquelle ils agrémentent leur thé ou préparent des caramels.

INVITATION AU VOYAGE
Près de six mois après mon départ, je me sens lasse de mes vagabondages en solitaire. Pourtant, la veille de mon retour en France, une journée passée auprès des bergers kazakhs a le parfum de la liberté. Dans les hautes herbes de la steppe, je ressens à nouveau l'appel du voyage… La route est tracée ; le destin se charge de nous y conduire.

Deux étranges glaneurs, un homme et sa femme, sillonnent un champ pour n'en ramasser que les pierres. Le premier les jette dans un sac de jute, la seconde dans un panier d'osier retenu sur ses épaules. Ils assainissent leur terre des cailloux dégringolés pendant l'hiver. Leur maison est un peu plus haut, c'est la toute première du village de Yang. Ils avancent pesamment, déchargent leurs fardeaux dans la rivière, puis m'invitent à les suivre jusque dans leur maison, pièce sombre et poussiéreuse, sans fenêtre, où le puits de lumière du toit tranche l'obscurité. Il règne dans la salle une certaine pesanteur, un recueillement proche de celui d'une église : on y chuchote, de peur de briser l'atmosphère. Le rai de lumière vient couler sur le visage du grand-père, qui tient la minuscule Gulia dans ses bras. Elle a 5 mois aujourd'hui. Aussi maigre que la fillette de Jumabek, elle est plus joliment habillée : elle porte un collier serti d'un morceau d'ambre, et son front est protégé par un bandeau de tissu décoré au crochet sur lequel sont nouées quelques perles de pierre et de bois ainsi qu'une grosse amande. La jeune maman reste dans l'espace de la cuisine, sans un mot ; c'est sa place de femme. Dans le silence de la pièce, un *chirtchay* tiède et quelques œufs au plat font passer le temps. L'unique poule pond un jour sur deux ; pourtant, dans mon assiette, il y a quatre œufs. « Nous les réservons aux invités. » Lui a 32 ans ; il a eu une première épouse qui vit désormais à Douchanbé. Elle ne lui avait donné qu'un fils, mort à 3 mois. Ils se sont séparés.

Le sentier remonte sur la crête, contourne la cabane d'un sage soufi, redescend de l'autre côté, s'estompe dans un léger ravin de pierres lisses et de terre sablonneuse, puis repart à une cinquantaine de mètres au-dessus de la route. Il y a peu de maisons en dehors du poste de Yamchun, d'où les militaires surveillent le Panj. L'un d'eux, en faction sur le chemin de ronde du fortin, se penche et m'interpelle, les mains en porte-voix. Il veut savoir où je me rends. « À Vichkut ! Aux sources chaudes de Bibi Fatima ! » On s'entend à peine, il est trop loin. Un homme âgé, habitant la maison d'en dessous, intervient dans ce dialogue de sourds. « Mes fils s'y rendent, hurle-t-il, attends une minute, ils t'y accompagneront. » Le garde, au-dessus, ne bronche pas.

Les deux garçons arrivent en courant sur le chemin, l'un avec un bâton de marche, l'autre avec un baluchon. Deux autres nous rejoignent, qui marchent à vive allure et sifflotent à quelques mètres devant moi. Nous parvenons dans le creux d'un ravin. En surplomb, les ruines de Kala Yamchun contemplent le paysage. Cette forteresse, « château des sectateurs du Feu », aurait cinq mille ans. Est-ce possible ? *« Kto znaïet ? »* Qui peut le savoir ? Elle a toujours été là…

Un mince filet d'eau coule entre les larges pierres. Peu à peu, le ravin s'élargit en cirque. Alors que les enfants sautillent toujours plus vite, mon sac me pèse de plus en plus. Où donc se trouvent ces fichues sources chaudes ? Comme ils ne semblent pas se rendre compte de mes difficultés ni entendre mes suppliques pour ralentir l'allure, je finis par abandonner ma superbe déjà bien entamée et leur demande de porter mon sac. Pour eux, c'est un détail ; ils repartent avec le même entrain, comme si de rien n'était. Pour ma part, je n'avance pas franchement plus vite, mais dès le virage suivant, une petite maison apparaît, où le chemin s'achève. Nous y sommes déjà, c'est le sanatorium de Bibi Fatima.

Les garçons tambourinent longtemps sur la porte close. Deux jeunes filles viennent finalement se poster dans l'entrebâillement de la porte, chacune avec un tricot à la main, étonnées de la visite. Mon nom est inscrit avec application dans le registre des visiteurs avant qu'on ne me mène aux sources chaudes ; les garçons, restés dehors, disparaissent vers le prochain village. Derrière le bâtiment, un escalier en plein air descend jusqu'à une petite salle où je me change avant de descendre les dernières marches vers la source, une grotte que le soufre a bleuie : blanc, turquoise, noir. L'eau est brûlante. Elle coule en chute depuis la vasque supérieure, crée un léger courant sur les pierres plates, glissantes de mousses, et poursuit son cours vers la vallée. Mohinov et son amie me rejoignent, vêtues du seul chouchou qui retient leurs cheveux. Leur nudité découvre une peau très pâle malgré les mains et les visages hâlés. Je n'hésite pas à sortir savon, shampooing et linge sale, au mépris des convenances. Elles se récrient d'abord, la source est sainte, mais après un bref regard entendu, elles me laissent faire et se savonnent à leur tour, contentes de l'aubaine, avant de m'inviter à passer la nuit chez elles.

Avant le départ, elles s'hydratent le visage avec les échantillons de crème que je leur ai offerts, se noircissent les yeux, se rougissent les lèvres. Finalement, elles se mettent en route, l'allure tranquille, les bras chargés d'énormes sacs plastique débordant de fils de laine, d'habits et de cahiers. Si la journée a été grise, le vent du couchant a chassé la voûte de nuages et apporte une majesté rose et jaune aux triangles parfaits de l'Hindu Kuch. Elles pressent cependant le pas pour avoir le temps de se déhancher avant l'heure du repas : « À la maison, il y a un lecteur de cassettes audio », me disent-elles sur le ton de la confidence. Il est allumé à peine le premier pas posé dans la maison. Forte de mon expérience dans la vallée de Bartang, je m'élance, le buste droit, un pied à plat, l'autre en retrait, sur les pointes. Je sautille en rythme, épaules haussées, bras tendus en gestes lents, sans oublier le mouvement des mains qui tournent et retournent. Munissa, la cadette de Mohinav, est experte en tressautements d'épaule, rapides saccades qui captent les regards. Nous dansons sous le regard amusé de leur mère. Tandis que cette dernière prépare des macaronis, ses filles m'expliquent leur technique de maquillage. Elles n'ont pas les moyens d'acheter les khôls qui se vendent sur les bazars, coûteux quoique de piètre qualité, aussi concoctent-elles leurs propres produits à base d'herbes. Le *dasma* est une décoction d'herbes concassées lorsqu'elles sont sèches ; l'*usma* est le jus de ces mêmes herbes, écrasées encore fraîches. C'est ce dernier qu'elles ont préparé dans une coupelle en céramique. À l'aide d'un bâtonnet, elles étalent le jus noirâtre sur et entre leurs sourcils, attendent plusieurs minutes puis se nettoient le visage. Un épais trait de couleur vert vif leur barre le front : « Demain, il sera devenu noir ! » s'extasient-elles. En Asie centrale, l'épaisseur et la noirceur des sourcils sont un critère de beauté. Ainsi, lors de mon voyage en Ouzbékistan, mon amie avait apporté une photo de sa famille. Son frère, dont les yeux sont surmontés de splendides broussailles charbonneuses, suscitait une admiration sans bornes.

Au-dessus du village de Ptup, une falaise oblige à redescendre vers les habitations. Dégringolant les pierriers, je rattrape un vieillard tirant son âne. Il l'a chargé de fourrage pour ses vaches. Inévitablement, il m'invite à boire un thé qui se transforme en repas. Sa maison, qui comprend mobilier de bois et décorations, est plus riche qu'à l'accoutumée. Sur le pilier d'Ali, il a accroché, sans modestie aucune, un grand portrait de lui-même vêtu en mollah, tunique et turban blancs, posant devant une fausse cascade et un décor de fleurs en plastique. Le portrait d'Ali a été relégué sur le mur du fond, à côté d'un cadre représentant Lénine sur fond rouge au-dessus d'une faucille et d'un marteau dorés. La contradiction entre religion musulmane et athéisme communiste ne lui pose aucun souci : « Lénine, comme Ali, était un grand homme ; il convient de les honorer à leur juste valeur. » Lui-même a été secrétaire du Parti pour le village quand les Soviétiques contrôlaient la région. À leur départ, il s'est reconverti en chef religieux. Âgé de 66 ans, il a su conserver sa place au chaud malgré la guerre et les changements de régime : il possède du bétail, plusieurs chevaux, une moto Oural et une *marchrutka* qu'il sous-loue à un chauffeur pour faire la route de Kuliab à Douchanbé. Respectueusement appelé Aidar Khan par les autres, c'est aujourd'hui le califat de Ptup. Tout de même, il se plaint de la dureté des temps, des conditions de vie difficiles. Il est malaisé d'échapper à sa laborieuse conversation alors que je voudrais poursuivre ma marche. Quand je crois m'extraire de cet accueil trop pressant, je tombe par hasard sur Jumabek qui conspire avec lui pour me faire rester. Il a un argument de poids : cette nuit, un plat spécial va être cuisiné jusqu'au petit jour. À un mois de sa disparition, on commémore le décès d'une jeune femme. J'hésite, tentée mais gênée. Jumabek insiste : ces gens étant de sa famille, j'y serai la bienvenue.

Dans la maison concernée, les hommes aiguisent déjà un large couteau appelé *khingar*. Un agneau est amené à l'intérieur. Il bêle tendrement, avec toute la bêtise de la victime qui tend le cou à son bourreau. Devant le *tandyr*, four en terre construit sous le parquet, une plaque de fer, qui ouvre sur une petite cave, est retirée. Un homme y descend, la dégage du bois qui y est entassé et installe une bassine en fer-blanc. L'agneau, comprenant son sort au dernier instant, lâche en silence un chapelet de crottes rondes qui roulent à travers la salle. Le couteau lui a tranché la gorge silencieusement. Je retiens ma nausée et me force à respirer profondément devant le spectacle de la mort rouge et rapide, écœurée par les flots poisseux qui s'écoulent dans la bassine.

Très vite, la bête est allongée sur le côté pour être dépecée. L'homme découpe la peau depuis les pattes arrière puis, habilement, l'écarte du corps en brefs à-coups, comme si elle ne tenait que par des bandes velcro. Il glisse sa main dessous, depuis le croupion jusqu'au cou, laissant apparaître le petit corps nu sous son manteau de laine. Il taille ensuite, à la pointe de son couteau, les articulations des quatre pattes et de la tête. La viande est accrochée par les tendons à un crochet au-dessus de l'entrée ; une écuelle propre est posée en dessous. Il sectionne alors la carcasse entre les côtes pour en sortir les viscères. Ceux-ci tombent doucement, en gros ballons verdâtres, gonflés d'herbe en cours de digestion. La viande est débitée tout aussi précisément que la peau et s'accumule peu à peu sur un sac de jute : d'abord les cuisses antérieures, puis le cou, les côtes et la carcasse. Sous son couteau habile, il ne reste bientôt plus que les cuisses postérieures qu'il suffit de détacher du crochet pour les déposer avec le reste.

Entre le moment où le mouton a été amené et celui où chaque partie de son corps est rangée en petits tas ordonnés, l'opération n'a pas duré plus de trente minutes. Déjà, Mavjigul, 22 ans, nettoie crottins et éclats de sang et emporte la bassine de viscères à l'extérieur pour les nettoyer avec les autres femmes. Accroupies au bord de la rivière, elles pressent les intestins pour en faire glisser la pâte verdâtre dont ils sont remplis. Un peu d'eau entre par une extrémité, on la fait passer jusqu'à l'autre bout pour nettoyer l'intérieur. Ils sont ensuite débités en lassos de corde naturelle, fermés par un nœud d'un côté et enfilés sur le doigt pour faire passer l'intérieur à l'extérieur. Ainsi retournés, ils sont encore rincés plusieurs fois et mis de côté. Les différents estomacs, une fois évidés, ont également droit à un traitement intensif : leur paroi interne est grattée avec application puis rincée. Les viscères sont rapportés à l'intérieur pour servir à la préparation des *nevitchok* : les petits rectangles d'estomac sont enroulés dans les ficelles d'intestins, noués fermement et amassés au fond d'un seau. Deux chiens se pourlèchent les babines à la vue des morceaux qui leur sont abandonnés.

Pendant ce temps, les hommes débitent la viande, en terminant par le cœur et les reins. Chacun vaque à ses occupations en fonction de son sexe. Les rôles sont clairement définis : les hommes s'occupent de la viande et du sang, les femmes du nettoyage. Leur tâche accomplie, les premiers s'en vont. Je reste pour éplucher et couper en lamelles 2 kilos de carottes. Loin de ressembler à nos trop belles carottes poussées en serre, celles-ci, outre la terre qui est accrochée dans leurs racines, sont jaunes, épaisses et pleines d'excroissances ; le couteau peine à en faire le tour. D'autres femmes s'attaquent aux prunes séchées, poussiéreuses, qu'elles dénoyautent avant de les rincer à l'eau claire.

L'une d'entre elles souffre d'une rage de dents. En l'absence de médicaments, elle frotte du gros sel contre sa dent abîmée pour calmer la douleur. Beaucoup d'autres sont malades. Elles toussent au-dessus des plats, reniflent. Il est impoli de se moucher, aussi se frottent-elles parfois le nez contre leur manche ou soufflent du nez, un doigt pressé de chaque côté, avant de se remettre à la cuisine. Un chat à moitié pelé rôde autour du seau de viande, une proie de choix. S'il est repéré à y donner un coup de dents, l'une des femmes le lui arrache pour remettre le morceau tel quel dans le seau. Elle lui assène ensuite un coup de balai pour s'en débarrasser et toutes l'oublient avant qu'il ne recommence. L'hygiène est secondaire : il faut manger ce qu'il y a, partager sa cuillère avec les enfants morveux et ne pas faire de manières. Quand j'accompagne une femme dans les buissons derrière la maison, elle soulève à peine le bas de sa jupe pour pisser debout puis repart, sans s'essuyer ni se rincer. Dans la maison, les hommes crachent au sol comme s'ils étaient dehors, sauf qu'ici, tout le monde est en chaussettes. Leur dénuement est trop pesant pour qu'ils se préoccupent d'hygiène. L'adage est connu et se vérifie : pour savourer un plat, il ne faut pas avoir vu les cuisines.

En attendant la nuit, moment où la cuisson commencera, le grand-père me parle de sa fille, morte de la tuberculose il y a un mois jour pour jour, le 28 février. La cérémonie est censée libérer son âme après un mois d'errance sur terre. Autour de lui, les femmes pleurent doucement. Les mains de la grand-mère sont accrochées aux miennes, et me transmettent son émotion. Mes hôtes ont eu un fils et cinq filles. Celle-ci était la deuxième de la fratrie ; elle avait eu un premier enfant, mort à quelques mois, et laisse une fillette de 2 ans.

Au coucher du soleil, les pattes et la tête de l'agneau sont passées dans l'âtre brûlant afin d'en griller les poils. On dit que les morts aiment l'odeur de la fumée et celle de la friture, que ce feu-là purifie l'atmosphère. Vers 8 heures, je m'allonge pour me reposer avant la veillée. Il n'y a presque plus de lumière. Un chant s'élève sur ce rythme lancinant, typique du Pamir : trois notes qui se répètent à l'infini. Une voix rauque scande la mélopée en un phrasé rude, saccadé. Une autre, plus douce et grave, la poursuit en un écho profond, sur une note unique, continue. Toutefois, lorsque l'électricité s'enclenche, les chants s'arrêtent pour laisser place à la télévision.

Vers minuit, je me réveille en sursaut dans un nuage de fumée qui prend à la gorge et pique les yeux. La cuisson va commencer : l'énorme *tandyr* est alimenté par un mélange de bruyères, d'essence, de charbon et de bouses. Dehors, des tas de bois ont été entassés pour entretenir le feu pendant toute la nuit. La lucarne du toit est dégagée et les portes grandes ouvertes pour évacuer la fumée. Un gigantesque *kazan* rond de plus de 2 mètres de diamètre est calé par-dessus le *tandyr*, juste au-dessus des flammes. Son fond est huilé et les morceaux de viande y sont déposés. Une fois qu'ils sont grillés, prunes et carottes sont ajoutées, ainsi que près de 60 litres d'eau et les *nevitchkok*, la tête et enfin les pattes de l'agneau.

À côté du feu, les femmes s'activent alors à presser deux bassines où trempent depuis le début de l'après-midi 15 kilos de blé concassé, soit l'équivalent du poids de l'agneau. Il s'agit d'attraper des boulettes de grains, de les presser entre ses mains pour en extraire un maximum d'amidon blanchâtre avant de les jeter dans la marmite. Là, un homme les remue doucement, jambes écartées devant le bord du plat, bras tendus sur un large bâton écorcé pour l'occasion. Malgré les portes ouvertes, la fumée s'échappe de sous la marmite et stagne dans la pièce. Imperturbable, l'homme brasse les aliments sans répit, aux premières loges de la suffocation. De temps à autre, quelqu'un se lève pour aller chercher du bois afin de maintenir le *tandyr* à la température la plus élevée possible.

Vers 1 heure et demie du matin, trois grosses poignées de sel sont ajoutées à la cuisson. Il faut ensuite regarder ensemble une vidéo de la vie de Sacha, le seul garçon de la fratrie, tournée à Iekaterinbourg où il travaillait six mois par an avec sa sœur défunte. L'image, en noir et blanc, est d'extrêmement mauvaise qualité. Filmée à la main, elle bouge sans cesse jusqu'à graver une sourde migraine entre mes tempes. Sacha, entre 20 et 30 ans, a quelque chose d'étrange. Un œil bleu vif, l'autre aveugle, il a le regard fier, presque méprisant, et le verbe cynique. Il explique la perte de son œil par « la mafia russe », sans plus de détail. Parimo, une grande et belle brune aux traits fins, l'air fatigué mais arrogant, m'a dit être sa femme. Pourtant, Sacha apparaît en compagnie d'une Russe tellement obèse qu'elle peut à peine marcher, les jambes alourdies de graisse. Parimo n'est que la seconde femme. Elle vit ici toute l'année, où Sacha la rejoint six mois par an. Être la seconde ne lui pose aucun problème car elle n'a que mépris pour l'autre, la Russe. Elle sait bien qu'elle est l'unique mariage d'amour. L'autre n'a qu'un aspect utilitaire, pour les papiers sans doute et pour garder la maison en Russie quand Sacha est ici avec elle. Tout de même, elle ne peut contenir une remarque assassine, dans un rire bruyant, les yeux pleins de haine : « Regarde, elle ne peut même pas sourire, parce qu'en plus d'être grosse, elle a perdu ses dents ! »

La nuit s'écoule. Les conversations s'éteignent, les déplacements se font rares. Je m'allonge pour somnoler du côté des femmes et, vers 5 heures, l'animation reprend. À pas furtifs, les femmes rangent les matelas, balaient les tapis et installent des coussins tout autour de la pièce. J'essaie de prolonger mon repos, mais il faut libérer la place : les invités vont arriver, le plat est prêt. C'est désormais une épaisse soupe brune, appelée *dalda* en tadjik ou *boj* en dialecte wakhi. Une femme âgée venue aider pendant la nuit s'est assise sur l'espace cuisine, à côté de l'immense plat. Elle sort son petit pot de *nôs*, du tabac à priser, verse un tas de poudre gris clair au creux de sa main et le sniffe d'un coup sec. « C'est bon pour les maux de tête », m'explique-t-elle en s'en préparant un autre.

Une demi-heure plus tard, le plat est sorti du feu et mis de côté sur un cercle de fer. À sa place, on installe une casserole à peine plus petite, remplie d'eau, pour le thé, et les premiers arrivants s'installent. Aidar Khan, le grand-père qui m'a accueillie la veille, arrive sans façons, sûr du respect qui lui revient. Il vient en sa qualité de califat. Assis à la place d'honneur, au bout de la pièce, c'est lui qui va bénir le repas. Un enfant lui porte la peau de l'agneau, joliment repliée sur un plat tandis qu'il discute avec les quelques vieillards qui l'ont accompagné. La pièce s'emplit de monde dans un brouhaha étouffé. Nous sommes plus d'une centaine, serrés les uns contre les autres, lorsque les écuelles sont distribuées dans la faible lueur de l'aube. Il est 6 heures du matin, l'électricité est coupée. On passe les plats de groupe en groupe. Beaucoup ont apporté leur propre cuillère et se partagent un bol. L'immense marmite se vide rapidement, les bols aussi. Aidar Khan a eu droit à la tête de l'agneau, la partie la plus noble de la bête. Je me dépêche d'engloutir ma part, où baignent un petit morceau d'estomac et une longue nouille d'intestin, avant l'*umin.*

Comme à Ardabil, en Iran, de tout ce qui a été préparé, rien ne doit rester dans la famille. À 7 heures et demie, tout est fini. Les convives sont partis, le surplus distribué aux voisins, les innombrables plats, assiettes et cuillères nettoyés. Le calme revient dans la maison.

La journée s'annonce pleine de morne ennui. Le couvercle de nuages est revenu écraser l'atmosphère et s'ajoute à la fatigue d'une nuit blanche pour assombrir encore la scène. Les champs sont secs, pleins de pierres, et les plantes trop rares pour égayer le paysage. La maison, les gens, les rues, les animaux, tout est sale, pris dans la poussière. Je voudrais partir mais le prochain village est loin, et je n'ai plus le courage de marcher. Dans la rue principale, pas une voiture. Jumabek, qui m'a promis de revenir pour m'emmener, n'apparaît pas. Parimo m'observe depuis un moment. Les yeux moqueurs, elle me lance : « Alors, tu trouves ça moins exotique, hein, maintenant que tu es coincée ! » La veille, alors qu'elle se plaignait de sa vie, j'avais tenté poliment de la réconforter. De toute évidence, mes efforts n'ont pas eu l'effet escompté. Elle semble vouloir accroître ma mélancolie et m'emmène dans les coins les plus sordides, étalant son malheur de façon presque obscène : « Regarde combien nous sommes pauvres et malheureux ! »

Sur la piste défoncée qui traverse la vallée, quelques hommes semblent attendre la venue d'une *marchrutka*, assis depuis des heures à croupetons, posture typique de l'Asie centrale. Ils fument une cigarette, jettent parfois un caillou contre les chiens. Une femme âgée, la folle du village, traîne son grand corps sans esprit d'un côté et de l'autre. Parfois, un villageois lui tend un petit sachet de graines de tournesol ou un quignon de pain à grignoter. À ma vue, ses yeux s'éclairent. Aidar Khan passe par là, qui décide de m'emmener visiter le sanctuaire d'un sage soufi. Ibex, béliers, taureaux : les cornes sont plantées en haut du mur d'enceinte. Posté à l'entrée, un oiseau de proie nous surveille, laissant échapper un cri lugubre. À l'intérieur, il règne une atmosphère étrange. Lumière blanche et sèche. Les plantes ont poussé en tout sens, prenant des formes tordues, menaçantes. Au centre, la cabane du sage est prise entre les racines des arbres.

De retour dans la rue, Aidar Khan rentre chez lui. Aujourd'hui, j'aimerais qu'il m'invite à le suivre mais il n'en fait rien. Tout le monde m'observe. Les regards apparaissent furtivement derrière les portes et quand j'achète des raisins secs pour mes hôtes, une dépense de 4,5 somonis, j'entends les femmes derrière moi commenter l'achat. L'inactivité forcée de ce village de plomb m'excède.

Finalement, une voiture arrive. Il reste une place ; un jeune homme habite Namadgut, ma prochaine destination. Son père est un ami d'Aidar Khan ; il promet de m'aider à trouver un hébergement. Avant de me laisser partir, Aidar Khan me serre chaleureusement les mains et me demande très sérieusement de saluer Jaques Chirac de sa part. Je ne rentre pas avant les élections présidentielles toutes proches, mais cela ne semble pas lui importer plus que cela ; « Jacques Chirac est un très bon président », m'explique-t-il, miséricordieux. La preuve, c'est qu'il a accueilli l'an dernier une dizaine d'artistes pamiri à l'Élysée et leur a remis des médailles du mérite et d'autres décorations. Après tout, Jacques Chirac n'est que le califat de mon pays, comme Aidar Khan, qui est celui du village. Il est donc son égal, en quelque sorte son partenaire. Je lui assure, refrénant un sourire, que je ne manquerai pas de le saluer, « dès que possible ».

Chapitre 16
DÉLUGE À NAMADGUT

Où l'on boit le bouillon.

LE TERRAIN EST grand. D'abord, la maison d'été, où un *rocking-chair* incliné derrière la véranda attend que les premiers rayons de l'été lui amènent un lecteur : c'est la bibliothèque. Elle surplombe un jardin potager bordé de framboisiers, que contourne le sentier qui dessert la cahute des toilettes. Plus bas, une cabane en dur, où je dormirai au soir, et enfin la maison d'hiver, avec ses murs épais, sobre mais bien arrangée. Chogun, le jeune homme du taxi, habite ici chez ses parents, avec sa femme et leur nourrisson. Il y fait chaud. Pour une fois, il s'agit d'intellectuels qui ne se contentent pas de s'enquérir de ma nationalité, de mon âge et de ma situation maritale. Ils commencent par me demander mon prénom, chose rare, puis me font asseoir à côté du feu. Le père parle calmement, n'hésite pas à m'expliquer un geste ou à détailler l'histoire de la région. « Depuis toujours, la vallée est un couloir d'invasion entre l'Europe et l'Asie. Les Chinois furent les premiers attaquants, en 519. Plus tard, Grecs et Arabes ont tenté d'en prendre le contrôle. Face à ces derniers, les combats durèrent soixante-dix ans. » À l'époque, on dit que les Wakhi étaient si grands, nourris qu'ils étaient du produit de leurs chasses et de leurs troupeaux, qu'ils pouvaient traverser le Panj en une seule enjambée. Si la vallée est aujourd'hui pleine des ruines de forteresses antiques, c'est justement parce que, habitués aux invasions, les Wakhi avaient installé un système d'alerte par fortins. Sitôt l'envahisseur repéré, un feu était allumé de place en place. La vallée, ainsi prévenue, se préparait à la bataille et fondait pendant la nuit sur l'envahisseur, massacrant ses troupes avant l'aube.

Pendant que son beau-père me parle, la femme de Chogun prépare du *daila*, du blé concassé sur une pierre creuse. « Les véritables plats traditionnels sont uniquement constitués de farine d'orge ou de blé, d'eau, d'abricots et de produits laitiers. À l'échelle de notre histoire, pommes de terre, carottes et sucre sont des nouveautés soviétiques, continue mon hôte. Auparavant, le seul moyen d'enrichir un plat était d'y ajouter quelques herbes cueillies dans la montagne. Avec la farine, on faisait diverses sortes de pain. Le *kamotch* était un gros pain cuit sous la cendre que les femmes préparaient avant d'aller au travail, les *pitok* des petits pains ronds au beurre, et les *takh trob* un genre de baguette. Aujourd'hui, le *non*, pain blanc cuit au four électrique ou au *tandyr*, est le seul qui soit encore fabriqué. » Ce soir-là, mes hôtes m'obligent à prendre du repos en dormant dans la cabane à part. Une longue nuit de sommeil me soulage de la misère de Ptup, le lieu du sacrifice de l'agneau.

Une pluie fine tombe dès 7 heures du matin. Lorsque je me réveille pour de bon, elle s'épaissit en grosses gouttes et rend toute sortie par trop désagréable. La mère de Chogun est professeur à l'école du village, et sa femme aussi. Son père m'emmène voir l'établissement et assister à la distribution des goûters. De 6 à 15 ans, les écoliers reçoivent chaque matin un pack de lait à la fraise ou au chocolat, don de la Fondation Aga Khan. Karim Aga Khan IV, quarante-neuvième imam des chiites ismaéliens, est un Dieu vivant dans le Pamir. Homme d'affaires et philanthrope installé à Genève, « si riche qu'il possède un quart de la France », il alimente la région via sa Fondation depuis le début de la guerre civile, en 1992, et finance désormais des projets de développement. Chacune de ses venues est accueillie par des danses et des plats traditionnels concoctés par ses fidèles ; nombre de photos en témoignent.

Je suis présentée à Odinamamad, le directeur affable du musée historique et anthropologique. Plutôt rond, le sourire aux lèvres, il se propose de m'emmener le visiter après la distribution. Sac au dos, je saute dans son tout-terrain pour échapper à la pluie.

Nous dérapons dans les ornières d'un chemin crevé de flaques. De grosses gouttes s'écrasent sur le capot. Odinamamad ouvre la grille puis la porte du fameux musée, mais au lieu d'entrer dans une maison bien isolée, nous arrivons pour constater la catastrophe. Les finitions de l'édifice, construit par tous les villageois, ont sans doute été bâclées, car du toit de pisé aux belles poutres portantes, des murs décorés aux œuvres exposées, tout dégouline d'une eau terreuse. Après avoir mouillé les livres anciens et les panneaux explicatifs, elle est restée prisonnière du sol en linoléum, provoquant une inondation générale. Odinamamad prétend d'abord me faire faire la visite, comme si de rien n'était, m'indiquant tel ou tel ustensile de cuisine, tel coran de plusieurs siècles ; il me fait même signer le livre d'or. Mais au moment de partir, il renonce à son stoïcisme et nous tentons de sauver ce qui peut encore l'être. Jarres et écuelles sont placées sous les fuites les plus importantes, tandis que les documents sont rangés dans la salle annexe, reconstitution pittoresque d'une maison traditionnelle, à peine mieux isolée. Les costumes, chaussettes et capes de laine sont jetés au sol pour l'éponger, un seau accumulant les allers-retours entre les salles et la sortie.

De retour chez lui, Odinamamad raconte la mésaventure avec humour ; toute sa famille pleure de rire en s'imaginant les antiquités servant de baignoires. Pourtant, le problème est plus grave qu'il n'y paraît. Tous les objets qui sont exposés, y compris les photos anciennes et les livres, appartiennent aux villageois. Quand la pluie s'arrêtera, si seulement elle s'arrête, il faudra tout refaire. D'ailleurs, dans la maison aussi, l'eau commence à ruisseler. Depuis l'ouverture du toit, les gouttes grésillent puis s'évaporent sur le poêle, avant d'être suffisamment nombreuses pour créer une petite mare d'eau bouillante. D'autres gouttes commencent à s'insinuer en divers endroits de la salle commune. Nous avons beau essayer de nous passer les bols, les assiettes et les casseroles pour les recueillir, tout le monde est dépassé : il pleut rarement ici, et les maisons ne sont pas conçues pour résister à de telles intempéries. Odinamamad tient un conseil de famille avec ses deux fils, leurs femmes et ses petits-enfants pour réfléchir à de nouveaux moyens d'isolation : une couverture de macadam ou même un toit, plutôt que cette terrasse de torchis perméable. Ensuite, pour se mettre du baume au cœur, il attrape sa vieille guitare traditionnelle, un *kumri*, dont il rejoue pour la première fois depuis longtemps. Quand Ahmed, son fils cadet, s'essaie à danser gauchement, il déclenche un fou rire général, Odinamamad compris. Puis la musique s'arrête, les matelas sont installés là où la pluie ne tombe pas, et les sept petits couchés dans des habits épais, car le poêle s'éteindra vite ce soir. Quant à moi, on veut m'octroyer un traitement de faveur en m'installant seule derrière la cuisine, dans une salle annexe, exiguë, où les gouttes tombent en maints endroits. Odinamamad tente d'y allumer la lumière : un arc électrique sort de l'interrupteur. Je m'installe aussi confortablement que possible, c'est-à-dire loin de la plus grosse flaque. Cependant, les fils électriques qui pendent contre le mur grésillent régulièrement, produisant de petits éclairs. À côté de ma tête, les rats s'amusent, sautillent, grignotent je ne sais quoi et déguerpissent, tandis que l'eau s'étend en une flaque qui gagne toute la pièce et imbibe peu à peu mon matelas…

Dans la grande salle, le spectacle n'est pas beaucoup plus rassurant, car la toiture, qui a tenu toute la journée, menace de lâcher. Le plafond, gonflé d'eau, laisse percer de plus en plus de gouttes qui ruissellent autour de nous. Le coin bibliothèque, particulièrement précieux, est couvert de bâches en plastique. Ces livres ont une valeur historique. À l'époque soviétique, tout ce qui traitait de religion était prohibé. Les mosquées étaient transformées en musées du communisme, lieux athées par excellence, et les imams appelés à renoncer à leur foi. L'islam d'Asie centrale s'en est trouvé modéré, mâtiné de chamanisme, de survivances zoroastriennes et de soufisme. Cependant, depuis l'intervention américaine de 2001 en Afghanistan, nombre de talibans ont fui aux frontières, notamment par le Wakhan, vers la vallée du Ferghana. Leur islamisme radical y a rencontré les foyers wahhabites qui avaient survécu de façon souterraine aux Soviétiques. On peut désormais voir des femmes en *burqa* complète, le visage derrière un voile noir, marcher dans les rues d'Andijan ou de Ferghana.

Odinamamad me raconte qu'à l'époque les agents du NKVD, aidés par les nombreuses délations, entraient par surprise dans les maisons. Ils surgissaient pendant que leurs comparses bloquaient les portes arrière, puis fouillaient méthodiquement chaque recoin. Tout détenteur de livres bouddhistes, zoroastriens ou musulmans était envoyé aux *lager*, ces camps de détention où son propre père est mort. Quant aux livres, ils étaient jetés dans le Panj ou brûlés en véritables autodafés.

Au petit matin, Musso, le fils aîné, se réveille trempé : il ne s'est pas rendu compte qu'il avait la tête sous une fuite. Les autres ont plutôt bien dormi, excepté Odinamamad qui a passé la nuit à faire des allées et venues dans la maison pour vérifier que les murs tenaient bon ou mettre les vivres à l'abri, car l'arrière-cuisine a été complètement inondée. La pluie s'est transformée en une neige humide qui réfrigère le paysage. Le blizzard souffle toujours, doucement mais insidieusement, en fins courants d'air glacés.

Un nouveau passage au musée permet de mesurer l'ampleur des dégâts. Dehors, les murs s'effritent et les statues des lions qui gardaient l'entrée ont perdu de leur superbe : bouche tordue, crinière disparue, leurs corps ravinés par la pluie sont devenus informes, légèrement blanchis par les flocons. Le musée baigne dans un demi-centimètre d'eau tandis que le toit continue de goutter. Les poutres ont gonflé et mis à mal les parois des murs porteurs et du plafond. Nous repérons de nouveaux endroits à l'abri pour y déposer quelques livres détrempés. Odinamamad évalue les réparations à effectuer ; il espère obtenir l'aide de quatre ou cinq gaillards. Il faudra attendre le retour du soleil.

Quand nous revenons chez lui, le bain dominical a commencé. Une bassine d'eau de pluie chauffe sur le poêle. À côté, les petits sont savonnés de pied en cap, glissant dans la mousse, jouant avec leurs habits lavés en même temps qu'eux. Les plus âgés reportent leur bain à plus tard, pour quand il fera beau. L'un des garçons s'enfuit en courant. Depuis mon arrivée, il fanfaronne de loin, mais s'échappe et se cache dès que j'approche. Voyant son manège, son père sourit soudain : « Ça y est, j'ai compris ! Il t'a confondue avec le docteur, qui lui a annoncé son retour pour lui faire une piqûre. »

L'après-midi, les femmes rangent le repas tandis que les hommes partent s'asseoir devant la télé. Le téléphone ne marche plus car la redevance n'a pas été payée à temps, mais personne n'aurait oublié celle des chaînes câblées ; MTV et autres diffusent de la pop russe avec force corps dénudés et déhanchés suggestifs, suivis du coin de l'œil par les femmes qui emmaillotent leurs derniers-nés, deux garçons. Elles leur maintiennent les jambes légèrement écartées à l'aide de bandes de tissu et enduisent leur pénis d'une pâte huileuse avant de le coincer dans une pipette en bois. Les deux bébés sont ensuite enroulés dans divers draps et couvertures, les bras repliés à l'intérieur. À la fin, il ne reste plus que le visage, les fesses et la pipette à l'air libre. Les mères déposent ensuite chacun de ces cocons de tissu bien chaud dans un berceau percé en son centre, sous lequel est placé un bocal. Le système est ingénieux, car les couches étant trop coûteuses, il évite aussi le nettoyage de langes. Elles nouent enfin deux larges bandes de laine autour du berceau pour s'assurer que l'enfant ne tombera pas, puis le couvrent d'un drap pour lui fait croire à la nuit.

Vers 5 heures de l'après-midi, neige et blizzard ont finalement cessé. Dehors, un premier rayon de soleil apparaît ; les vêtements mis à sécher sont raides de glace et de neige. D'après Odinamamad, il n'y avait pas eu de telles précipitations depuis 1970. Le paysage, entièrement blanc, scintille. On sort les vaches ; les garçons vont déblayer le toit. Dehors, tout le village agit de même, dans une lumière crue qui détache toute chose comme une renaissance imprévue : les visages expriment l'émerveillement et le soulagement ; les cris des oiseaux se font à nouveau entendre. Au loin, dans les vagues blanches des collines et des monts, on ne s'étonnerait pas de voir Noé ramener sur terre chaque couple d'animaux.

Je laisse à mes hôtes le peu d'argent liquide qu'il me reste pour la reconstruction du musée, puis Musso me dépose, avec quelques autres villageois, à Ichkachim, dans le terrain vague enneigé et boueux qui fait office de gare routière. Une *marchrutka* doit se rendre à Khorog, à laquelle il manque encore cinq passagers. J'y laisse mon sac pour réserver ma place et part téléphoner à Marielle : j'aurais dû être de retour la veille.

Cependant, le centre téléphonique n'a pas un fonctionnement des plus commodes. Chacun y fait la queue à sa façon, doublant les autres dès que possible. Une fois son tour arrivé, il faut inscrire sur un vieux morceau de papier son numéro et la province dans laquelle il se trouve, puis attendre le bon vouloir de l'opératrice qui, si ce n'est pas le moment où elle a envie de boire un thé, se retourne vers son immense tableau de bord, connecte un fil, y branche l'un de ses vieux téléphones en plastique et le tend au client. Si la connexion ne s'établit pas, ce dernier est prié de s'écarter pour laisser place au suivant : elle sera réessayée plus tard.

Une heure plus tard, je retrouve ma *marchrutka* bondée comme jamais. Dix-huit personnes tiennent à l'arrière, deux autres sont devant en sus du chauffeur. Le véhicule s'extrait lourdement du terminal, avance de 50 mètres dans la rue principale puis se gare. « Je reviens dans une demi-heure », annonce son chauffeur avant de s'éclipser. Malgré la bonne humeur générale, beaucoup de passagers sont furieux. Il y a là un étudiant et plusieurs travailleurs, pressés d'arriver après les retards causés par le déluge. Après une heure d'attente, le chauffeur n'est toujours pas revenu. Perdant patience, j'attrape mon sac et me mets en route, pensant trouver une voiture qui me prendra en stop. Les autres passagers se récrient, croyant que je m'apprête à parcourir à pied les 100 kilomètres qui nous séparent de Khorog. Un camion militaire surgit à point nommé. La cabine avant dispose d'un siège à côté du conducteur et de trois autres juste derrière, mais tous sont occupés. Je propose de monter à l'arrière, mais ce qu'il y a sous la bâche du camion est « top secret ». J'ai tout de même le droit d'y jeter mon sac, ce que je regretterai amèrement puisque je le retrouverai enduit d'une mélasse de pétrole et de crasse boueuse. D'autres passagers se serrent néanmoins à six à l'arrière et j'atterris à l'avant, entre le chauffeur et le commandant, assise sur le capot du moteur : chaleur étouffante dans les jambes, tête tordue pour ne pas toucher le toit, en équilibre instable. Quelques kilomètres avant l'arrivée, les militaires nous ponctionnent tout de même le tarif du trajet et s'achètent des bouteilles de vodka avec leur butin. Ils ne nous avaient pas prévenus que leur gentillesse serait payante, mais apparemment la chose est normale ; ici, les soldats sont mal nourris et ne gagnent que 20 à 25 somonis par mois, soit 4 à 5 euros.

Je retrouve Marielle, épuisée : les derniers jours ont été difficiles. Pendant le déluge, un malheur a eu lieu. Tout le monde sait que la route qui sépare Khorog de Douchanbé est dangereuse en cas de pluie, et les voitures ne font jamais le trajet dans ces conditions. Pourtant, l'un de ses collègues de travail a été obligé de partir avec sa femme et leur enfant. Un rendez-vous immanquable le lundi matin à Douchanbé devait leur permettre d'obtenir une bourse qui les aiderait à vivre là-bas. Le samedi, voyant la pluie, ils avaient renoncé, mais le dimanche, acculés au départ, ils avaient finalement trouvé une *marchrutka* prête à partir. À quelques kilomètres à peine du départ, la route a été obstruée par des chutes de pierres ; tous les passagers sont sortis en courant pour ne pas périr dans le véhicule. Au moment de sortir, l'homme est parti dans une direction, la femme dans une autre, son enfant dans les bras. Quand les pierres ont cessé de tomber, elle a voulu retrouver son mari ; les autres lui ont dit qu'il était déjà retourné à Khorog. Ce n'est que le lendemain, ce matin même, qu'elle a appris qu'il avait été enseveli par l'éboulement. Les hommes l'ont enterré sans la prévenir, pour lui éviter la vue du cadavre. Elle reste seule avec son enfant, veuve, sans bourse ni travail.

La route de Garm, que je pensais emprunter pour quitter le pays au nord de Douchanbé, est interdite aux étrangers depuis trois ans. Il paraît qu'elle rouvre parfois, mais il est impossible de le savoir à l'avance. L'autre solution, par Khojand, est également risquée, car c'est encore l'hiver, et le col d'Ayni est bloqué par la neige. Il faudrait donc soit prendre le train par l'Ouzbékistan, ce qui augure d'interminables et coûteuses négociations pour obtenir en urgence un visa, soit prendre l'avion, moyen que je juge désormais trop brutal pour changer de pays. Reste donc Murgab et son altitude vertigineuse, l'occasion de vaincre mon mal des montagnes, quoique les conditions climatiques des derniers jours aient bloqué la route. J'y attends que mon visa expire. La M21, la route qui mène au Kirghizistan, n'a pas encore été déblayée. C'est un cas de force majeure : la police prolonge mon autorisation de séjour sans solliciter de *bakchich*. Une fois au poste cependant, je me rends compte que mon appareil photo n'est plus dans ma poche. Me l'a-t-on volé ou a-t-il simplement glissé pendant la nuit ? Le chauffeur m'a déposée chez Jambai et Anargul ; il sait donc où je loge, mais n'est pas venu me le rendre pour autant. Les policiers appellent le poste de contrôle situé à la sortie de Murgab. L'inconvénient de ces postes, c'est qu'ils instituent une corruption systématique pour l'usage des routes ; l'avantage en revanche, c'est qu'on peut savoir exactement quelle voiture est là et à quel moment elle est arrivée ou repartie ; ils me renvoient chez moi le temps de mener l'enquête. Murgab est une petite ville : le lendemain en fin de matinée, un coup de fil sollicite ma venue immédiate, sans explications. Sur place, une policière me présente mon appareil ; je signe une décharge, et le dossier est clos. Ce n'est qu'à mon retour, en développant les pellicules, que je découvrirai les visages ahuris des supposés voleurs ; ils s'étaient tous pris en photo avec leur butin.

QUATRIÈME PARTIE

KIRGHIZISTAN

Ne dis pas que tu as reçu un ami
si tu n'as pas préparé un mouton pour lui.

Chapitre 17

M21, DERNIER TRONÇON

Où la brigade des stups fait son beurre.

OSKAR ARRIVE avec un peu de retard. Lui est parfaitement réveillé, un large sourire aux lèvres en descendant de sa *marchrutka*. Le visage agréable, les manières douces : c'est le genre de chauffeur placide en qui on peut avoir confiance. Les rues sont vides. Murgab n'est jamais très animée, mais elle semble fantomatique au lever du jour. À peine l'ombre d'un chien errant ici ou là pour meubler un décor en carton-pâte dont les acteurs auraient tous disparu, ne laissant derrière eux que des maisons nues et des pylônes scintillants. Les autres passagers apparaissent un à un, qui au coin d'une maison, qui en groupe sur la route, chargés de leurs nombreux bagages. Aube indécise et grelottante, aube argentée et flamboyante, aube frissonnante et pure de l'hiver finissant… Dans la clarté silencieuse du matin, aucun nuage n'est encore venu étouffer la ville. L'air est si limpide que la poussière du sol semble changée en or pour un rêve d'alchimiste. Le moteur balbutiant salue les premiers rayons de l'aurore ; nous obliquons dans l'immensité glabre et Murgab disparaît derrière les premiers sommets.

Une rivière enneigée creuse la terre d'un jaune à la fois terne et chaud. Le macadam défoncé serpente en larges arrondis, bordant les sommets qui se déroulent dans le lointain. Bientôt, le sol se transforme en cristaux noirs, éclatants. C'est le col d'Ak Baital, à 4 655 mètres d'altitude. Assis dans la voiture, on peut l'oublier, mais une fois debout, il faut ménager ses forces. À peine quelques mètres, une bouffée d'air glacé, et déjà la tête tourne. Chacun rentre à petits pas, et Oskar redémarre. Dans la voiture, les passagers restent relativement fermés. Cette fois, pas de convivialité spontanée : chacun prend le temps de finir sa nuit, renfrogné sur son siège.

La route débouche sur un plateau désertique dont seul le ruban de bitume semble s'échapper. Une borne oubliée au milieu de la plaine marque une intersection énigmatique : seuls deux minces filets d'eau se croisent là, rappelant peut-être aux chauffeurs qu'un danger rôde en période de crue. Ce poteau de béton insolite et absurde me rappelle combien loufoque est ma présence dans ces contrées lointaines, moi, jeune Européenne croyant être en mesure de capter le réel dans des pays dont je sais finalement si peu.

Le moteur tourne ; le plateau touche à sa fin. Oskar se gare au pied des montagnes pour déposer un premier passager. Militaire en service, il part rejoindre son poste de surveillance ; il en existe des dizaines, cachés, qui truffent la frontière chinoise. Seul, à pied, ce premier compagnon entame sa longue marche vers les sommets, un sac kaki et un baluchon sur le dos. Notre *marchrutka* repart. Elle sillonne les plateaux, contourne doucement les sommets jusqu'à ce que la perspective s'ouvre. Devant l'horizon élargi, le Karakul apparaît. Ce « lac noir » est emmitouflé dans un vaste manteau glacé ; sur ses rives, la terre est encore grise, desséchée. Au sud, les pousses de *tersken* colorent le sol d'une tonalité jaune. Au nord, le paysage se referme en aplats de couleurs homogènes : les flancs rouge brique du Pamir Alaï supportent des sommets d'un blanc pur où s'enroulent et s'étoffent des masses grises et sombres, cotons d'orage promettant d'exploser sur qui voudrait les traverser. Au-dessus de nos têtes, le ciel est encore d'un bleu indistinct, dont la lumière blanche s'évanouit en altitude. Nous sommes arrêtés à un poste de contrôle. Les passeports sont ramassés, le véhicule vérifié. La barrière se lève et nous sommes dirigés vers un autre complexe bétonné 500 mètres plus loin. Interdiction de sortir. Oskar disparaît si longtemps que je le soupçonne de jouer aux cartes avec les militaires pendant que nous l'attendons dans la voiture.

Enfin, ces derniers reviennent vérifier la tête de chacun des passagers et nous interrogent sur le motif de notre traversée. Je suis la seule touriste parmi les travailleurs et les commerçants.

Derrière le poste, un village campe au bord du lac Karakul. L'altitude y est encore oppressante, mais supportable. Le village est presque vide. Seule la file des passagers remplit la rue en une ribambelle qui s'allonge le long des toilettes publiques. Malgré l'odeur qui se dégage de ces fosses profondes constamment alimentées par le passage des *marchrutka*, chacun y attend son tour. C'est dans un village tadjik du sud de l'Ouzbékistan que j'ai appris, à force de suffocation, à ne respirer que par la bouche, narines bloquées, lèvres serrées, aspirant le moins d'air possible. Les molécules viciées se déposent alors sur les papilles, mais le goût, sans l'odorat, est altéré : on le supporte mieux. Une fois perdu dans les méandres géographiques de la région, point infime dans la puanteur locale, on ne pense plus qu'à une chose : faire vite, de crainte que les remugles fétides ne fassent perdre connaissance au-dessus du trou. Des gens seraient morts ainsi ; la densité est telle qu'on s'y noierait plus facilement que dans de l'eau.

Dans une *stalovaya* rudimentaire, tous partagent une longue table basse ; je m'installe à la limite entre les femmes et les hommes. Du côté de ces derniers, une bouteille de vodka a déjà été débouchée. Le repas est un *churbo*, un bouillon de légumes où baignent des morceaux de viande de mouton. Ce plat unique est simple mais bon, d'autant qu'il est rehaussé d'un peu de *chakarob*, une pâte épaisse à base de tomate, de poivron, de chou et d'ail qu'on prépare en été. Le tout doit être mangé à la cuillère, excepté la viande, déchirée avec les dents. Comme j'imite les clients, tirant sur mon morceau, faisant baigner mon pain avant de plonger la main pour le récupérer, l'un d'eux me pointe du doigt en riant : « Pourquoi manges-tu ainsi, ce n'est pas comme ça que vous faites, chez vous ! » et il accompagne la remarque d'un mime de repas avec couverts, petits doigts en l'air, minauderies de courtisan. Je continue à déchiqueter ma viande sans lui prêter attention. Après le repas, le serveur me retient devant la porte de la cuisine. Je suis venue pour le payer, mais il voudrait me faire cadeau du repas, proposant un échange que je ne comprends pas. Il clarifie en langage des signes, « toi + moi », puis plonge un doigt au creux de son poing. Je réponds poliment en lui tendant le prix du repas : « Je ne suis pas à vendre, merci. »

Nous longeons désormais les sommets charbonneux de la Chine. À quelques mètres, un chemin de terre parallèle borde la montagne. Cinq yacks aux cornes immenses nous y observent de leurs yeux noirs. Seule une ligne de barbelés nous sépare de ces colosses en peluche. Le sol est sec, fait de roches où poussent difficilement quelques broussailles. Ils les arrachent d'un coup sec pour les broyer de leurs puissantes mâchoires. Nous reprenons de l'altitude.

Au cœur des monts enneigés, une caravane rouillée annonce un nouveau délai. Cette fois, nous quittons le Gorno-Badakhchan. Les militaires reviennent, passeports à la main. « Qui est né en 1985 ? » Les deux plus jeunes garçons lèvent le bras. Ils sont emmenés avec leur paquetage jusqu'au poste. Je crois naïvement qu'il s'agit d'un problème de service militaire, mais ils reviennent avec un sac en moins. En réalité, c'est un trafic de DVD. Les soldats ont le temps de s'ennuyer, perdus à des centaines de kilomètres de la première ville, au milieu des montagnes. Un générateur électrique dégoulinant d'essence leur fournit l'alimentation, mais la télé ne capte aucun signal ; ne reste donc que le divertissement des films piratés. Coincés comme ils le sont sur une route où ils doivent empêcher tout trafic mais que ne fréquentent pas plus de trente véhicules dans les bons jours, je comprends qu'ils aient envie de passer leur temps autrement que dans la contemplation du vide.

Quelques kilomètres plus loin, nous atteignons un nouveau point de passage : Kyzyl Art, le « col rouge ». Un poids lourd s'est arrêté dans la montée. Le dénivelé de la route, les roues inadaptées, la puissance du moteur… Quelle qu'en soit la raison, il ne peut plus avancer. Pour le dépasser, il faut enfoncer dans la poudreuse. Je descends avec les hommes pour taper dans les bordures et ménager ainsi la voie à notre carrosse. Oskar s'engage, patine, dérape, mais dépasse finalement l'encombrant camion et continue sa route, laissant derrière lui deux sillons rouges de neige fondue. Les hommes en profitent pour fumer, courant de l'un à l'autre pour se passer le briquet. Je suffoque plusieurs mètres en contrebas. Une fois en haut, Oskar me lance un regard compatissant : « Tu n'es pas faite pour ces hauteurs ! » L'an dernier, il a transporté un autre Français pendant une semaine, un ministre : de quoi réunir les premiers fonds pour construire sa maison. Derrière Kyzyl Art, une vallée s'ouvre à nous, majestueuse ; des langues glacées sillonnent les falaises de glaise, tranchées blanches ou grises dans le rouge mat. La route plonge dans le précipice en larges boucles avant de s'échapper sur le flanc droit de la vallée. Une pelleteuse y achève de nous libérer le passage jusqu'au fond, où nous sommes pris dans un nuage. Atmosphère grise, brouillard épais. Tout le monde somnole déjà depuis un moment lorsque Oskar s'arrête. Cette fois, c'est la véritable frontière kirghize.

Comme les précédents, le poste est un simple baraquement en béton. Cependant, les militaires y sont plus nombreux, certains en kaki, d'autres en noir. Ils emmènent Oskar avec la pile des passeports. Dans la voiture, l'air se condense à chaque respiration puis se dilue dans le froid. La neige arrive. Nous attendons sagement, en silence. Un militaire s'approche, passe la tête par la porte, nous observe silencieusement puis repart. Les flocons ont commencé à tomber si doucement qu'ils semblent flotter dans l'espace. Il ne se passe absolument rien que la réitération tranquille de leur mouvement vers le sol. Peu à peu, ils ont tout matelassé de neige, absorbant chaque bruit. Pendant d'interminables minutes, notre équipage est oublié dans l'éternité somnolente de l'attente, de la fatigue et du froid. Et puis un autre militaire arrive ; même manège derrière les vitres. Un troisième revient distribuer les passeports, vérifie les têtes, pose une question à l'un ou à l'autre, puis repart.

Toujours pas d'Oskar.

Les aiguilles avancent insensiblement sur leur cadran. Rien.

Enfin Oskar réapparaît, encadré par les deux hommes en noir de l'unité antistupéfiants. Ces douaniers ont décidé de contrôler nos sacs. Tout est sorti. Un homme fouille le van pour vérifier qu'il ne reste rien, tâte les fauteuils et glisse la main le long des parois. Dehors, ils vident un à un les sacs de chacun des passagers, sortent tout, allant jusqu'à déplier les pantalons pour en retourner les poches. Un passager a emporté la peau d'un mouton fraîchement dépecé, dont les nervures bleutées apparaissent encore sous l'épiderme satiné de l'animal. Deux filles peinent à retirer les épingles de leurs sacs, si pleins qu'ils paraissent prêts à craquer. Tandis que les hommes fouillent, déplient et retournent les vêtements, elles les reprennent froissés dans leurs bras, en une vaine tentative pour les protéger des flocons qui tombent maintenant par poignées. Chacun peut voir, un à un, les marcels, les slips, les manteaux et les cadeaux que les autres ont emportés avec eux. Sans vergogne, tout est observé, exposé puis jeté de côté, en vrac, à même le sol.

Une joie mauvaise m'anime en imaginant la tête qu'ils feront en ouvrant mon sac en poupées russes, empli de sacs contenant des sacs, le tout recouvert de linge sale ! Pourtant, mon tour venu, ils s'arrêtent. Ma qualité de touriste, d'étrangère, m'épargne cette fouille absurde. Ils repartent sans explication, prenant de nouveau Oskar en otage. Cette fois, le marché est vite conclu. Notre chauffeur réapparaît avec un tuyau et un bidon à la main. Il doit aspirer lui-même les quelques litres d'essence que les douaniers nous ponctionnent, puis nous repartons. Plus tard, il m'expliquera que ces derniers voulaient lui extorquer l'équivalent de 12 euros. C'est parce qu'il a refusé de s'acquitter d'un tel montant que l'officier des stups est venu fouiller les sacs, pour faire pression. Au besoin, il aurait « trouvé » un sachet de drogue sous le capot, et l'amende aurait été bien plus importante. Il fallait payer. Il a tout de même réussi à diviser l'addition par deux. En France, on parlerait d'abus de pouvoir. Lui l'accepte avec philosophie : « C'est notre lot. Si je ne donne pas, ils bloquent la voiture, et on perd trop de temps. Le tout, c'est de trouver le juste équilibre entre l'argent et le temps, selon ce dont on dispose le plus. Mais tu sais, j'ai payé à chacun des postes que nous avons traversés. Généralement, ils demandent 20 somonis, soit 4 euros. Aujourd'hui, j'ai refusé de donner davantage parce que j'ai grandement besoin de cet argent, mais on ne peut pas non plus se laisser immobiliser ici. »

Après la frontière, la vallée débouche sur une étendue sans relief. En été, c'est un *jailoo* prisé, pâturage verdoyant peuplé de nomades, où les troupeaux paissent librement, donnant son goût à la succulente viande kirghize. Début avril, c'est encore une immensité vide couverte de neige ; le ciel et la terre s'y confondent en un brouillard laiteux. La *marchrutka* avance paisiblement. Au loin, deux grosses boules reposent à l'écart de la route, l'une blanche, l'autre bleue, comme des maisons de Schtroumpfs hautes de 3 mètres. Ce sont des radars. Dans l'éventualité d'une offensive chinoise ou afghane, ils serviraient à repérer l'arrivée de missiles ennemis. « Comme ça, on sera tous morts, mais au moins, on saura d'où ça vient ! » plaisantent mes compagnons de route. Le plateau aboutit à Sari Tach, hameau accolé au massif où se découvrent déjà quelques pentes herbeuses ; un cavalier en ramène son troupeau de yacks. Dans le cimetière, de nombreuses piques de bois percent la neige. À la pointe de chacune, une queue de cheval balance faiblement, en hommage aux hommes valeureux. En effet, pour arracher la queue de l'animal vivant, il faudrait être doué d'une force surhumaine.

Depuis Sari Tach, la route entame son ultime montée pour le col de Taldyk, puis elle plonge à grand renfort de sinuosités tout autour du cirque montagneux qui s'ouvre devant nous, et disparaît dans la vallée. En face, les épais sommets du massif baignent dans la lumière douce de la fin d'après-midi. Quelques nuages moutonnent dans le ciel ; il n'y a plus qu'à aborder la longue descente en doublant le plus de camions possible. Ils sont tellement énormes qu'ils peinent à avancer malgré la pente. Au moindre virage, leurs lourds chargements de camelote chinoise penchent dangereusement d'un côté ou de l'autre.

Pourtant, les passagers se détendent : ils se sentent vraiment chez eux maintenant que la frontière est franchie et que seule une interminable descente nous sépare encore d'Och. Ils commencent donc à faire des blagues, pour me taquiner : « Tu sais qu'au moindre faux mouvement, la voiture dérape dans la neige et va s'écraser tout en bas ? Ça arrive même très souvent ! Le plus courant, c'est lorsqu'on essaie de doubler les camions dans les virages. Comme maintenant. » C'est l'humour kirghize. Franchement lourd, insistant, parfois même menaçant ; il faut savoir répondre sur le même ton si l'on ne veut pas passer pour rabat-joie. Mais je ne l'ai pas encore compris. Deux d'entre eux, particulièrement en verve, renchérissent :

« Mais dis donc, tu n'as pas peur, toute seule ?

— Ici, quand on veut épouser une jeune fille, on l'enlève. Ce soir, ça pourrait t'arriver !

— Mon mari s'en inquiéterait ! dis-je en montrant ostensiblement mon alliance, achetée à cet effet.

— Quel mari ? Tu voyages seule, non ?

— Je suis une ressortissante française, mon ambassade me protégerait.

— Allons ! s'esclaffent-ils. Tu crois vraiment qu'ils pourraient te retrouver ? Dans nos steppes, ils se perdraient, et pour toi, ce serait trop tard ! »

Je ne panique pas encore, bien que mes réponses trahissent mon malaise. Je cherche le regard des autres femmes, pour qu'elles me rassurent d'un clignement d'œil, mais elles se sont désintéressées de la conversation. Les hommes, eux, me trouvent ennuyeuse, sans le moindre humour. Ils poursuivent néanmoins. Je m'en lasse vite. Pas eux.

Au creux d'une vallée flanquée de courtes falaises rouges s'esquisse un paysage de *sierra*, entrecoupé de surfaces où l'herbe a commencé sa repousse. Nous passons des villages de terre et de brique où les cavaliers rentrent leurs troupeaux dans le flamboiement du couchant. Au détour d'une falaise, de gros mamelons verts et tordus coulent vers nous dans la lumière blanche qui précède la nuit. Une *štalovaya* proprette est plantée là, avec son parking de graviers ratissés et sa mare aux canards joliment aménagée. Nous n'en repartons pas avant que le crépuscule n'ait blêmi. Mes deux pénibles comiques sont les derniers. Ils ont eu le temps d'étancher leur soif et sortent, frondeurs, une bouteille de vodka, puis reprennent leur épuisant bavardage. Je suis, bien sûr, leur interlocuteur préféré : c'est tellement plus amusant avec une étrangère. Comme je les ignore, l'un d'entre eux prétend s'en offusquer. Caricatural, il croise les bras et tourne la tête de côté pour me signifier qu'il boude, comme un enfant. Je joue à l'idiote : « Je ne connais pas ce mot, "fâché", en russe. » Pour me l'expliquer, il me regarde droit dans les yeux, ironique, et déclame : « Par exemple, si je demande à Alice de me prendre en photo, et qu'elle ne le fait pas alors qu'on s'est arrêtés dans une auberge, je suis "fâché", tu comprends ? » ; et lui de pouffer, ravi de son effet.

L'autre est cuisinier. Il s'est assis juste derrière moi et me souffle dans le cou son haleine qui empeste l'alcool. Il veut absolument connaître la recette de la *« torte »*. Je ne comprends pas s'il s'agit d'une tarte ou d'une tourte, d'un plat sucré ou salé. Les autres se moquent de moi : « Alors comme ça, tu viens apprendre nos recettes, mais tu ne sais même pas cuisiner les plats de chez toi ? Félicitations ! » En fait, il voulait la recette de la tarte aux pommes.

Dehors, la nuit est un rideau de velours. Il n'y a pas de lune ; le scintillement des étoiles se distingue mal entre les nuages. Justement, les phares tombent en panne. Oskar essaie divers bricolages, plongé dans le capot avec une lampe frontale. Les blagueurs ivres tentent de lui donner un coup de main, mais je ne perçois d'eux que le rougeoiement des cigarettes et les commentaires impuissants. Parfois, l'un des visages apparaît dans la lueur d'un briquet, les pores suant l'alcool et les yeux brillants. Aucun n'est capable de réparer. Oskar a beau se débrouiller seul, récupérer un paquet d'outils coincé sous son siège avant, réclamer une clé ou un boulon, toutes ses tentatives restent vaines. Il faut pourtant continuer ; nous attendons tous d'arriver pour nous reposer enfin. Oskar décide de poursuivre à l'aide des clignotants, grâce auxquels un halo éclaire la route par intermittence : orange falot, nuit noire, orange, noir. Il n'y a plus qu'à prier pour ne croiser personne avant Och. Et dormir, sans y penser. Aussi précaire la situation soit-elle par une nuit sans lune, le sommeil finit quand même par gagner. Déjà, les lampadaires de la ville éclairent notre route. Nous sommes arrivés.

L'auberge où Oskar m'a déposée est vaste et aérée, ses plafonds hauts sont décorés de stuc comme un vieil appartement parisien ; plusieurs ampoules peuvent y être allumées en même temps. Le silence règne, le vrai calme reposant d'un lieu agréable et bien tenu. Ma chambre n'est qu'un lit derrière un paravent, mais c'est un lit, avec un sommier, un matelas épais, des draps propres. Après le dénuement tadjik, je suis émerveillée de retrouver ces choses simples, évidentes. Un ours mal rasé sort en coup de vent de sa chambre. Simplement vêtu d'un caleçon et d'un T-shirt, il observe autour de lui, ne voit qu'une voyageuse un peu perdue. Mouvement de recul. Il cherche un certain Benoît. Pas vu. Déçu, il repart l'attendre au salon. Pas même un bonjour. Je continue mon exploration jusqu'à la cuisine et découvre une gazinière, un réfrigérateur et, comble du confort, une machine à laver. Dans la salle de bains, le lavabo est surmonté d'un miroir. J'y revois pour la première fois depuis des semaines mon visage transfiguré : les traits tirés, les cheveux en bataille, les yeux hallucinés, la peau crasseuse, l'air fatigué. C'est une femme vieillie, un peu sauvage, qui me regarde. Une femme qui ne se reconnaît pas.

Je m'allonge au fond de la baignoire et laisse couler l'eau brûlante pendant de longues minutes. Cette chaleur est corrosive, paradoxalement rafraîchissante, pleine d'oubli.

Chapitre 18
LE FLORISSANT BAZAR D'OCH

Où l'on oublie le régime sec des hauts plateaux.

Le soleil brille. Dans le jardin qui borde l'auberge, les fleurs denses et colorées révèlent la douceur printanière, simple et néanmoins surprenante. Il faut revenir du désert – qu'il soit de sable ou de roc –, pour apprécier la texture d'un arbre noueux, d'une feuille brillante ou d'un brin d'herbe gras ; il faut en avoir été privé pour les retrouver comme de vieux amis après une longue séparation, et se jeter dans leurs bras en ce mois d'avril. Toute cette vie végétale au cœur de la ville étouffée de chaleur – ces parcs et ces fontaines, ce jardin surtout – donne envie de s'allonger dans l'herbe, de respirer, de caresser et même d'arracher d'un geste brutal cette nature étonnante, juste pour mieux l'éprouver ; d'y faire la sieste même si l'on vient de se réveiller, parce qu'un rayon d'été réchauffe les os engourdis et qu'un lit ouzbek, large sommier de bois aux pieds en fer forgé, trône au milieu des fleurs et des fruits. Les plantes aromatiques glissent leurs senteurs par en dessous, et l'Ak Bura, le « chameau blanc », ce fleuve qui a fait d'Och l'une des premières étapes des routes de la soie, fredonne en contrebas.

Parmi les pâtisseries et le thé vert du petit-déjeuner, mon hôtesse a glissé la fraîcheur vitaminée d'une grenade, peau d'ocre à la couronne étroite dont je tire les trigones coriaces pour découvrir en son cœur les arilles, beaux grains croquants et acides, rubis rangés en compartiments hermétiquement blancs. Anargul, dont le prénom désigne justement ce fruit en kirghize, m'avait annoncé à Murgab, la veille de mon départ, être enceinte de deux mois. Subissant cette fringale qu'on tolère des femmes enceintes mais que toutes ne peuvent combler, elle aurait aimé croquer les bonbons translucides et charnus d'une grenade, ce symbole de fertilité. Mais sur un plateau décharné où même les oignons et le blé sont rares, seul le souvenir du fruit devait la contenter. Un passager providentiel emportera pour elle une livre de grenades de ma part.

Loin de l'austère hiver montagnard, le soleil de midi abreuve les jardins mais écrase le marcheur. Il fait désormais plus de 30 °C ; d'un pâté de maisons à l'autre, l'espace est infini et tous les immeubles des avenues soviétiques se ressemblent, identiquement brutaux, imposants et impersonnels. Je me suis mise en quête d'une banque pour payer ma nuitée, chose inhabituelle pour l'invitée que je suis devenue. Cependant, j'ai trop dormi : nous sommes samedi, toutes sont fermées. Pourtant, lorsque je monte dans la première *marchrutka* venue, plus pour échapper à la touffeur que pour gagner une destination, je descends par hasard devant le seul distributeur qui accepte de me livrer les précieux papiers colorés. Je dépense alors allègrement mon argent dans un bol de *laghman* : le cuisinier enroule une longue ficelle de pâte entre ses doigts, d'une main à l'autre, comme s'il s'agissait de fil à tricoter. Il écarte ensuite doucement les bras pour étirer la ficelle, puis les abaisse brutalement et frappe cet amas de pâte contre le plan de travail. Clac, clac. Il la replie en deux, et recommence à étirer puis à frapper, jusqu'à ce qu'il obtienne le bon diamètre. Alors, il jette la longue pâte dans un wok géant où bouillonne déjà la soupe. Un délice.

Un téléphone public est à côté ; le préposé compose lui-même les numéros pour s'assurer que l'appel est bien local – dans l'anonymat des villes, les nouveaux venus suscitent plus de méfiance que dans les villages –, puis me tend le combiné. Tcholpon est un jeune professeur de français : prévenue de mon arrivée, elle ne m'attendait que d'ici quelques jours. Or, le samedi est consacré au ménage. Par ailleurs, il n'y a plus d'eau chaude chez elle et sa mère est partie à Bichkek.

J'insiste : elle est jeune et francophone, je ne peux rêver mieux pour appréhender ce nouveau pays. Elle finit par me donner rendez-vous en début de soirée. C'est Rakhmat, le gérant de l'auberge, qui m'y emmène en voiture. *Rakhmat* signifie « merci » en kirghize ; je me sens bête de l'appeler par son prénom pour le remercier de sa course.

Une très grande fille maigre m'ouvre la porte. Son physique est vraiment atypique. Quoiqu'elle ait la peau mate et ce joli sourire centrasiatique où brille une prémolaire en or, elle est blonde. Teinte, bien sûr. Tcholpon me remercie brièvement pour les fleurs que j'ai apportées ; elle n'aime pas en recevoir car, une fois coupées, elles meurent trop vite. Depuis l'entrée, elle passe directement par une cuisine étroite, où elle met le bouquet dans un vase, puis accède à une modeste terrasse ceinte d'un grillage. C'est dans cet espace aéré que se conservent les vivres : confitures, bocaux de tomates ou de concombres, sacs d'oignons et de patates y sont entreposés à côté d'un matelas surélevé, lieu de prédilection des adeptes de la sieste à l'ombre. Depuis la terrasse, nous passons au salon, sombre et frais, plein de ces meubles vernis en contreplaqué identiques à ceux des autres maisons un peu cossues d'Asie centrale. Le grand frère de Tcholpon est assis là, les yeux rivés sur l'écran allumé dans la pénombre. Lui est beaucoup plus large, plus kirghize, visage lunaire aux yeux bridés.

Je pose mon sac dans la chambre de Tcholpon, à droite de l'entrée. Elle est lumineuse, à peine encombrée de quelques matelas entassés – son lit et bientôt le mien –, d'un petit bureau pour corriger les copies et d'une armoire de manuels de français. C'est tout. Tcholpon est plutôt bavarde, sûre d'elle, pas complexée pour un sou. À 33 ans, elle vit encore chez ses parents. Cela veut dire célibataire, même si elle prend la pilule et espère partir en France pour un master ; le milliardaire américain George Soros distribue cinq bourses par an aux jeunes les plus méritants d'Asie centrale. Tcholpon ne désespère pas de faire partie des élus. Elle ne compte pas rester en France, car même si elle gagnerait mieux sa vie là-bas, son pays est ici. C'est une citadine patriote, moderne et indépendante. Sa carrière compte avant tout, aussi préfère-t-elle ne pas se marier : mieux vaut quelques histoires sans lendemain qu'un mari protecteur et tout-puissant. Elle complète ses fins de mois par des missions comme interprète auprès des journalistes français ou lors des fastueux colloques des organisations internationales qui ont lieu par ici.

Les observateurs étrangers sont de plus en plus nombreux ces derniers temps, car c'est dans le sud du pays, notamment à Och, qu'ont commencé les émeutes de 2005. Cette « révolution des Tulipes » a destitué le président Akaiev, au pouvoir depuis quinze ans, pour plébisciter Bakiev. Un temps champion de la démocratie, Bakiev s'est pourtant transformé aussi rapidement que les autres en un autocrate corrupteur et corrompu. Tcholpon raconte l'histoire récente de son pays avec un mélange de fierté et d'indifférence blasée : « Il n'y a pas qu'en France qu'on sait faire la révolution, mais à quoi cela mène-t-il ? Maintenant, Bakiev est au pouvoir, quoiqu'il ne vaille guère mieux que le précédent ! »

L'obscurité qui envahit la chambre est propice aux histoires plus anciennes. Tcholpon a déplié les matelas et jeté des draps par-dessus. Allongée par terre, j'écoute ses souvenirs de l'époque soviétique, lorsque tous les enfants étaient envoyés en camp de vacances. Ils allaient aux Jeunesses communistes pour y apprendre la vie le temps d'un été : faire un feu ou construire une table, un petit foulard rouge noué autour du cou. Elle qui était déjà maigre revenait toujours enrobée, car les cuisiniers ne refusaient jamais de resservir les gourmands.

Tcholpon relate ensuite l'histoire de son grand-père qui, à 17 ans, voulut partir combattre avec les Russes sur le front européen. Parce qu'il lui manquait un an pour pouvoir être conscrit, il avait traversé l'Eurasie tout seul ; à pied, en stop, sur des trains. À l'arrivée, il s'était présenté devant l'armée soviétique, mais comme il était encore trop jeune, il fut renvoyé chez lui ! Ce n'est qu'à sa majorité, un an plus tard, qu'il y retourna, officiellement cette fois.

Après la guerre, il apprit que l'un de ses oncles était en fait son frère. La chose peut sembler étrange, mais elle s'explique aisément.

Au Kirghizistan, la transmission des biens est patrilinéaire. Un couple n'ayant pas eu de garçon doit en trouver un qui héritera du bien familial. La fille aînée, si elle a un fils, offrira son enfant à ses propres parents. Dans la famille de Tcholpon, le frère aîné du grand-père fut donné dès sa naissance à ses grands-parents, il était donc devenu un oncle pour son frère! Lorsqu'ils reçurent la nouvelle, ils décidèrent de fêter cette découverte: les frères retrouvés tuèrent un mouton et le passèrent à la broche pour manger en entier les dizaines de kilos de viande et de graisse, à deux, sans le moindre accompagnement. Ils s'allongèrent ensuite dans un ruisseau d'eau fraîche pendant plusieurs heures afin de digérer le fastueux repas tout en se racontant leurs enfances respectives. Ils avaient tellement mangé que la graisse suintait de leurs corps: « C'est ça, des vrais Kirghizes », ajoute Tcholpon.

Le dimanche, jour du marché, nous allons au grand bazar d'Och acheter les ingrédients nécessaires à la cuisson des *manty*, larges raviolis hérités des invasions mongoles de Gengis Khan en Asie centrale. Pâtes en vrac et boîtes de conserve, produits laitiers et casseroles, tissus de toutes sortes et légumes en quantité: le jour du grand bazar, on trouve de tout, et même des préservatifs exposés de façon presque inconvenante, dont l'achat doit se faire au vu et au su de tous. De beaux pains ronds rayonnent au soleil de l'allée centrale. Les vendeuses leur passent un coup de chiffon huilé pour les faire briller à notre approche. Dans le coin des Coréens, une minorité de quelque 20000 individus, de petites femmes à la peau pâle attendent discrètement derrière leurs pyramides de carottes râpées et leurs salades au goût amer. À proximité, trois ogresses kirghizes proposent un étal moins ragoûtant: tranches de poumon au lait et pâtés de tripes gélatineux. Le clapotis de l'Ak Bura traverse le bazar mais le fleuve reste invisible tant les étals et les ponts débordent de produits. D'un côté, les restaurants de grillades réveillent l'appétit, de l'autre, les chariots de fruits frais côtoient des pyramides éphémères de farine, classées par prix selon leur finesse; nous achetons

1 kilo de *pervy sort*, la plus chère, délaissant les *vtaroy* et *trety sort*, moins blanches, plus grossières.

En plein cœur du marché, un apprenti achève d'accrocher d'énormes têtes de bœufs encore sanguinolentes juste au-dessus des bouchers impatients de débiter un morceau de viande. Du *kurdiuk*, cette poche de graisse qui ballote sur la croupe des moutons centrasiatiques, trône fiché à un clou dans le mur. Tcholpon s'en amuse : « Alors que nos moutons se baladent tous avec une double paire de fesses, en France, même vos moutons sont élégants ! » Clopinant entre les allées, deux *aksakal*, illustres « barbes blanches » à l'allure décidée malgré un pas hésitant, approchent. De petite taille, ils marchent courbés, une main appuyée sur leur canne en bois ouvragé, l'autre repliée derrière le dos. Très dignes, conscients de la supériorité que leur confère leur âge, ils ont le regard brillant par-dessus des pommettes saillantes. Leur peau, longuement tannée par le soleil, a gardé un plissé malicieux. Leur menton se termine par une petite barbiche blanche ou grise, élégamment taillée, qui allonge le visage sous le *kalpak*, haut chapeau de feutre blanc brodé de volutes noires. La forme courbe de ses broderies imite la laine du mouton, frisée, tout en arrondis. Le mouton, unique symbole de richesse pour les nomades, servait de monnaie d'échange pour acheter une femme ou payer un tribut aux anciens. Aujourd'hui encore, malgré la sédentarisation massive des années soviétiques, le cheptel ovin est trois fois supérieur à la population du Khirghizistan !

Au fond du marché, nous achetons quelques kilos de riz d'Uzgen, une ville proche dont la terre, rouge brique, lui a donné sa couleur. « C'est le meilleur, pour le *plov* », explique Tcholpon. Puis, à la périphérie du bazar, des babouchkas rigolardes, le visage bouffi devant leurs étals d'oignons frais et de radis, complètent notre panier.

Dès notre retour, nous commençons la préparation de *manty* pour dix personnes, car des cousins doivent passer en fin d'après-midi. Tcholpon se concentre sur la pâte, dans laquelle elle a versé quatre cuillerées d'huile pour la rendre élastique. Elle y ajoute de l'eau petit à petit. Prenant garde à ne pas la rendre collante, elle forme une belle boule puis en racle les résidus accrochés sur le bord du saladier ou entre ses doigts : « Ma grand-mère me disait toujours : "Si tu laisses de la pâte collée, tu auras un mari laid !" » Pendant ce temps, elle confie à son frère la tâche d'émincer les ingrédients de la farce. Pommes de terre, oignons et viande se démultiplient sous son couteau aiguisé. « On a un mixeur, mais ça donne un mauvais goût de métal, et puis c'est meilleur quand il y a des morceaux », ajoute malicieusement Tcholpon devant le regard noir que lui jette son frère. Pendant que, maniant avec dextérité le couteau, il termine son émincé, Tcholpon étale la pâte et la découpe en carrés de quelques centimètres de côté. La farce est déposée en petits tas sur chacun des carrés, et nous retroussons nos manches pour rabattre les quatre coins sur le dessus des *manty*, pressant les arêtes en un solide faîtage. La viande, en cuisant, va dégorger son jus, c'est pourquoi, pour éviter toute fuite, nous ramenons deux par deux les arêtes de ces petites pyramides de pâte, avant de les déposer sur les plaques percées du cuiseur à vapeur. Quarante minutes plus tard, les premiers raviolis sont prêts, distribués avec un bol de kéfir et engloutis par la famille en visite dominicale.

Tcholpon m'invite à sortir. « Sortir », dans chaque pays, revêt un sens très différent. En France, on va boire une bière dans un bar ; en Iran, il s'agit de manger dans un *fast-food* ; au Tadjikistan, d'aller se promener le long de la route... À Och, parce que c'est la première fois que je suis ici, sortir signifiera monter en haut du Trône de Salomon, la colline plantée au milieu de la ville. Au pied du mont, une vieille femme réclame un billet contre le droit d'accéder au sommet. Il fait nuit, de rares lampadaires éclairent les marches inégales, élimées à force de visiteurs. Dans les arbres, sur les buissons, des centaines de morceaux de tissu sont accrochés aux branches, lambeaux de superstition populaire. La ville s'éloigne rapidement sous nos pieds, elle devient une masse sombre légèrement mouvante, percée de longues artères irriguées par les phares des voitures. Traces jaunes d'un côté, points rouges de l'autre. Tout autour, des milliers de lumières clignotent dans les quartiers : carreaux des fenêtres et loupiotes des cours intérieures donnent à la noirceur de la ville une épaisseur vivante, comme une respiration légère.

Lundi matin, 8 heures, je quitte Tcholpon pour un rendez-vous au bureau d'ACTED. Avant de me décider à partir seule à travers l'Asie centrale, j'avais eu l'envie de m'engager en mission humanitaire ; le recrutement est cependant plus sélectif encore que celui d'une entreprise : à moins d'être médecin, les offres d'emploi requièrent vingt ans d'expérience, dont cinq en pays en guerre, ainsi que la maîtrise de quatre langues dont un dialecte local, le tout pour un contrat sans protection sociale. J'avais renoncé. La traversée de pays si peu touristiques est néanmoins l'occasion de me rendre « sur le terrain » et d'en savoir un peu plus sur ces ONG que ma grand-mère a pour habitude d'appeler « les ongues ».

Lever difficile. Dans la *marchrutka* qui m'emmène, les gens pestent, m'apostrophent. « Quelle idée de monter là-dedans à l'heure de pointe avec un sac si encombrant. Tu ne pouvais donc pas prendre un taxi ? » Je descends au terminus, au Frunzenski bazar, qui tient son nom de Frounze. Ce général de l'armée Rouge est mort en 1925 dans des circonstances étranges, à la suite d'une opération chirurgicale bénigne dont il ne voulait pas, laissant présumer d'un assassinat politique. La capitale kirghize, Bichkek, où il était né, fut pourtant renommée d'après lui dès l'année suivante et ce jusqu'à l'indépendance du pays. En bordure de la ville, la route est défoncée, les maisons aussi ; tout est en ciment brut mal dégrossi, uniformément gris. Cinq cents mètres à pied et j'aperçois le sigle de l'ONG ; je suis arrivée avec une heure de retard mais peu importe : l'équipe non plus n'est pas prête. Il n'y a que des femmes, hormis le jeune Sanjar, 24 ans, qui a apporté un œuf pour la Pâque orthodoxe. Celui-ci n'est malheureusement pas en chocolat, c'est un véritable œuf de poule entouré d'un bandeau de plastique portraiturant un saint.

En attendant que tous se préparent, j'essaie d'aller saluer un certain Pascal, qui dirige l'antenne régionale d'ACTED. Assis derrière son bureau, un téléphone dans une main, l'autre pianotant sur le clavier de son ordinateur portable, Pascal me jette un coup d'œil puis pointe du doigt une chaise où m'asseoir et poursuit sa conversation tout en prenant des notes sur son calepin. Bien qu'il semble parfaitement débordé, il gère chaque chose méthodiquement. Dans la nébuleuse d'informations et de changements, tout file, s'ordonne, s'imbrique, s'ajuste, et il peut finalement m'offrir trois minutes de son temps précieux : il me salue, pose une ou deux questions, me fait signer une décharge de responsabilité puis disparaît dans l'entrée.

Ce jour-là, les *field mobilizers* – l'équipe de terrain – emportent leurs passeports : nous allons longer la frontière ouzbèke sur quelques kilomètres. Elle est toute proche. En Asie centrale, tout particulièrement dans la vallée du Ferghana, les Soviétiques semblent s'être amusés à créer les frontières les plus biscornues, dont deux enclaves ouzbèkes et une tadjike en territoire kirghize, qui semblent répondre à une enclave kirghize et à une autre tadjike en Ouzbékistan ! Après 1991, les habitants de ces régions durent accepter un tel découpage.

Nous atteignons le village d'Aktach, où la directrice de l'école, une femme sympathique au visage rond et ferme, doit m'apprendre à cuisiner pendant que mes compagnons travaillent. Nous devons cependant nous contenter d'une aimable conversation, car il n'y a plus d'électricité. Elle m'emmène chez une voisine qui n'habite qu'à 15 mètres de l'école mais dépend d'un autre générateur. Chez cette dernière, on me fait avaler un *kök samsa*, petit pain à la verdure qui contient normalement des oignons sauvages, de la menthe et des orties fraîches : comme trop souvent lorsque je demande à apprendre une recette de cuisine, on préfère me donner à manger le résultat. Habituellement, je ne m'en plains pas, c'est l'occasion de bavarder et de noter les variantes d'une recette avant d'en trouver la meilleure, mais il s'agit cette fois d'une pâte pliée en triangle, servie froide, si rapidement passée à la poêle qu'elle en est encore crue quoique dégoulinante de graisse : indigeste. Je m'efforce de terminer ce prétendu *kök samsa* en souriant et remercie avec l'hypocrisie d'une bonne éducation.

Sur la route du retour, je ne peux m'empêcher d'être désappointée par cette journée où j'ai attendu que mes conducteurs soient prêts, puis attendu d'arriver, puis attendu le retour de l'électricité qui n'est pas advenu, puis attendu que mes compagnons aient achevé leur travail, puis attendu de rentrer… Alicher, le chauffeur, fait partie des 40 % d'Ouzbeks du Ferghana kirghize : une chance, car il ne peut être qu'un excellent cuisinier, les hommes ouzbeks étant les seuls de toute l'Asie centrale qui jouissent d'une telle réputation. Leur *plov*, plat de fête par excellence, est d'ailleurs servi dans des restaurants exclusivement réservés aux hommes. On dit que leur secret tient dans la cuisson de la viande : ils la feraient revenir dans de la graisse de *kurdiuk* plutôt que dans de l'huile de coton. Alicher ne se livre pas et préfère m'apprendre une autre recette. C'est rare chez ces hommes qui se disent grands cuisiniers, mais qui laissent généralement leurs femmes au fourneau, à l'image de la France où 30 millions de femmes s'emploient à cuisiner pour leurs familles, alors qu'une seule d'entre elles peut se targuer des trois étoiles du Michelin.

Auparavant, Alicher était professeur de biologie. À la chute du régime communiste, la manne financière d'un État brutalement réduit de « grande puissance mondiale » à « Kirghizistan » ne suffit plus à payer les salaires des innombrables fonctionnaires. Comme beaucoup, il a donc quitté son poste pour trouver un emploi rémunérateur. Il est parti pour Moscou, a économisé jusqu'à pouvoir s'acheter une voiture, l'a convoyée au Kirghizistan pour la revendre le double de son prix et, avec l'argent, est retourné à Moscou pour acheter ce modèle réduit de 4x4 Lada. Depuis, il transporte les *field mobilizers* d'ACTED d'un village à un autre. Les conflits sont pourtant récurrents entre les ethnies ouzbèkes et kirghizes de la région. À l'été 1990, les siens furent massacrés à Uzgen sans que l'armée ni la police n'interviennent. On dit que les Kirghizes seraient jaloux de la réussite commerciale des Ouzbeks, et leurs gouvernements respectifs suivent la loi du talion en multipliant les représailles administratives, interdisant l'accès des frontières tantôt aux uns tantôt aux autres. Gulia, belle quadragénaire féminine et décidée, s'emporte contre ce racisme latent : « Les Ouzbeks sont comme nous, qui sommes de toute façon métissés ! Il n'y a aucune raison de les discriminer. » Elle efface ces tristes pensées d'un geste de la main, « c'est du passé, tout ça ». Quelques années plus tard pourtant, en 2010, une nouvelle révolution contre Akaiev a été suivie de violences interethniques dans la région d'Och, qui aboutirent au décès d'au moins 400 personnes et au déplacement de 400 000 autres, essentiellement des Ouzbeks, pourchassés par la population à qui l'armée avait distribué ses armes.

Alicher nous dépose chacun chez nous, ce qui, pour moi, sera chez Gulia, bien qu'elle déteste faire la cuisine. Sa maison est un castelet, protégé par un haut mur en ciment. Le rez-de-jardin donne sur un potager où piaillent des poussins. C'est là que se trouve la cuisine, sur la porte de laquelle est accrochée une patte d'aigle. Le mari de Gulia l'a clouée là comme un talisman : l'aigle, une fois sa nourriture trouvée, ne lâche plus sa proie avant d'arriver au nid. La maison, récemment construite, n'est guère aménagée. Seul le hall d'entrée est achevé, avec ses parquets et portes en noyer. Au second, tout est encore temporaire : l'eau coule dans la somptueuse baignoire mais en un mince filet jaunâtre, et dans le salon, le parquet est couvert d'une bâche ; on y a juste posé deux larges fauteuils d'un côté et le meuble à télévision de l'autre.

Un dernier escalier monte en colimaçon au grenier : gravats et poussière à foison. Deux lucarnes y offrent une vue superbe sur les environs. Dans tout le quartier, des cerisiers en fleur ornent les jardins, et au loin, on aperçoit la chaîne du Pamir Alaï. Au cœur de la ville, j'aperçois le Trône de Salomon qui ressemble maintenant à une femme enceinte allongée sur le dos. Gulia me raconte l'expédition que, dans sa jeunesse, sa sœur aînée avait imaginée en plein été. Après avoir habillé ses sept frères et sœurs le plus chaudement possible, elle avait confié à chacun un baluchon de pain sec, proscrivant l'eau. En effet, avait-elle expliqué, il serait toujours temps de faire fondre la neige là-haut. Ils étaient donc partis, bonnets bien enfoncés et écharpes autour du cou par 35 °C, avec interdiction de retirer le moindre vêtement, car un froid glacial les attendrait au sommet. Évidemment, à l'arrivée, pas le moindre névé, juste un soleil de plomb et le panorama sur la ville !

Son frère aîné, quant à lui, était passionné de géographie. Il organisait de grands jeux sur la carte du monde. Il fallait trouver les pays qu'il annonçait, étonnant tout le monde avec la ville d'Auch, homonyme français d'Och, ou avec l'Andorre, ce minuscule territoire coincé entre la France et l'Espagne, dont Gulia se souvient encore. Elle est devenue enseignante, avant de rencontrer son mari puis d'avoir des enfants. « À Noël, mes parents organisaient des concours de décoration pour le sapin, puis, lorsque tout était prêt, ils en organisaient d'autres de chant, de théâtre et de danse entre les enfants. Je ne sais pas comment ils trouvaient le temps de faire tout ça ! Eux aussi travaillaient tous les deux… Moi, quand je rentre du boulot, je suis crevée ! » confie-t-elle en retournant dans la cuisine, où Assiela, sa fille aînée, a préparé une *kacha*, une soupe de riz. Bien qu'elle soit complètement ratée, fade et pâteuse, nous la mangeons goulûment. Admirative de mon projet, Gulia s'exclame : « J'ai toujours voulu voyager. Mais d'abord, mon père me disait de rester, et puis, quand j'ai cru être enfin libre en me mariant, c'est un nouveau père que j'ai trouvé ! Ma sœur habite en Allemagne, elle m'avait invitée, tous frais payés, mais mon mari a refusé de me laisser partir parce que lui-même n'y était jamais allé. » Elle est cependant très amoureuse du gaillard qui s'en revient justement avec un poisson frais pêché en chemin.

Grand bonhomme au visage carré, ses yeux placides observent et se posent tranquillement sur les alentours. Il fait partie de la brigade antistupéfiants. Curieuse de connaître sa position sur le sujet, je lui raconte comment ses collègues rackettent les chauffeurs à la frontière tadjike. Il commence par me décrire le bonhomme que j'ai vu. Blouson noir, cheveux courts, assez gros, le visage rond… Cette description pourrait correspondre à un certain nombre de Kirghizes, mais vu qu'à la frontière, ils ne sont que deux, dont un maigrichon anguleux, il sait parfaitement duquel il s'agit ! Son visage se ferme : « Ces comportements sont récents, explique-t-il, et sont dus à la crise économique qui ravage le pays depuis la fin du communisme. Je ferai le nécessaire. »

Avoir un grand-père qui s'est engagé volontairement contre les Allemands pendant la Seconde Guerre mondiale et dénoncer ainsi un homme, aussi corrompu soit-il, sans aucune idée des conséquences que cela aura pour lui, cela restera gravé dans mon esprit.

Töö-Moyon signifie « le cou du chameau ». Il s'agit de deux grosses collines qui forment une bosse chacune. À gauche, longeant la route, l'arête arrondie redescend lentement jusqu'au monticule herbeux de la tête où se situe le village. Après avoir déposé Gulia et Sanjar, Alicher se gare devant une belle maison ombragée pour cuisiner son *eupka*, acheté la veille au bazar. Un *eupka*, c'est un peu comme du flan, mais il n'y a pas besoin de plat. Le contenant est naturel : c'est le poumon d'un mouton, gorgé de lait.

Le jardin est constitué de trois parties : au fond, un carré d'arbres fruitiers – abricots, cerises, amandes et noix ; puis une large bande de terre qu'un homme labourera dans la douceur du soir ; de l'autre côté enfin, une étable où deux grosses vaches et leurs petits soupirent dans la paille. Ils sont abrités du soleil par un étage de plants de coton séchés dont on se sert pour entretenir le feu. À droite de l'entrée, une minuscule maison a été construite pour la mère du mari. Elle n'a que 68 ans mais est déjà aveugle et presque grabataire. Désireuse de nous accueillir, elle doit s'appuyer sur sa belle-fille pour avancer, à petits pas pesants. Devant le jardin potager, un abri badigeonné de chaux protège le *tandyr* ainsi que l'approvisionnement en électricité de la maison : des prises pendouillent dans un amoncellement de fils dénudés. Un téléphone portable est branché sur l'une ; sur une autre, une résistance insérée dans une brique sert de plaque chauffante. Il est déjà midi, la pire heure au soleil. Malheureusement, la préparation de l'*eupka* commence par le nettoyage du poumon, rose de sang, dans une bassine en étain. Des gouttelettes tombent en taches rouge vif sur l'émail d'un blanc pur. J'essaie de prendre sur moi, d'oublier ma phobie, mais la fatigue et la chaleur se cumulent. Mes oreilles sifflent, ma vue se brouille. Je sens que la tête me tourne.

Ignorant les questions qu'on me pose, je pars en tremblant vers la maison pour m'allonger à l'ombre. Je ferme les yeux mais mes rétines ont imprimé les éclaboussures pourpres sur la paroi brillante. Les femmes arrivent, mi-consternées mi-moqueuses. On me fait boire un thé sucré, tandis que le poumon est abandonné au frais, de l'autre côté de la maison. Il n'y a pas assez de lait pour le remplir. En attendant, on cuisine des *samsa*. Je me charge de l'épluchage des oignons, tâche infiniment plus agréable : on y pleure de bon cœur. Des amies de notre hôtesse sont venues passer l'après-midi avec nous. Elles veulent connaître l'âge qu'elles font. La question est classique, mais infiniment plus difficile lorsque les femmes vivent à la campagne, et que leur apparence trompe sur leur âge véritable. Me rappelant la grand-mère aux airs de nonagénaire alors qu'elle n'en avait pas 70, j'essaie de donner un chiffre assez bas, pour ne pas les vexer. À celle qui voulait savoir, j'ai donné 45 ans, et à l'autre, un peu plus jeune, 38. Elles en ont respectivement 38 et 28. La première pourrait être furieuse, mais comme je me suis également trompée pour sa copine, elle préfère en rire. Cependant, lorsque je leur montre ma fausse photo de mariage, elles me demandent, les yeux brillants d'ironie, qui est cette délicieuse jeune femme si bien peignée : « Tu es sûre que c'est toi ? »

Entre-temps, Alicher a rapporté le poumon dans une bassine propre. À l'ombre et après m'être changé les idées, ce poumon ne me dérange plus, je peux à nouveau participer à sa préparation sans aucune gêne. Alicher prépare une pâte à base de farine, de piment et d'oignons qu'il dilue dans de l'eau et du lait puis, n'ayant pas de passoire, il la filtre au travers d'un bas. Avant de verser le contenu, il faut d'abord terminer le nettoyage du contenant. Il réclame donc un verre d'huile et le verse dans le poumon encore gorgé d'eau. L'huile descend à l'intérieur du poumon, repousse l'eau rosée et se loge dans tous les capillaires. Alicher verse ensuite le liquide lacté petit à petit, tout doucement, à l'aide d'un entonnoir.

Après deux heures de ce traitement, le poumon a triplé de volume ; il est plein, aussi ne reste-t-il plus qu'à le boucher avec la pâte de farine restée prisonnière du bas. Alicher en bourre la trachée qu'il ligote en deux endroits, puis pose son trophée dans une marmite d'eau bouillante. Ce n'est qu'en fin d'après-midi, lorsque Gulia et Sanjar reviennent du travail, que tout est prêt. Nous nous délectons tous ensemble de ces tranches de poumon qui ressemblent à du flan, de *samsa* à la viande et de salade de radis.

Chapitre 19

FRAYEUR DANS LA CAMPAGNE KIRGHIZE

Où l'on regrette d'avoir mis ses œufs dans le même panier.

À Jalalabad, l'hôtel Melmel est une barre HLM envahie par des concierges furieuses. La nuit commence par une négociation sur le prix de la chambre, annoncée à 120 soms, mais c'était sans compter mon passeport étranger. La réceptionniste est une femme pingre aux cheveux courts, rangés en tranches frisées régulières grâce aux bigoudis qu'elle se pose tous les soirs. Le teint cireux sous son millimètre de crème, elle a la bouche pincée sur le règlement. « Pour les étrangers, le prix est double. Voyez vous-même, c'est écrit là ! » Elle me tend une feuille plastifiée sur laquelle s'étage une liste de prix, « étranger » étant la plus haute catégorie de client, validée par un tampon officiel. Il y a des choses qui n'ont pas beaucoup changé depuis la fin du communisme.

Je monte les escaliers sans bien comprendre où je suis supposée aller, car le cerbère de l'entrée ne m'a pas donné de clé, juste une carte sur laquelle sont indiqués deux chiffres : l'un pour l'étage, l'autre pour la chambre. Elle m'a dit d'aller au quatrième, mais en regardant ma carte, je constate qu'elle indique « 1-1 ». Je piétine un instant sur le palier du premier, ne sachant que faire. Une femme de ménage, la copie conforme de sa camarade réceptionniste, s'avise de ma présence. La seule différence, c'est qu'elle n'a pas pris la peine de retirer ses bigoudis. Elle se précipite vers moi, me prend la carte des mains et commence à vociférer. Je suis vraiment sotte, j'ai demandé la chambre 1-1 alors que ma chambre est la 4-7, ça n'est pourtant pas compliqué ! Je renonce à comprendre et la suis jusqu'à mon réduit.

On m'a conseillé d'aller voir le CBT de Jalalabad. Le *Community Based Tourism* est un centre de ce qu'on appelle l'écotourisme : il disperse les touristes dans des logements chez l'habitant, l'objectif étant de leur permettre de découvrir la « vraie vie locale » et, surtout, de mieux répartir les bénéfices du tourisme.

Depuis plus de cent jours, je m'efforce pourtant d'éviter les lieux et les circuits touristiques, ayant à peine daigné visiter Persépolis, méprisant les 4x4, le ski ou la plongée, ces activités improbables qu'aucun « local » ne pourrait se permettre. Me contentant de peu, je cherche avant tout à comprendre mes hôtes : je pratique l'empathie au point de vivre joies et peines, craintes et espoirs de chacun d'entre eux. D'une certaine façon, j'ai effacé ma personnalité, comme si j'avais voulu accomplir l'impossible : faire table rase du passé et me glisser dans la peau d'une Tadjike ou d'une Kirghize, sans passé ni futur, pour n'être rien d'autre qu'une voyageuse, une voyeuse qui prend de l'âge. C'est pourquoi, dans cette grande ville où je ne connais personne, je pénètre néanmoins avec enthousiasme dans le bureau du CBT vers 10 heures du matin, curieuse de comprendre son fonctionnement.

La fraîcheur de la pièce y est agréable en comparaison de l'écrasante touffeur de la ville. Il n'y a que des femmes. L'une est jeune et sympathique, et parle très bien anglais. L'autre, au beau visage rond, est enceinte de plusieurs mois : son ventre arrondi est moulé par une robe de velours épais, la taille soulignée d'une large ceinture. Une troisième, maigrichonne et effacée, travaille devant l'ordinateur. La dernière, cheveux teints de légers reflets roux, peau pâle mouchetée de rouge, comme malade, parle peu. Elle a le regard dur, en comparaison des trois autres. C'est la coordinatrice. Sans doute évalue-t-elle déjà ce qu'elle pourra tirer de moi ; elle écoute avec attention mon histoire de recettes de cuisine, avec l'air de celle qui n'est pas dupe, puis m'indique que, dans l'école d'à côté, les institutrices cuisinent un immense *sumalak* à partir de 12 kilos de blé fermenté. Elles vont y passer la journée. Je n'ai qu'à les rejoindre, si cela m'intéresse. Pour le soir, « on s'arrangera ».

À l'école, je traverse une première cour où des écoliers en uniforme noir et chemisette blanche parfaitement repassée jouent aux *pogs* dans la poussière en suçotant sans crainte des glaces à la vanille fondues et recongelées. Je rejoins les institutrices dans une seconde cour, derrière le bâtiment principal. Elles ont installé leur feu au milieu et se relaient, trois par trois, pour touiller l'immense marmite. Dedans, un liquide laiteux fume à gros bouillons ; c'est le jus recueilli après la première pression des germes de blé.

Le *sumalak* est le symbole du printemps. Il est fait à partir du blé en herbe et représente le renouveau de la vie, le retour de la nature après l'hiver. La légende raconte qu'une femme vivait seule avec ses nombreux enfants. Ils avaient faim, terriblement faim, mais elle n'avait plus rien pour les nourrir. L'hiver s'achevait, et le garde-manger restait vide. Pour tromper leur faim, elle mit de l'eau à bouillir, et jeta dans la marmite les premières pousses qu'elle vit devant sa maison, du blé en herbe, ainsi que quelques cailloux dont le bruit contre les parois lui permit de faire croire à ses enfants que l'eau qui bouillait était une véritable soupe. Elle leur demanda de tourner, tourner, tourner cette soupe de cailloux tandis que, épuisée, elle s'endormait. Toute la nuit, les enfants se relayèrent devant la marmite et au petit matin, lorsque la mère se réveilla, l'eau s'était changée en une belle pâte de couleur caramel, au goût sucré.

Quelques heures plus tard, le bouillon des institutrices a effectivement réduit : il s'est transformé en une pâte épaisse et brune. Sous la canicule, les jambes léchées par les flammes, les femmes suent à grosses gouttes. Quand j'essaie de les aider, elles me reprennent rapidement le bâton des mains ; le *sumalak*, c'est presque sacré : il faut le mélanger d'une façon particulière, dans un certain sens, avec un certain rythme. Elles ajoutent ensuite le deuxième jus de blé, froid, dans la marmite bouillante. Un nuage de vapeur s'élève, soudain traversé par un cri d'effroi. Les cuisinières se regardent, les yeux exorbités : le choc de la température a fait se détacher, au fond du plat, une croûte brûlée. Des morceaux carbonisés flottent à la surface. On se met à quatre, à six, à douze autour de la marmite pour repêcher les bouts noircis. À la louche, au couteau, à la casserole, tous les moyens sont bons pour retirer au plus vite ces scories indésirables.

À peine la chose réglée, toutes s'empressent de suçoter le bon caramel brun-vert qui entoure chaque morceau, tandis que d'autres ont repris le lent mouvement des bâtons au fond de la marmite. Lorsqu'il ne me reste que le charbon de sucre entre les doigts, j'hésite. Le sol sert pour les ordures classiques, emballages, plastiques et boîtes de conserve. S'agissant du pain, on ne peut décemment le jeter. Que faut-il donc faire d'un morceau noirâtre de caramel brûlé ? Je finis par jeter le mien au feu, croyant ainsi le purifier. Sacrilège ! Les deux cuisinières restées là ont vu mon geste. Elles s'échangent des regards horrifiés, puis jettent un coup d'œil alentour. Heureusement, personne d'autre ne m'a vu agir, la chose peut donc être réglée simplement, avec deux ou trois prières.

« Mais qu'aurait-il donc fallu faire ?

— Le déposer sur de la terre battue. Là-bas, au fond de la cour par exemple. »

Quand la lumière du soleil décroît, elles cessent d'alimenter le feu. La marmite est couverte ; on la laisse reposer toute la nuit tandis qu'est sortie une chaîne hi-fi. La fête commence. Le lendemain, chaque femme rapportera chez elle un seau de *sumalak*. Les cailloux seront sucés, nettoyés et conservés jusqu'à l'an prochain.

Les CBT *ladies* habitent ensemble et m'ont conviée chez elles, où un *bania* m'attend : les grosses pierres posées à côté du poêle sont déjà brûlantes. Une fois la porte fermée, je peux y projeter l'eau glaciale qui coule d'un robinet accroché au mur et recréer pour moi seule un sauna complet. Percée dans la partie haute du mur, une longue ouverture aux épais carreaux de verre éclaire la pièce d'une lumière ténue dont les rayons se diffractent dans la vapeur. En sortant du *bania*, j'aborde la recette du *kucha och* ou « plat de la rue », un plat ouzbek qui consiste à mettre tout ce qu'on trouve dans une marmite : maïs blanc, haricots rouges, pois chiches, viande et carottes, oignons, tomates, etc. Au soir m'est laissée une belle chambre avec lit double, draps propres et rideaux épais, où je dors délicieusement bien.

Le lendemain, vers 3 heures de l'après-midi, je veux quitter la ville mais la chef m'explique qu'il est trop tard : une fois à Bazar Korgon, je ne trouverai plus de bus pour continuer ma route. Il n'y a ni hôtel, ni CBT là-bas. La perspective de me retrouver seule et sans abri ne m'enchante pas, mais la responsable devient hostile puis quitte brutalement la pièce, me laissant interdite, mal à l'aise. Il vaut mieux partir. Je décide de leur laisser 300 soms, une fortune, en remerciement de leur bon accueil de la veille, mais la jeune fille sympathique qui est restée dans le local m'en réclame 350 pour la nuit. Je n'ai qu'un billet de 500 soms, et elle n'a pas de monnaie. Qu'à cela ne tienne, elle règle l'affaire d'une manière très commode : il faut ajouter à cela 90 soms pour le repas, et 60 pour l'ordinateur que j'ai utilisé. Et voilà ! Les invitations de la veille se sont magistralement transformées en une addition salée, et je n'ai d'autre choix que de laisser là mon avant-dernier billet, puis de filer au plus vite vers Bazar Korgon, sans la moindre banque en vue. On ne m'y reprendra plus.

À cette heure, les *tico*, ces minuscules voitures coréennes à quatre places qui ont envahi le pays, ne partent plus. Il faut se contenter du bus, sans place assise. Je pose mon sac dans l'allée et m'installe tranquillement dessus. C'était sans compter le nettoyage inopiné du véhicule qui cale au bord d'une rivière : l'assistant du chauffeur descend avec un seau qu'il vide une première fois dans le moteur, puis revient et projette sans prévenir son contenu dans l'allée. Mes affaires trempées, je n'ai plus qu'à rester debout en attendant l'arrivée. Le levier de vitesse reste coincé en seconde et les fenêtres fermées au motif qu'il y a des jeunes filles dans le bus. « Une jeune fille ne doit pas recevoir de courant d'air, ça la rendrait stérile. » Résultat, on étouffe. Malgré tout le relativisme culturel que je m'efforce d'appliquer, il faut bien reconnaître que certaines coutumes demeurent incompréhensibles.

Une fois à Bazar Korgon, tous les passagers s'égaillent et disparaissent dans les environs. Le terminal est vide, les derniers bus sont effectivement partis. Par chance, la ville tient son nom d'un immense bazar dont l'entrée se trouve précisément devant le terminal, et trois jeunes étrangers, les bras chargés de légumes, en sortent à l'instant. Ils m'aperçoivent de loin, hésitent un peu, puis la fille convainc les deux garçons en les tirant par le bras. Elle s'approche et me tend sa main moite dans un large sourire. *« Hi ! Where are you from ? »*

Ce sont des *Peace Corps*, des « Volontaires pour la paix » américains. Aleman est métis sino-américain, grand, mince et bien habillé – ses vêtements semblent même repassés. Sean, ou plutôt *« cheune »*, est plus négligé, petite barbe châtain clair, T-shirt délavé. Quant à Megan, Meg pour les intimes, forte fille au débardeur auréolé de transpiration, elle arbore un sourire cordial et franc. C'est elle qui mène la conversation. Arrivés l'été dernier, ils parlent couramment kirghize grâce à des cours intensifs suivis les premiers mois. Ils vivent dans des familles et assistent les professeurs d'anglais dans des écoles dont les murs sont ornés de portraits de Lénine et de fresques commémorant la Grande Guerre patriotique. À leur retour aux *States*, ils recevront 6 000 dollars pour faciliter leur réinsertion ; ils pourront également entrer à l'université avec des frais d'inscription réduits. Mais d'abord, ils doivent tenir le coup pendant vingt-quatre mois, chacun dans son village. Par chance pour moi, ils se sont exceptionnellement retrouvés pour préparer une activité commune chez Sean, le seul qui dispose d'une pièce privative dans sa maison d'accueil.

Ils viennent tous d'horizons très différents : Sean est moitié irlandais, moitié français, d'ancêtres trappeurs ; Meg est de Baltimore, dans la banlieue de Washington DC, et décrit complaisamment ses parents comme *« a bunch of fat and loud Americans »*, un tas d'Américains gras et bruyants ; quant à Aleman, il est de Los Angeles et rêve de devenir écrivain. Il compte profiter de ces deux années loin de chez lui pour entamer son œuvre au calme, mais son beau visage métis ne lui laisse pas de répit : il fait de lui l'idole des jeunes kirghizes. À son passage, elles se poussent du coude et le regardent en gloussant. Parfois, l'une d'elles ose même venir lui demander s'il est célibataire et si, par hasard, il ne voudrait pas l'épouser. Malgré le bon parti que peut représenter un Occidental, Sean a moins de succès ; ses collègues lui proposent régulièrement d'aller à Jalalabad.

« Pour quoi faire ?

— Mais pour voir les putes bien sûr ! »

S'il refuse, on l'accuse – c'est une blague – de ne pas être un homme. Revoilà l'humour kirghize, cet humour direct, presque agressif, qui me déroute depuis mon arrivée dans le pays. C'est Meg qui m'en donne enfin la clé. Il suffit tout simplement de répondre du tac au tac par une phrase du même acabit, tout en déviant la proposition. Pour Sean, ce sera une réponse du type : « *Cool*, la prochaine fois, on y va ! » ; ou encore : « Excellente idée ! J'y réfléchis. » D'un point de vue non kirghize, cela n'a rien de drôle – ou peut-être est-ce un second degré particulièrement subtil –, mais ça marche. Tout le monde éclate de rire. Ainsi, quand Meg se voit promettre un rapt pour le soir même, elle se contente de répondre : « Je ne vous le conseille pas, je ne suis bonne à rien ; je ne sais même pas traire une vache ! » J'en prends bonne note.

L'enlèvement de la fiancée est une pratique qui remonte à l'époque où les Kirghizes étaient tous nomades et où, pour se trouver une femme, ils partaient razzier les campements voisins. Cette version inquiétante du Prince charmant fut proscrite par les Soviétiques dans les années 1920 et, à Och, Tcholpon m'avait affirmé qu'elle avait disparu. Megan me révèle qu'elle perdure dans les zones rurales : « En kirghize, le mot "femme" n'existe pas. On est soit "jeune fille", soit "épouse", il n'y a pas d'entre deux. Pour les mères, l'adolescence de leurs filles est donc un grand moment d'angoisse, car elles espèrent de tout cœur un bon mariage, mais craignent à chaque instant que leurs filles ne se fassent enlever. » C'est arrivé à l'une de ses collègues.

La jeune institutrice marchait dans la rue en rentrant de son travail quand un cavalier est arrivé au grand galop. Il l'a attrapée au vol et emmenée dans les montagnes. Le lendemain, quand les parents sont venus la chercher, il était déjà trop tard. Elle y avait passé la nuit, elle ne serait donc plus jamais une « jeune fille ». Elle ne valait plus rien, ils l'ont laissée chez lui. S'ils l'avaient récupérée ce matin-là, elle serait devenue une moins que rien, impropre au mariage, et donc destinée aux tâches domestiques les plus ingrates. En compensation, ils ont simplement reçu un grand sac de *bor soq*, des beignets. La virginité des filles est primordiale même si, dans les villes, pilules et préservatifs sont en vente libre. Au moment du mariage, certaines se font recoudre l'hymen avec de la muqueuse de mouton. La première nuit, le drap doit être taché, et on le conservera précieusement, tel quel, replié dans le *sunduk*, le coffre nuptial offert par les parents de la mariée. D'après Megan, le sang de mouton n'a pas la même couleur, et elle songe donc – presque sérieusement – à lancer un commerce de tablettes de faux sang pour préserver la valeur de ces jeunes filles en fleur tout en évitant le coût, et le danger, d'une intervention chirurgicale !

Le repas en compagnie de ces trois jeunes Américains est ressourçant. Pour la première fois depuis longtemps, je mange une simple salade de tomates en conserve avec un plat de spaghetti, le tout avec couteaux et fourchettes. Surtout, pour une fois, je peux manger à l'aise, sans être observée, sans m'imposer de respecter les coutumes locales ; je peux m'arrêter lorsque je n'ai plus faim, et il n'y a personne pour me reprocher de ne pas avoir un appétit gargantuesque. Comme je m'efforce de toujours finir mon assiette, mes divers hôtes me resservent, en me félicitant de mon appétit. Le fait que j'aie pris 8 kilos à mon retour serait, pour eux, source de fierté.

Au soir, le « père » de Sean, son logeur, Ata, vient discuter avec moi pendant que les autres préparent leur activité du lendemain. Chemise ouverte sur sa bedaine, il fume à la fenêtre. Il est agriculteur et peste contre les villageois des montagnes, d'Arslanbob et de Kyzyl Unkur, qui ont chacun hérité d'une parcelle de noyers – Alexandre le Grand aurait rapporté en Grèce de ces arbres millénaires, fierté locale. Et mon hôte de s'agacer : « Les montagnards n'ont qu'à se pencher, et les voilà riches ! Pire encore, de l'autre côté, ils ont des pistaches. Elles se vendent encore trois fois plus chères ! Moi, je ne dois ma richesse qu'à mon travail ! » À la fin de l'ère soviétique, quinze ans plus tôt, les terres ont été privatisées. Finis les kolkhozes, ces grandes fermes collectives subventionnées où il suffisait de pointer matin et soir et d'attendre sa paye le jour venu. En 1992, le gouvernement a décidé de redonner la terre aux paysans, conservant 25 % des terres cultivables pour les louer au plus offrant. Chaque famille a reçu une part des 75 % restants. À Bazar Korgon, c'était un dixième d'hectare par personne. Père d'une famille nombreuse, Ata a obtenu près de 1 hectare, mais ses terres sont à 18 kilomètres de là, aussi doit-il s'y rendre chaque jour en voiture. Pour contrecarrer cette injustice, il en loue 8 supplémentaires à l'État et y fait pousser maïs et tournesol.

À 7 heures 30, tout le monde est levé et Ata m'emmène à Bazar Korgon pour me permettre de retirer un peu d'argent avant le *toy* qui a lieu au village, un mariage auquel il m'a fait inviter. En chemin, nous déposons sa femme – qui travaille, elle aussi – dans une échoppe en bord de route. Biscuits, sodas, cognac et vodka… elle ne vend rien que l'essentiel ! À la ville, impossible de retirer de l'argent, encore moins de changer des *traveller's checks*. Les banquiers refusent même mon billet de 50 dollars. La raison en est assez déroutante : « Il est sale. » C'est un billet de 2001, à peine froissé. « Ça, c'est bon pour les États-Unis, mais nous, on ne prend que les billets neufs. » Ata me le confirme, la monnaie locale sert pour les transactions de tous les jours, mais les dollars s'échangent uniquement entre banques. Ils doivent donc être « propres ». Comme il n'y aura plus d'autre banque avant Bichkek, mon budget sera serré.

Au *toy*, une jeune femme énergique décide d'être mon guide. Nous virevoltons d'un coin à l'autre de l'immense maison, répartie en plusieurs dépendances autour d'une cour centrale. Chacune des salles est apprêtée pour recevoir les centaines d'invités qui défileront le jour durant. Aucun meuble, mais des tapis et des coussins partout : un *dastarkhon* orne chaque salle, nappe de toile cirée couverte de délices sucrés et salés, confitures sirupeuses, fruits secs, pains blonds et assiettes de salade. Une fois assis, chacun reçoit un bol de bouillon qu'il faut boire brûlant avant que le gras ne se gélifie ; une épreuve d'autant plus redoutable que suit une large assiette de *plov* : 200 kilos de riz ont été préparés avec la viande d'une vache et d'un mouton entiers pour l'occasion. Tout doit disparaître. Dans la cour, les cuisiniers se relaient pour terminer la découpe des divers morceaux. À quelques mètres des cuistots, trois vieillards déguenillés, l'un aveugle et les deux autres soutenus par une béquille, dévorent leurs assiettes de *plov*. Ma compagne m'éloigne de la curée : « Tu n'as pas besoin de voir ça. » Ce sont les mendiants du village, venus demander l'aumône, qui profitent de l'aubaine à l'ombre de l'étable.

Quant à la mariée, elle est cantonnée dans une petite salle où, toute la journée, les invitées se succèdent. La mariée s'incline trois fois. À la troisième, les femmes déposent chacune un foulard ou des habits sur ses épaules, en fonction de leurs moyens. Ensuite, chacune l'embrasse sur les deux joues, puis elles partagent un thé. Après l'*umin*, elles laissent place à la fournée suivante. Les villageoises sont très heureuses de rencontrer cette mariée qui, venant d'Uzgen, leur était inconnue. Elle travaille avec son mari au bazar de Bichkek, au nord. Contrairement aux us de la campagne, ces deux-là vivent déjà ensemble depuis neuf ans, et ils s'aiment.

Le bruit d'un moteur dans la cour alerte les convives. Un invité prestigieux est arrivé. Sa femme sort un énorme ballot de cadeaux, et lui, un mouton vivant de son coffre. Après avoir salué la mariée, elle part avec son chargement dans une autre salle, où se trouvent les parents. Ils reçoivent chacun des vêtements de cérémonie en soie brodée, plus un foulard pour la mère et un élégant *kalpak* pour le père. Dans la salle attenante, une vieille femme, sans doute la grand-mère, trie les gâteries reçues : pains, *bor soq*, biscuits, bonbons et chocolats s'empilent le long des murs sans qu'aucun des enfants, dont les yeux brillent pourtant d'avidité par l'entrebâillement de la porte, soit invité à entrer. Lorsque je veux partir, on me remet un sachet en plastique empli de cadeaux : des *bor soq*, un morceau de pain, des bonbons et un bout de viande froide, tous emballés en vrac. Drôle de mélange, dont les fourmis se régaleront à ma place. Sean m'expliquera une surprise similaire lorsque, à la fin d'une fête organisée pour son arrivée à Bichkek, sa mère d'accueil avait ouvert son sac à main pour y fourrer tout ce qu'elle pouvait trouver sur les tables, sucreries et restes de *plov*, sans discrimination. Il s'était demandé si cette dame allait ainsi tout rafler ; mais non, toutes l'imitaient. Sean en conclut, avec son pragmatisme d'Américain, que cette pratique a au moins l'avantage d'éviter le gâchis.

Au terminal de Bazar Korgon, j'attends le départ pour Kyzyl Unkur, l'un des villages des heureux légataires des noyers. Je profite des deux heures d'attente pour sympathiser avec la plus jeune des passagères. Janara, la trentaine, accepte de m'héberger chez elle, là-haut. Cependant, au moment du départ, elle redescend et me laisse seule. « Pas d'inquiétude, ma mère est là. » Elle m'indique une forte femme assise en travers de la banquette, derrière, à qui je n'avais pas adressé la parole. C'est à elle, Apa, la « mère » en kirghize, que Janara me confie avant de promettre de nous rejoindre bientôt. Apa a 55 ans. De belles rides courent le long de son visage rond. Elle porte son foulard noué derrière la nuque, comme les jeunes filles, mais elle en a rabattu les extrémités sur le devant, accrochées ensemble au-dessus du front, ce qui sied mieux à son âge. À l'arrivée, j'hésite à la suivre, gênée de ma hardiesse. Elle me regarde d'un air moqueur : « Alors, tu descends ? »

Sur un plateau où paissent les moutons, les vaches et les juments de Kyzyl Unkur, Apa possède, autour d'une cour centrale, une étable, une maison pour dormir et prendre le thé, et une autre, toute petite, qui sert juste de cuisine. Derrière, un peu plus haut, un champ arable jouxte l'enclos des deux vaches et de leurs veaux. Apa règne sur ce domaine depuis la mort de son mari, pour les funérailles duquel elle s'est ruinée. Pour un enterrement, une famille peut dépenser plusieurs milliers d'euros. Eux ont acheté 50 kilos de farine pour faire des *bor soq*, 60 kilos de riz pour le *plov*, des carottes, des patates, des sucreries à profusion, et surtout, ils ont sacrifié puis cuisiné un cheval. L'enterrement a coûté 100 000 soms, soit 2 000 euros. « C'est notre tradition, se lamente-t-elle, on travaille dur, on économise, et il suffit d'un mariage ou d'un enterrement pour que tout soit dépensé. »

Je reste auprès de ces hôtes pendant cinq jours, un record. Depuis mon départ, j'ai rarement dormi plus d'une nuit au même endroit car je craignais d'être une charge pour les gens qui m'accueillaient. En effet, lorsque, avant mon voyage, j'avais entrepris une reconnaissance en Ouzbékistan, j'avais été invitée un jour à boire un thé dans une famille. Le sol était nu, les murs également, hormis un cadre. Pour me remercier d'avoir discuté avec eux, ils m'avaient offert ce tableau, leur unique ornement. Le refuser eût été une offense : si, en Europe, une éducation judéo-chrétienne nous pousse à partager ce que nous possédons, en Asie centrale, la charité, pilier de l'islam, encourage le don de la totalité de ses biens à l'invité. Depuis ce temps-là, j'ai donc pris le parti de ne jamais rester trop longtemps au même endroit, par crainte de spolier mes hôtes malgré moi. Pourtant, un tel rythme de voyage m'a épuisée. Janara m'ayant demandé de l'attendre, je me repose dans cette nouvelle famille sans autre préoccupation que d'apprendre chaque jour un nouveau plat. Être à la montagne est aussi l'occasion de recommencer à marcher un peu et de prendre l'air : plus haut, la forêt commence. En face, de l'autre côté de la vallée, une falaise de terre rouge piquetée de niches vert clair rayonne dans le soleil. Derrière, la forêt à nouveau, en taches de couleurs, vert d'ombre pour les sapins, gris clair pour les noyers. Ce paysage évoque la Suisse, à laquelle on compare parfois le Kirghizistan. Je m'y ressource.

À 7 heures, c'est la traite, une seule par jour car les veaux ont encore besoin du restant du lait maternel. C'est Tattigul, la belle-sœur de Janara, qui s'en occupe. Jeune fille à la peau mate et aux yeux sombres, ses traits, comme sa taille, sont fins : Tattigul a tout juste 20 ans et, en bru respectueuse, elle accomplit tout ce que lui demande Apa. Elle amène les vaches dans leur enclos, utilise les petits pour amorcer la tétée, puis les écarte. Accrochés à un poteau à quelques mètres de leurs mères, ils meuglent rageusement, furieux de se voir retirer le lait de la bouche. Tattigul pose son tabouret devant la vache, lâche le seau sous la mamelle, frotte un peu de crème sur ses doigts qu'elle fait glisser le long des pis. Un jet, puis un autre. Elle alterne les pis, doucement, ignorant les cris déchirants des veaux. Une fois sa tâche accomplie, elle relâche ces derniers, qui se précipitent vers les tétines, désespérant d'y trouver encore quelques gouttes de lait : ils happent, tirent frénétiquement dessus, donnent des coups de tête puis, en désespoir de cause, abandonnent le pis flasque et mou. Les vaches sont alors chassées à coups de cailloux, talonnées de près par leurs petits, vers le plateau où elles pourront brouter l'herbe jusqu'au soir. Tattigul redescend ensuite de son pas calme, égal, apporter le lait à Apa, qui le stérilise à gros bouillons. Le temps qu'il refroidisse, Apa sort son matériel : elle s'assoit dehors sur une épaisse peau de mouton, ses vieux os réchauffés par les premiers rayons du matin, et déballe un baluchon d'instruments en plastique. C'est une séparateuse de crème. Après avoir imbriqué les divers morceaux les uns dans les autres, posé une tasse sous une extrémité, un seau sous l'autre, Apa verse doucement le lait par-dessus, tourne vigoureusement la manivelle, et obtient, dans le seau, un lait écrémé et, dans la tasse, du *kaymak*, une délicieuse mousse de lait jaune pâle que nous étalons comme du beurre sur nos tartines.

L'après-midi, je pars seule derrière le plateau. N'ayant ni carte ni guide, je m'arrête derrière un premier col où l'eau d'un ruisseau glacial me donne une énergie nouvelle. Le lendemain, je repars dans la même direction avec Tattigul, son mari et l'un de leurs cousins. Cependant, le soleil a laissé place à une brume légère qui blanchit les alentours. Nous nous contentons d'atteindre la forêt, d'y cueillir quelques herbes pour cuisiner de délicieux *kök samsa*, et puis, déjà, de redescendre sous la bruine. Tattigul marche doucement, elle a des vertiges. Elle vient de se découvrir enceinte de deux mois et veut se reposer à la maison.

Le temps s'améliore dans l'après-midi, et le cousin me propose de l'accompagner de l'autre côté de la vallée, en quête de champignons. J'hésite. Cet homme est arrivé de nulle part et, durant la promenade du matin, il m'a interrogée sur les pilules contraceptives que prennent les Françaises. Le fait qu'il connaisse leur existence est déjà louche, mais ses questions, insistantes, sur ma capacité à faire l'amour sans tomber enceinte m'inquiètent. Tattigul est pourtant sereine, elle ne semble pas croire à un quelconque risque. Je décide donc de faire confiance au cousin. D'ailleurs, j'ai pris soin de lui montrer mes fausses photos de mariage, accrochée au bras de Timothée : « Oui, c'est mon mari. » Le message semble clair : nous partons de l'autre côté de la vallée, vers les grandes forêts de noyers.

Le chemin s'éloigne hors de vue du village. Nous dépassons un sanatorium désaffecté. Jusqu'en 1990, les ouvriers méritants y étaient envoyés de toute l'Union pour passer de belles vacances. Aujourd'hui, la peinture s'écaille et les jeux d'enfants abandonnés ont un air de carte postale racornie. Le chemin s'élève à découvert puis s'enfonce brusquement sous la frondaison des grands arbres. Le cousin veut me montrer « sa » parcelle. Comme chaque villageois, il a hérité d'un bout de terrain qui lui appartient désormais. C'est là que nous allons chercher des champignons. Nous dégringolons dans la mousse et le terreau humide des feuilles mortes. Au pied des arbres, de grosses morilles pointent parfois leur nez fripé. Il m'explique où et comment chercher, puis chacun emplit son sac, jusqu'à ce que la pluie se mette à tomber, si drue qu'il faut chercher un abri.

Justement, là, entre les arbres, une voûte naturelle faite de branchages cassés protège efficacement de l'averse. Dessous, un morceau de tronc forme un banc étroit. Il s'y installe et m'invite à prendre place contre lui. Ses yeux, soudain, sont devenus brillants. Il semble fiévreux, sous l'emprise d'une idée folle qui s'empare de son esprit.

Je refuse. Il insiste. La pluie me mouille de plus en plus, et avant d'être trempée jusqu'aux os, je finis par m'installer sur l'espace restant, juste à côté de lui. Il me demande ce que je vais lui offrir avant de partir. Le matin, j'ai donné à Tattigul un stylo Bic blanc, orné d'un drapeau français, que distribue l'ambassade. Piètre cadeau, qui lui a cependant fait plaisir.

Il insiste encore, voudrait savoir ce que je vais lui laisser, à lui, en souvenir. Rien. Mais si ! Ses yeux sont des billes d'argent, brûlantes de désir. Il m'attrape le bras. Sa main me presse au point de me faire mal. « Qu'est-ce que tu vas m'offrir, à moi ? »

Il est bien plus fort que moi. Je sais que je ne peux rien faire s'il devient violent. Je contrôle ma respiration, maîtrise l'expression de mon visage et lui demande calmement, fermement, de retirer son bras du mien. Il rit, croit que je joue à celle qui dit non pour dire oui. Sa voix est doucereuse, insistante : « Tu sais bien ce que je veux, n'est-ce pas ? » Je panique intérieurement mais conserve mon calme. Je suis même capable de penser : « Quelle chance d'avoir fait du théâtre, d'avoir appris à rester concentrée au-delà de mes émotions réelles, de pouvoir contrôler mon souffle. » Mon regard sur moi-même est presque extérieur, je perçois la scène comme le ferait un public surélevé, observant les acteurs en présence, analysant ce que peuvent être mon champ d'action et mon rôle dans cette pièce improvisée à mon insu. Pourtant, pour la toute première fois depuis mon départ, j'ai vraiment peur. J'aurais beau crier, nous sommes à des kilomètres du village, personne ne peut m'entendre. J'aurais beau fuir, il me rattraperait facilement, habitué à ce terrain que je ne connais pas. J'aurais beau pleurer, que peuvent des larmes face à un homme décidé ?

J'inspire à nouveau une grande bouffée d'air, calmement, et prends un ton de voix plus ferme encore. Je sais qu'à ce jeu-là, seule ma détermination pourra me sauver. Je dois lui montrer que c'est moi la plus forte, même si ses muscles sont plus puissants. Je lui demande à nouveau d'ôter son bras du mien et, en même temps, joins le geste à la parole, doucement, sans le brusquer. Je lui explique que je ne plaisante pas, que cela ne me fait pas rire, qu'il est temps de rentrer. Il insiste, riant de sa supériorité avec cet air de dément qui ne le quitte plus depuis qu'il a compris l'aubaine inespérée, et pose sa main sur ma cuisse. Je reste calme, froide, le regard dur, mais je me lève cependant, à peine trop brusquement. Je me remets debout sous la pluie ; nous savons tous les deux pourquoi bien qu'aucun de nous n'en parle directement. Mon cerveau est tout entier concentré pour capter le moindre de ses mouvements, la moindre de ses intentions. Je porte le masque de la supériorité intouchable, de celle qui est plus forte. Je suis au-dessus de sa volonté, et d'ailleurs je n'ai même pas compris ce qu'il voulait de moi. Il faut à tout prix qu'il le croie encore. Mettre des mots sur ce qui est en train de se passer serait trop dangereux. La norme sociale qui interdit son comportement pourrait lui retomber dessus brutalement : qui sait s'il ne se sentirait pas soudain libéré, autorisé, une fois les mots dits, à en accomplir les actes. Trop imprévisible, trop risqué. Mieux vaut conserver la tension, la soutenir, la dominer durant ces longues, ces interminables minutes où le temps semble s'être distendu.

La pluie s'arrête sans prévenir et, avec cette accalmie, la tension se dissipe. Nous pouvons recommencer à marcher. Nous pouvons rentrer. Tout est fini. Ses yeux sont redevenus normaux. Il me parle comme si de rien n'était, presque surpris de la distance que je maintiens entre lui et moi, de ma méfiance évidente.

Effectivement, « rien » ne s'est passé. Et pourtant… Pourtant cet incident m'a soudain rappelé que je n'étais qu'une jeune fille, pas aussi forte que je voulais le croire. Les blagues kirghizes qui m'accompagnent depuis mon arrivée dans ce pays refont surface. Je ne crains pas qu'on veuille vraiment m'enlever, mais un sentiment d'insécurité, sournois, s'est maintenant glissé dans mes pensées. J'avançais sans autre souci que celui de collecter un maximum de recettes de cuisine, notant chaque détail dans mes carnets, faisant l'amusement de tous mes hôtes parce que j'écris de travers, une habitude de gauchère. Et puis soudain, je ne peux plus me définir uniquement par cette image de voyageuse.

Je sais désormais que je suis une femme, donc une proie, un joli paquet de viande.

Janara est revenue de la ville, mais je ne veux plus rester : son cousin est toujours là. Poli, bien élevé, il me traduit en russe les blagues du repas, reste modestement en retrait. S'il n'y avait ces morilles revenues à la poêle, trônant sur une assiette au milieu de la table, il me semblerait presque avoir rêvé notre promenade. Janara est déçue de mon départ précipité, ne comprend pas. Je préfère ne rien lui dire. Nous passons notre dernière soirée à discuter ensemble de sa famille, comme de vieilles amies, dans l'ambiance chaleureuse du salon où plus aucun homme ne rôde.

Chapitre 20
SOUS LA YOURTE DE SUSAMIR

Où la vie paraît mi-figue mi-raisin.

Un villageois qui descend en voiture à Bazar Korgon pour y vendre des noix en profite pour faire le plein de passagers. Après une heure de chargement, un client par-ci, un autre par-là, et, surtout, d'énormes sacs qui débordent du coffre, nous dévalons la montagne en roue libre, moteur coupé dans la lueur dorée de l'aube. Je perçois le silence, la beauté matutinale de la montagne, comme une bénédiction à mon égard, une protection qui me rassérène avant la suite des événements. Au terminal, la place semble vide au premier regard, mais à droite, des femmes aux habits bigarrés sont accroupies par terre. Parmi des montagnes de noix, certaines pèsent des sacs pleins sur une balance métallique, d'autres entament les premières négociations puis échangent des billets, d'autres encore commencent à les écaler, une par une, trônant sur des tas de coques. Une fois épluchées, leurs noix vaudront presque deux fois plus.

Ce jour-là, le chauffeur de la *marchrutka* n'a que 24 ans, mais il est chirurgien de formation. Il a sauté ses dernières années d'école pour entrer plus vite en faculté, où il a acheté sa place. Comme il ne trouve pas de travail, les hôpitaux ayant des budgets dérisoires et son diplôme ne guarantissant sans doute pas une compétence réelle, il s'est acheté un minibus qu'il a rentabilisé en plusieurs allers-retours. Ma voisine est une institutrice âgée. Elle est si fine, si rachitique que j'ai l'impression d'être une ogresse à côté d'elle. Elle a d'épaisses lunettes à double foyer, des cheveux gris et une peau parcheminée, très sèche, comme craquelée. Une voix fluette s'échappe de ses lèvres ; il faut prêter l'oreille pour l'entendre. Elle est partie voir ses parents – qui vivent encore ! – au bord du lac de Toktogul.

Après avoir longé des montagnes pelées, la route découvre en contrebas un mince ruisseau bleu turquoise. Au-delà du premier barrage, le ruban bleuté est devenu un lac profond dans lequel s'écoulent des torrents de lumière. Derrière un virage, une maison, des ruches, un carré de verdure cultivé sous la route. J'hésite. Et si je m'arrêtais là ? Trop tard, la *marchrutka* est déjà loin. Je n'ai pas osé. J'ai eu peur. Peur de gêner et peur qu'on abuse de moi. Deux inquiétudes bien distinctes, mais qui me paralysent désormais autant l'une que l'autre. Peut-être davantage la première.

Je ferai mieux de rester un peu seule, d'arrêter d'occuper ainsi les maisons des paysans pauvres, de profiter sans vergogne de leur gentillesse, de recevoir ainsi tout ce qu'ils possèdent « parce que c'est la tradition ». La mienne est-elle donc de manger leur pain sur leur dos ? Je me sens coupable de pouvoir faire un si beau, un si long voyage. Coupable d'être là. Coupable de vouloir être heureuse à ma façon. Coupable d'en avoir les moyens. Coupable aussi peut-être d'avoir pu en réchapper si facilement, la veille, dans cette forêt de noyers. Lorsque je préparais mon voyage, parlant aux gens informés, dissertant sur les pays dans lesquels je souhaitais me rendre, j'avais croisé un ancien diplomate. Il m'avait expliqué, avec une sombre bienveillance, pour mon bien, comment, au Pakistan, une jeune Française intrépide partie randonner seule dans le fief montagnard d'une tribu, avait disparu… jusqu'à ce qu'un colis arrive à l'ambassade. Il contenait sa tête. De quoi vous dissuader de vous écarter un tant soit peu de votre routine, de quoi renoncer à vos rêves. Mais voilà, je suis ici, je suis en vie et, bon an mal an, tout fonctionne plutôt bien. J'essaie de laisser un petit cadeau en remerciement, des photos de la famille, un foulard, de la nourriture ou des parfums de France. Je griffonne des pages entières de mon carnet chaque jour, j'ai déjà plus d'une centaine de recettes, certaines délicieuses, d'autres écœurantes, mais toutes m'ont appris quelque chose des pays visités. Alors, autant continuer. La collecte des recettes est devenue une fin en soi autant que le mobile de mon voyage. Elle me permet d'esquiver tout autre questionnement.

D'ailleurs, je scrute à nouveau la route en quête d'un endroit accueillant, mais l'occasion ne se présente plus : après quelques tunnels, nous débouchons déjà sur l'immense lac de Toktogul, d'un bleu de ciel clair mais dense. Au loin, les sommets enneigés et la fine colonne de fumée qui s'échappe d'une maison forment une vue idyllique. De l'autre côté de ce lac artificiel s'étend la ville dont il a pris le nom. Ma minuscule voisine part rejoindre ses chers vieux parents en me conseillant le saucisson de cheval, et je me retrouve au bord de la route. Nous sommes au milieu de l'après-midi, il fait un soleil de plomb et me voilà exaucée dans mes souhaits : être seule… Mais sans la moindre invitation à l'horizon, et avec trop peu d'argent pour me payer un hôtel en sus du retour à Bichkek.

Je me fais indiquer la direction du lac, par un chemin de terre dont on ne voit pas le bout. « C'est loin, à plusieurs kilomètres », « on ne peut pas s'y baigner, elle est trop froide », « c'est dangereux, il y a des serpents ». Phénomène récurrent : tout ce qui n'est pas dans les habitudes locales est forcément annoncé comme dangereux. Si vous voulez prendre tel chemin plutôt que tel autre, soudain, tout le monde s'allie pour vous faire renoncer à votre idée folle. Vous l'empruntez quand même, et neuf fois sur dix, vous aviez raison. Pas le moindre danger. Pas même le début d'une alerte. Mais voilà, dans toute société, il y a des choses qui ne se font pas, et qu'on ne discute pas. Pourquoi se récrier, pourquoi essayer quand même, quand tout le monde vous dit que non ? Si vous persévérez, souvent, on vous prendra pour un fou. Jusqu'à ce qu'une autre personne vous suive. Et puis une autre. Et finalement, tout le monde loue l'illustre inconnu qui, un jour, a décidé de faire autrement. Cette fois pourtant, les signes s'accumulent pour me faire reculer. D'abord des cadavres d'oiseaux sur le bas-côté, une odeur de poubelle macérée au soleil et des corbeaux obèses à la curée. Ensuite, des enfants qui cueillent dans les arbres des abricots encore verts. Ils crient : « *Turišta !* » et me suivent à distance, en groupe, « Eh, *turišta*, t'as des dollars ? » Ils se rapprochent. Mendicité malsaine.

« Bonjour, je m'appelle Alice, et vous ? Vous allez au lac ? » Ils continuent à me tourner autour. Je ne réponds à leurs cris que lorsqu'ils m'appellent par mon prénom. Ils se moquent en cœur, m'imitent, le rire méchant. *« Ozira, ozira ! »* – le lac, le lac ! Et puis soudain, ils détalent vers la colline. Là-bas, deux hommes s'affairent au sol. Un serpent.

Le chemin se poursuit au calme. La terre se désertifie, les broussailles deviennent éparses. Mais où est donc le lac ? Quand tout concorde pour vous faire changer d'avis, la volonté d'avancer ne tient plus qu'à un fil, souvent une broutille. Cette fois, c'est une idée fixe. Me baigner. Je sue à grosses gouttes sous le poids de mon sac. Une baignade dans l'eau fraîche est la seule idée qui me pousse à marcher malgré les mises en garde répétées des hommes et de la nature. Et puis, d'un coup, il est là, majestueux, léchant une plage de galets blancs, entouré de montagnes rouges. Le lac de Toktogul. Sa taille n'est rien en comparaison de celle de l'Issyk-Kul, véritable mer intérieure des monts Célestes, mais son eau pure, au moins, n'aura pas servi à l'entraînement des sous-marins soviétiques durant la guerre froide !

Un autre groupe d'enfants est là, plus jeunes, avec aussi des filles. Ils m'observent, intéressés. Gardant une distance respectueuse, ils m'apportent un gobelet de soda orange fluo puis détournent la tête pour me permettre de me changer. Après quelques brasses rafraîchissantes, je retourne sur mes pas en leur compagnie. Il est toujours surprenant de voir combien la disposition de l'esprit rend belles les choses qui pouvaient, l'instant d'avant, sembler hostiles. La plaine désertique a pris des reflets dorés ; sur la colline, les silhouettes de cavaliers menant leurs troupeaux se détachent, symbole de liberté sauvage. Les herbes dégagent une délicieuse odeur de Provence et l'un des enfants, inquiet de me savoir seule à cette heure tardive, court demander à ses parents l'autorisation de me ramener chez lui. Tout redevient simple, évident.

Avant Bichkek, capitale dont le nom est celui de la baratte qui permet de faire fermenter le fameux *kumiss*, boisson à base de lait de jument, je veux encore tenter de rencontrer de vrais nomades : un fantasme de citadine. La route doit traverser un ultime pâturage de haute montagne sur lequel est indiqué un point, « Susamir ». Je croise les doigts pour que des yourtes soient montées et, pour la première fois, je fais du stop. Du stop payant, bien sûr, mais cela m'évite les interminables discussions avec le chauffeur pour n'effectuer qu'une partie du trajet et me permet d'attendre au soleil, en marchant librement, plutôt que de patienter dans une gare routière étouffante. Je suis chanceuse : à peine 200 mètres, et une voiture pile à ma hauteur. Quoique le coffre soit plein et le toit aussi, il reste une place à l'arrière. Je m'assois parmi les autres tandis que le chauffeur extirpe un bout de ficelle providentiel et ligote mon sac par-dessus son arsenal.

La route remonte par une vallée emplie de ruches et de baies sauvages, mais lorsqu'elle débouche sur le plateau, je dois me rendre à l'évidence : en avril, il est encore trop tôt. À peine une ou deux yourtes sont là, et uniquement pour vendre le surplus de lait de jument fermenté. Le chauffeur me conseille de ne pas y goûter. D'abord parce qu'en bord de route le *kumiss* est rarement de bonne qualité, ensuite parce que je suis une Occidentale et qu'il y a fort à parier que mon estomac ne supporterait pas l'assaut de cet alcool piquant. Il me dépose au bout du plateau, au croisement d'une route. J'aimerais m'enfoncer plus avant, vers la ville de Susamir, mais mon chauffeur continue droit sur Bichkek, et pas la moindre voiture ne prend l'embranchement voulu. Je renonce donc à l'exotisme d'un village semi-nomade pour celui, non moins intéressant, d'une aire d'autoroute familiale.

Il y a une maison en dur, et une yourte. Contre menue monnaie, on peut m'héberger dans cette dernière. On me nourrit à part, dans la maison. C'est la vieille mère, Gulia, qui me cuisine à la va-vite un *bech barmak*, la spécialité kazakhe : nouilles chinoises à cuisson rapide, bouillon d'os réchauffé et morceaux de bœuf finement émincés par son mari, dans le sens contraire du muscle. Gulia a eu quatre enfants, trois fils et une fille, Merim. Celle-ci a mon âge, 22 ans, et déjà deux enfants. Pour son mariage, elle a été enlevée, de nuit. Le rapt n'a pas eu lieu à cheval mais en voiture, ce qui paraît normal pour une halte routière. Au matin, comme ses parents ne la trouvaient pas, ils ont envoyé l'un de ses frères à sa recherche dans les villages alentour. Rien. Finalement, c'est un oncle éloigné qui est venu les prévenir du lieu de l'enlèvement. Pour remettre les choses en ordre, le mariage a quand même été célébré et le *kalim* payé, mais six mois plus tard. Ce délai est courant lorsque l'époux n'est pas très riche ; d'autant qu'une femme coûte cher tant qu'elle est vierge. Pour Merim, ses parents ont finalement reçu un *kalim* honorable : 30 000 soms, un mouton vivant et un déjà égorgé, un cheval, 20 bouteilles de vodka, 10 kilos de chocolat et 10 de biscuits, des habits, des foulards et, bien sûr, les inévitables *bor soq*. Quant à eux, ils ont offert au jeune ménage des meubles et des tapis pour garnir leur foyer : dix couvertures, un *chirdak* (tapis de feutre), quatre *tüchük* (matelas) et un *sunduk*, la malle de noces qui contient les broderies et napperons que la jeune fille confectionne pendant son adolescence.

Parmi les trois fils de Gulia, Aibeh a choisi de demander sa femme en mariage par amour, « comme un Français ». Les deux autres sont encore célibataires ; ils travaillent à Bichkek. C'est à Aibeh et à son épouse, Elnora, qu'appartient la yourte en bord de route, où il n'y a qu'un seul lit double. Lorsque je m'en rends compte, Aibeh a déjà emporté ses affaires pour passer la nuit chez sa mère, tandis qu'Elnora reste avec moi. Leurs trois enfants sont couchés, au chaud, dans la maison en dur de leur grand-mère.

La nuit est vite tombée. Dans le grand lit double qui trône au milieu de la tente, Elnora ne trouve pas le sommeil. Elle s'agite et gémit, les yeux fiévreux. Je me réveille tout à fait. Elle délire, profère des phrases sans queue ni tête. Parfois, un mot clair lui échappe. « Enfant. » Elle parle de plus en plus fort, crie, se tord de douleur et hurle. Sa voix se casse même, mais elle continue de plus belle. Elle m'agrippe le bras, les yeux implorants, tentant de me faire comprendre quelque chose dans un mélange de russe et de kirghize. Puis elle se convulse. J'ai l'impression qu'elle vient de perdre un enfant, ou va le perdre bientôt. Elle se tait brutalement, haletante, en position fœtale. Ses grands yeux sombres me transpercent d'une fixité hallucinée. Les phares d'une voiture qui passe sur la route éclairent la yourte par en dessous. Le halo de lumière tourne autour de nous, souligne ses traits tordus par une douleur pure puis s'éteint. Elnora, entre les halos blanchâtres et le vrombissement des moteurs, semble possédée. Ses doigts ont attrapé mon poignet, qu'elle serre de toutes ses forces. « J'ai 20 ans ! lance-t-elle. Tu comprends ? J'ai juste 20 ans ! Je ne peux pas ! Tu comprends ? » Une douleur fulgurante lui transperce l'abdomen. Son étreinte se relâche autour de mon poignet, l'autre main couvre son ventre comme pour enserrer le mal. Elle geint encore, s'assoit sur le lit, mais la douleur semble l'avoir assommée. Elle se balance maintenant d'avant en arrière, répétant les mêmes phrases décousues, comme une enfant autiste perdue dans son cauchemar. Un long murmure s'échappe de ses lèvres, des larmes coulent sur ses joues, doucement, puis elle retombe sur le lit, prostrée.

Aibeh, attiré par les cris, est venu à son chevet. Avec la lampe à pétrole, il éclaire le beau visage aux mèches de cheveux bruns collées sur le front. Il passe la main dessus et, doucement, essuie la sueur. Elnora est à nouveau calme. Un léger babillage agite encore ses lèvres ; parmi les mots, j'entends « non » et « enfant ». Je voudrais l'aider, mais Aibeh m'écarte. « Recouche-toi, tourne-toi de côté, ne t'occupe pas de ça. » Il repart. Peu à peu, la respiration d'Elnora se calme, s'alourdit. Encore un ou deux cris s'échappent de son sommeil malade, et puis plus rien que le silence profond de son souffle. Je reste un long moment les yeux grands ouverts sur le vide.

Au matin, les choses semblent rentrées dans l'ordre. Elnora doit descendre à la ville la plus proche, où un oncle l'emmène en voiture.

Ils ont une place pour moi, si je le souhaite. Assise sur la banquette arrière, Elnora est silencieuse. Le dos droit, un petit paquet sur les genoux, elle paraît sereine. Je voudrais lui parler, comprendre ce qui lui est arrivé dans la nuit, mais un simple échange de regards me signifie qu'il faut taire l'événement. De l'autre côté du col, les deux hommes assis à l'avant s'arrêtent un instant pour discuter de la route qui redescend en larges zigzags vers la vallée. Je reste à l'intérieur avec Elnora. Une fois que nous sommes seules, elle m'explique qu'elle descend se faire avorter à la clinique. Elle a déjà trois enfants et s'estime incapable d'en élever un de plus, mais maintenant, elle a peur. Elle est terrorisée à l'idée de l'opération, et semble se sentir coupable aussi. De quoi ? Déjà, les deux hommes reviennent. Silence complet.

À Bichkek, je vais à l'auberge : 12 euros la nuit, c'est cher pour qui a pris l'habitude d'être invitée, mais on y est bien, et des ethnologues français, spécialistes de la région, y logent. Il y a là un jeune chercheur malchanceux, qui étudiait les minorités azéries en Iran ; son travail ne plaisant pas au gouvernement, on ne lui délivre désormais plus de visa, aussi ne sait-il pas comment achever sa thèse. Il y a aussi un vieux musicologue, cheveux blancs et regard malicieux du grand spécialiste qui n'a plus envie de s'en faire. Il y a encore une jeune intrépide qui revient d'Afghanistan, où elle a vécu en *burqa* dans la crainte des chauffeurs de taxi un peu trop prévenants, et qui attend sa nomination à Téhéran. Il y a enfin un homme d'origine turque qui ressemble trait pour trait à Louis de Funès, si bien qu'il lui arrive parfois de signer des autographes.

Cette joyeuse bande se retrouve là alors que leur centre d'études est à Tachkent, en Ouzbékistan ; mais leur parole y est contrôlée. Parler d'identité et de nation dans des pays dont les frontières ont été découpées pour éviter tout nationalisme, brisant les regroupements ethniques, morcelant les territoires, est assez mal vu. Les nouveaux gouvernements cherchent à recréer une identité nationale. On oublie le passé proche, on glorifie le passé lointain. Tamerlan, le conquérant sanguinaire, orne désormais les plus grandes avenues de la capitale ouzbèke. À Bichkek, on est plus accommodant : les statues de Lénine ont simplement été déplacées. Les Kirghizes n'ont rien déboulonné. Ils combattent plutôt le présent. Les ethnologues, qui étudient tout cela, passant l'année seuls sur le terrain, se retrouvent avec bonheur. Le soir, à l'issue de leurs communications, nous nous asseyons tous dans le patio, plusieurs bières kirghizes sont débouchées, le musicologue sort ses instruments traditionnels et en joue quelques airs. Nous dansons.

CINQUIÈME PARTIE

KAZAKHSTAN

Sans repas,
il n'y a pas de conversation.

Chapitre 21

DANS LA BRUINE D'ALMATY

Où l'on met de l'eau dans son vin.

J'AI COMMIS L'ERREUR d'arriver de nuit à Almaty : on fait beaucoup moins confiance aux étrangers, la nuit. Déboussolée par le passage d'une nouvelle frontière, quoique le trajet soit court depuis Bichkek, et angoissée à l'idée de me retrouver seule dans une chambre d'hôtel miteuse, j'appelle tous les numéros que j'ai, un par un. Aucun ne répond. Périmés, occupés ou éteints. Je laisse des messages. Enfin Daniel, un Congolais professeur de français, décroche son téléphone. Il semble ennuyé mais finit par me dire : « Viens donc, on va s'arranger. » Durant la période soviétique, parmi les stratégies pour développer le communisme à travers le monde, l'une consistait à offrir des bourses aux jeunes Africains méritants des pays frères pour qu'ils étudient au sein des meilleures universités de l'URSS. C'est comme cela que Daniel a atterri à Almaty, âgé de 20 ans, avec quelques roubles en poche, un logement et cinq années d'études devant lui. Il a trouvé une femme et s'est installé, malgré le racisme ambiant. En Russie, on tend à oublier l'aïeul africain du poète Pouchkine, héros national aux cheveux pourtant crépus. Il se raconte à Moscou qu'un Russe, ayant obtenu un visa pour la France, s'était retrouvé coincé quelques heures à l'aéroport Charles-de-Gaulle. Le temps de vérifier ses papiers, il était resté en garde à vue, enfermé dans une salle en compagnie d'hommes qui tous avaient la peau noire : il s'était cru en enfer et craignait que les flammes ne viennent carboniser sa peau, « à lui aussi », pour lui faire expier ses péchés... Un proverbe chinois ne dit-il pas : « L'esprit ignorant est son propre enfer » ?

L'immeuble de Daniel est loin du centre-ville ; c'est une barre HLM qui me rappelle les « biscottes », ces logements sociaux rectangulaires plantés en périphérie de Lille. Il n'y a personne dans les rues, seul un tout petit homme noir éclairé par un réverbère falot qui m'invite à le suivre d'une voix douce. L'appartement est au dernier étage sans ascenseur : moquette au mur et abat-jour jaunis. Sa femme a ouvert la porte. C'est une Russe obèse, qui fait largement une tête de plus que Daniel, et au moins deux fois sa largeur. En m'apercevant, elle disparaît dans sa cuisine sans un mot, pas même « bonjour ». Daniel, gêné, me fait asseoir dans le canapé du salon, envoie son fils, joli métis, se coucher, et part retrouver sa femme dans la cuisine. Leurs éclats de voix me parviennent, étouffés. Lorsqu'il revient finalement, il dit : « Bon, tu as compris, ma femme n'est pas très contente. Elle n'a jamais voyagé, elle ne sait pas ce que c'est, mais c'est arrangé. Une amie française va t'accueillir. J'attends qu'elle m'envoie l'adresse et je te mets dans le taxi. »

J'ai dépensé mes derniers sous pour venir chez lui, aussi finance-t-il ma fuite, en s'excusant, qui plus est ! La ville défile en sens inverse, vers les hauteurs cette fois. Almaty est un damier qui remonte à flanc de montagne. Là-haut, c'est le quartier des Pommiers – arbre emblématique de la ville –, un ancien verger détruit pour laisser place à des villas louées aux riches expatriés. À cause d'une numérotation anarchique, le taxi s'y perd : au coin de la rue, le n° 68 ; dans celle de gauche, on aperçoit le n° 55, et juste à droite, le 59 puis le 17. Nous cherchons le 57, qui est en fait 500 mètres plus loin, coincé entre le n° 33 et le 207 !

Amalia et Olivier sont du Nord, comme moi. Lui a obtenu un emploi chez le plus gros fournisseur de produits laitiers du pays, elle l'a suivi. Olivier partage son poste avec un Kazakh. « Au sein des entreprises étrangères, pour tout expatrié, il faut offrir un poste à l'intitulé similaire à un Kazakh ; c'est là le seul moyen de travailler en paix. » Le gouvernement incite à investir en promettant monts et merveilles : concessions et baux emphytéotiques doivent permettre un retour sur investissement rapide, multiplié par de nombreuses années. En pratique, une fois les infrastructures mises en place, le piège se referme : on vous met à la porte pour une raison ou pour une autre et l'entreprise est nationalisée. L'État développe ainsi des secteurs économiques entiers sans dépenser le moindre centime. Le patron d'une société turque, une fois son usine construite, a vu sa photo publiée dans la presse, nu, en compagnie d'une jeune prostituée mineure : il a été expulsé du pays dans les plus brefs délais, avec interdiction d'y revenir. Quelques mois plus tard, l'usine, confisquée puis nationalisée, était entièrement contrôlée par des Kazakhs.

Les plaques d'immatriculation des voitures des expatriés à Almaty ont d'ailleurs une couleur différente des autres. Aux carrefours principaux, il y a toujours un policier qui veille. Les véhicules sont arrêtés, et l'affaire se solde invariablement par le paiement d'une dizaine d'euros, qui passent de la main à la main au moment où le policier commence à fouiner d'un peu trop près à la recherche d'une amende plus importante. La corruption est institutionnalisée puisque ces plantons reçoivent des ordres de leurs chefs, à qui ils doivent rapporter une somme quotidienne, les chefs eux-mêmes recevant des ordres d'en haut, et ainsi de suite, ce qui laisse songeur sur la fortune personnelle du président.

Amalia est professeur de français et de théâtre. À peine arrivée, elle a réussi à décrocher un poste dans une université, mais enchaîne les contrariétés. D'abord avec son administration, qui refuse de lui payer son salaire de misère sous prétexte qu'elle ne possède pas encore de numéro fiscal. Pour l'obtenir, il lui faudrait se rendre dans « une maison très grande », « un immeuble », « dans la ville ». Où précisément ? Aucune adresse. La doyenne de l'université et la comptable ont trouvé cette belle excuse pour ne pas la payer. Amalia a tapé du poing et a fini par recevoir son salaire, en liquide. Avec ses étudiants, les déboires sont d'un autre genre. Elle a reçu la charge d'un cours à option de « littérature française des XIXe et XXe siècles » pour lequel le mode d'évaluation est imposé : l'oral est une note de présence, sachant qu'il est toujours possible de sécher les cours à condition de payer le professeur en fin d'année – un complément de salaire quasi institutionnalisé ; l'écrit est noté sur 5, mais jamais en dessous de 3 pour un devoir moyen ; jusqu'au master, les examens se font uniquement sous forme de QCM. Pour Amalia, l'apprentissage de ce système ne s'est pas fait sans heurts. Lors du premier examen, elle a annoncé une rédaction et a infligé des notes inférieures à 3. Une étudiante mécontente s'est rebellée en pleine classe : elle a commencé à haranguer ses camarades pour que tous se révoltent contre Amalia... Finalement, la plupart sont restés, et d'autres ont d'ailleurs rejoint son cours. Étonnante Lensoise, qui maîtrise déjà les rudiments du russe et a su trouver rapidement ses marques dans cette ville immense ! J'ai grand plaisir à retrouver auprès d'elle et de son mari l'accueil chaleureux des gens du Nord. Ce week-end-là, je me sens un peu chez moi, d'autant qu'il fait gris et qu'une bruine légère tombe sur la ville. Comme à la maison.

Vient le dimanche 6 mai 2007, second tour de la présidentielle en France. Je n'ai pas suivi grand-chose de la campagne, tout juste si j'ai vu un extrait du débat télévisé entre les deux adversaires. Pour les Français du Kazakhstan, les décisions qui vont toucher leur pays pendant les cinq prochaines années n'auront pas le moindre impact sur leur vie : beaucoup ne prennent même pas la peine de voter.

À l'ambassade, le gardien m'annonce des résultats prévisibles : parmi les 89 votants du Kazakhstan, il y en a 56 pour « Sarko », 32 pour « Ségo » et 1 bulletin blanc. La secrétaire, permanente blonde et tailleur blanc cassé, et le chiffreur, longue queue-de-rat tressée à l'arrière, avant du crâne chauve, sortent à ce moment-là. Ils me convient à la soirée de l'ambassadeur, où nous pourrons suivre les résultats nationaux en direct. Avec le décalage horaire, ce n'est qu'à minuit que la tête du nouveau président s'affichera. Ou de la nouvelle présidente, mais déjà, il n'y a plus vraiment de doute.

La résidence de l'ambassadeur est située dans une rue bordée de hauts murs, ponctuellement percés d'une lourde porte de fer assortie d'une guérite de gardien. Loin de la pollution et des embouteillages, le portail ouvre sur un grand jardin au fond duquel une terrasse dallée de marbre mène au salon d'accueil. Le personnel m'invite à retirer mon gros sac à dos à l'entrée ; mes chaussures de marche reçoivent un regard réprobateur. Dans ce genre de soirée, loin de la France, des milieux qui ne se côtoieraient jamais sont forcés de discuter amicalement, et les gens importants n'en ont pas toujours l'air. L'ambassadeur est un petit monsieur réservé, auquel peu de visiteurs s'adressent. C'est surtout à cela qu'on le repère : la distance qu'il y a entre lui et les autres.

Vers 10 heures du soir, les invités commencent à arriver, pas plus d'une quarantaine en tout. Un officier de gendarmerie avec la tête de ceux qui en ont vu mais qui gardent le sourire arrive au bras d'une superbe femme noire. Alors que, pour la plupart, les opinions politiques ne se partagent pas en public, lui n'hésite pas à se réjouir pour celui qu'il surnomme le « Petit Napoléon ». Il téléphone à ses collègues des médias ou du ministère de l'Intérieur et diffuse les dernières estimations, à 54 % pour son favori. Dans le deuxième salon, un rétroprojecteur diffuse la chaîne France 24. Quand vient le moment du décompte, tous se postent devant. Tandis que le visage de Nicolas Sarkozy se dévoile à l'écran, j'observe ceux des invités. Tous restent de marbre. Il n'y a pas de surprise. Pas un clignement d'œil, pas un sourire. Seul un cri de victoire vite refréné s'échappe de cette communauté feutrée. Immédiatement après, cinq jeunes sortent fumer une cigarette de déception. La télévision retransmet l'allocution de Ségolène Royal, petits yeux, sourire forcé. L'ambassadeur, qui n'a pas bougé d'un pouce, se lève finalement ; il sent qu'on attend de lui quelque chose mais l'État attend de lui qu'il reste neutre. Il ânonne un bref discours sans enthousiasme, ponctué de l'inévitable « Vive la France », puis chacun vide sa coupe de champagne et rentre chez soi. Aucune commune mesure avec le faste conféré aux 14 Juillet.

Assel est une grande et belle Kazakhe au physique de mannequin, très maigre, la peau pâle, que soulignent de grands yeux sombres. Après avoir été chroniqueuse de la scène *underground* kazakhe, cette francophile, qui lit Michel Houellebecq, travaille pour l'enseigne locale de Roche-Bobois. Le design d'intérieur est un phénomène récent dans ces pays où la tradition nomade est celle de l'espace vide, du moindre encombrement. Frange courte sur le devant, cheveux longs à l'arrière, à l'espagnole, le port de tête droit, Assel se sent concernée, consternée même, par les résultats. Forcément, la politique antimigratoire mise en œuvre par l'ancien ministre de l'Intérieur va à l'encontre de ses demandes régulières de visa. Elle a suivi nos élections à la télévision. Ce qui l'a le plus choquée, finalement, c'est que le reporter, lors de l'arrivée du nouveau président à son QG, se soit permis de noter qu'il ne portait pas sa ceinture de sécurité.

Assel ne peut m'héberger très longtemps car son appartement est petit, et sa mère revient d'Astana pour l'enterrement d'un cousin, mort d'un cancer à 26 ans. C'est presque courant dans le pays des mines d'uranium, des essais nucléaires de Semipalatinsk et de la base spatiale de Baïkonour. Astana est une ville nouvelle, réaménagée en 1998 pour mériter son nom, « capitale » en kazakh. Nursultan Nazarbaiev, passé de premier secrétaire du parti communiste à président en 1991, pour marquer la récente indépendance de son pays, l'a placée au nord, plus proche de la frontière russe. Les parents d'Assel adoraient Almaty, mais comme tous deux sont fonctionnaires, ils n'ont pas eu d'autre choix que de partir pour Astana, glaciale en hiver, envahie par les moustiques l'été. Il est dangereux de s'opposer au régime, ici. Le président a déjà fait changer son mandat de 5 à 7 ans, « pour la stabilité », puis s'est fait réélire en 2005. Il y a quelques jours, il s'est fait « proposer par le Parlement » de proroger son mandat à vie. Les rares journaux d'opposition sont régulièrement visités par la police. On les achète en kiosque, mais il faut les demander au vendeur qui les sort de sa remise, et faire attention à ne pas être vu en train de les lire. Certains clients sont payés pour tenir à jour la liste de ceux qui les achètent. La démocratie, c'est si dangereux : on ne sait jamais qui pourrait prendre le pouvoir ! Des gens disparaissent parfois. C'est arrivé à un ami d'Assel. Dans le centre d'Almaty existe une tour sans porte ni fenêtres, un mur aveugle qui abrite les services secrets. On ne l'évoque qu'à voix basse, comme pour ne pas s'attirer le mauvais œil.

Je me retrouve donc chez Jean-Marc et Renato pour quelques jours, une véritable institution à Almaty : Jean-marc-et-renato. Indissociables. Le premier est belge, le second italien. Tous deux habitent ici depuis des années, ensemble, dans une maisonnette en bois à flanc de montagne. Ils sont archéologues et poursuivent régulièrement des fouilles où ils emmènent des jeunes. C'est comme cela qu'Assel les a connus. Ils sont bouddhistes, vivent à la mode kazakhe, cuisinent les spaghettis à merveille et sont connus de tout le monde. Tout le monde, c'est-à-dire toute la petite communauté des expatriés, des jeunes polyglottes, de quelques politiciens et du monde de l'art contemporain. Ils vivent sobrement mais savent faire la fête, font pousser des herbes aromatiques dans leur jardin et ne dorment jamais sous le même toit qu'une femme, raison pour laquelle je me vois décerner la maisonnette – une pièce unique – juste à côté de celle qu'ils habitent.

Un soir, autour du *dastarkhon*, tandis que Jean-Marc prépare des spaghettis sous les ordres de Renato, ce dernier raconte, à l'italienne, la nature du bouddhisme ascétique, ou comment accepter la mort. Devant un parterre de convives, appuyant ses dires par force moulinets des bras, il joue les prosélytes sur un ton malicieux, provoquant par plaisir :

« Le sage n'a pas peur de la mort. Il sait. Il recherche même la mort. Toutes les autres religions, c'est de la foutaise. Le mourant, dans son lit, mord ses draps de peur de s'en aller. Le Bouddha, lui, respecte chaque être vivant, et lui-même ne désire que la mort. S'il accepte la nourriture, c'est par compassion : il le fait pour transmettre ses connaissances, son illumination. Sinon, il ne se pencherait même pas pour ramasser une pomme. Elle contient des pépins, les graines de vie d'un arbre ! Il ne marche pas sur l'herbe, de peur d'écraser un ver de terre.

— Alors, si tout le monde était bouddhiste, il n'y aurait plus besoin d'accepter de rester en vie, chacun se laisserait mourir ?

— Mais oui ! jubile Renato. Quelle intelligence ! La première race à programmer sa disparition ! Plus le moindre être humain ! »

Jusqu'à 3 heures du matin, Renato promeut son idée à tout prix, refusant toute reformulation. Sans doute serait-il fâché de ma retranscription. Ou bien il en rirait. Lui se dit bouddhiste, mais non pratiquant ; il aime trop la vie.

Ces derniers jours, dans la grisaille d'Almaty, j'ai le mal du pays. Peu à peu, la fatigue du voyage s'est incrustée en moi, et je rêve de plus en plus d'un retour à la maison. D'un mois de mai tranquille. De revoir mes proches, de jouir de repos, d'être moi-même. De ne plus devoir sans cesse m'adapter aux cultures et aux situations nouvelles.

Gaukhar, une étudiante en biologie, m'a justement invitée à un barbecue : elle s'occupe de trois jeunes entomologistes français en voyage d'étude. Le rendez-vous est donné au bazar, où Rustam, un ami à elle, se charge des achats : 5 kilos de viande, sans compter les biscuits, fruits secs et diverses salades de pâtes et de pommes de terre. Il y aurait de quoi nourrir un régiment – peut-être pas un régiment kazakh. Sur le trajet, les trois naturalistes m'expliquent leur étonnante passion pour les pucerons : chez ces minuscules bestioles, les mâles n'existent pas de façon continue. Il n'y a que des femelles qui se clonent à une certaine période de l'année et dont l'altération du chromosome X en Y donne des mâles un mois par an. Ces mâles temporaires permettent une deuxième reproduction, sexuée cette fois. Parce que leurs excréments sont sucrés, les pucerons sont souvent « protégés » par des colonies de fourmis, qui n'ont qu'à se promener sur la plante et ramasser le suc qu'ils y répandent. S'ils sont attaqués, les fourmis les défendent, mais en période de disette, il leur arrive de se servir directement dans le lot de pucerons, comme des vaches pour les être humains : soit le lait, soit la viande. Les passagers du bus, étonnés d'entendre parler français, nous observent attentivement.

L'un d'entre eux nous demande : « Frrrhançais ? rrrh, rrrrrh », imitant l'impossible « r » en se raclant le fond de la gorge.

L'après-midi en leur compagnie sonne pour moi comme une rémission : nous rions ensemble, chantons et jouons de la guitare, faisant fi du monde extérieur. La datcha de Rustam est un cocon de bonheur dont les herbes hautes permettent aussi la collecte d'innombrables pucerons, ce qui réjouit d'autant les trois autres Français. Le soir venu, Gaukhar m'invite dans sa famille pour que sa mère m'apprenne quelques recettes.

Il est difficile de croire qu'ils habitent à cinq dans ce minuscule appartement composé de quatre petites pièces aux multiples fonctions. Outre une cuisine exiguë et la chambre des parents, la salle de l'ordinateur est également la chambre de Gaukhar et de sa sœur, et le salon fait office de salle à manger et de chambre pour Ierlan, le grand frère. Cet appartement leur a été attribué en 1983 par le gouvernement communiste. À l'époque, tout était régulé et on ne parlait bien sûr pas de *propriété* immobilière. En fonction du travail des parents, du nombre et de l'âge des enfants, les familles se voyaient allouer un certain espace. À l'époque, Zole, la petite dernière, n'était pas encore née. Entre-temps, il n'y avait plus d'appartement disponible et, après le passage à l'économie de marché, ils n'ont pas eu les moyens d'en acheter un autre. Gaukhar me rassure : « Ici, on n'a guère de place, mais c'est normal de recevoir des invités ; il y a toujours quelqu'un de la famille qui vient. En général, ils ne demandent même pas. Ils disent "on arrive tel jour" et ils s'installent ! »

Devant un *bech barmak* de la veille – « c'est toujours meilleur réchauffé ! » –, le père de Gaukhar m'explique la religion des Kazakhs : la viande. « Chez les Kirghizes, la queue du mouton est essentielle, et le *kurdiuk*, la poche de graisse, sera servie aux femmes pour leur souhaiter d'engraisser, c'est-à-dire d'embellir. Chez nous, Kazakhs, le cou, les pattes et la queue ne doivent pas être servis aux invités. Si un hôte t'en servait, il te faudrait manger ta part puis te retirer. » Chacune des parties du corps a ainsi une signification : on concédera les yeux à un myope et l'oreille à un enfant pour qu'il apprenne à écouter. Quant au cou, il sera offert à une jeune mère de la parentèle, juste après l'accouchement. Elle devra le manger sans casser ni séparer les vertèbres, puis le garder suspendu dans un coin jusqu'à ce que son enfant soit capable de tenir sa tête seul. Pour preuve de son hospitalité, un Kazakh se devra d'abord et avant tout d'offrir de la viande ; légumes, féculents et autres sont accessoires. Cependant, cette hospitalité ne se fait pas toujours de gaieté de cœur, comme en témoigne le proverbe : « On ne fait sortir le serpent de la maison qu'après l'avoir nourri. »

Le lendemain, pour la première fois depuis le début de mon voyage, je tombe malade. Une simple grippe, mais elle est révélatrice. Comme tous sont partis au travail ou à l'école, c'est Ierlan, le grand frère, qui s'occupe de moi et me raconte sa vie. À 31 ans, il est au chômage. Il a été marié à 23 ans, mais a divorcé deux ans plus tard, raison pour laquelle il est retourné vivre chez ses parents, dans le salon. Désormais, il n'est plus du tout pressé de repartir. Petit, Ierlan a été confié à ses grands-parents, comme le grand-père de Tcholpon au Kirghizistan, sauf qu'après cinq ans à la campagne, il est revenu en ville et y a découvert le rationnement des aliments. Tous les matins, il partait avec Gaukhar dès 5 heures pour faire la queue. Le lait, le beurre, le pain… Chaque produit s'échangeait contre un bon de rationnement. Cette période est désormais révolue et c'est le « muezzin du matin », un paysan venu vendre ses produits laitiers au pied des immeubles, qui le réveille en criant : *« Malako, malako, malakooooo ! »* Je l'interroge sur les enlèvements de fiancées, car Kazakhs et Kirghizes sont issus d'une même tradition nomade, et je ne suis pas très rassurée. Il affirme que cette coutume a disparu dans la région ; pourtant, il se souvient d'une amie à lui, kidnappée à 19 ans par un homme de 27. Une fois dans sa famille, à Tchimkent, l'homme lui avait proposé de prendre un *bania*. Elle l'avait laissé entrer le premier pour pouvoir claquer la porte derrière lui et s'échapper avec son portefeuille. Finalement, l'homme est revenu, mais cette fois, il lui a fait une cour plus ordinaire. Après deux années d'assiduités, elle a fini par l'épouser quand même !

Chapitre 22
NAUFRAGÉE DE L'ILLI

Où la situation tourne au vinaigre.

Le local du parti Vert est une ferme en bordure d'Almaty. J'arrive à l'heure malgré les explications : « Venez au numéro 6b » pour désigner une large porte bleue sur laquelle est peint le n° 8. C'est Jean-Marc et Renato, proches des écologistes kazakhs, qui m'ont recommandé d'y aller ; une descente en radeau est organisée le long de l'Illi. Les places étant ouvertes à tous, j'ai eu quelques jours pour les divers achats de matériel et de nourriture, et pour demander un visa à l'ambassade de Chine, ma prochaine destination. Les Kazakhs redoutent une annexion de leur pays par ce puissant voisin : les Chinois sont cent fois plus nombreux. Plutôt que d'envahir le pays, le gouvernement de ces derniers aurait annoncé une prise de contrôle par la population, colonisant peu à peu les steppes, jusqu'à devenir l'ethnie majoritaire du Kazakhstan et prendre le pouvoir ! Vraie ou fausse, cette histoire prouve pour le moins que les fantasmes terrifiés à l'égard de l'expansion chinoise n'existent pas qu'en Occident.

Un bus et un camion patientent dans une cour ombragée. Deux garçons préparent un *plov*, cinq ou six autres vaquent au chargement : planches de bois vertes, bidons métalliques bleus, plots rouges. Sergueï Petrovitch, l'organisateur, est à 45 ans un jeune retraité de l'aviation civile. C'est cet homme doux, alerte et paternel qui m'a proposé de me joindre à eux, et expliqué tout ce que je devais apporter, patiemment, car si mon vocabulaire culinaire s'est largement étendu, le reste est limité : « gants », « tente » ou « maillot de bain », dont j'ai si peu fait usage. Il est extraordinairement calme, surtout en comparaison des mâles suants et hurlants qui chargent le camion à côté de nous. Sergueï Petrovitch m'a également rassurée : une journaliste de *Vremia*, « Le Temps », se joint à nous, je ne serai donc pas la seule femme de la partie.

Après d'interminables préparatifs, nous nous engouffrons finalement à quinze dans le bus, une épave dont le moteur n'a pas été révisé depuis trop longtemps. La route serait relativement courte si nous disposions d'un véhicule en état de marche. Entre les pleins d'essence, puis d'huile, puis d'eau ou encore l'essoufflement répétitif du moteur, il nous faut dix heures pour atteindre la rivière Illy, épuisés mais contents que la route s'arrête enfin. Il est 11 heures et demie. Dans la nuit noire, les phares éclairent les nuages de poussière soulevés par de puissantes bourrasques. Je sors engoncée dans mon anorak, précédée par Nadiejda. Petite Russe en veste de treillis pleine de poches, cheveux châtains courts, c'est la journaliste dont m'a parlé Sergueï Petrovitch. Froissement des feuilles, velouté de l'eau, crissement de poussière et craquement des branches ; à quelques mètres, la rivière s'est fondue dans l'obscurité.

L'emplacement des tentes devrait être à 200 mètres de là, mais il est impossible de les installer par ce vent. À l'abri du bus, chacun prend son mal en patience devant un morceau de poulet froid, du pain, des concombres et un verre de vodka. Finalement, quelqu'un annonce triomphalement la présence d'un baraquement à proximité. Il y a de la place pour tous, à l'abri, et ma qualité de femme me donne même accès à l'un des trois lits. Le lendemain, tout le monde s'active tôt pour décharger le matériel nécessaire à la construction des radeaux. Encore malade et sachant que je n'aurai pas la moindre utilité puisqu'une femme ne doit pas transporter d'objets lourds, je reste au lit. Quand je me lève enfin, il fait grand beau et le branle-bas de combat a commencé : tous les bidons et morceaux de bois, étalés au sol et classés par numéros, sont emboîtés les uns dans les autres.

Au sommet d'une dune, le capitaine Mels, président du parti Vert, candidat écologiste, tourne le dos à l'agitation. Il observe le cours d'eau brun clair, dont la source est en Chine. Le courant est fort, quelques bancs de sable affleurent. Mels se méfie des rejets toxiques que les industriels chinois déversent sans scrupule dans les confins ouighours de leur empire. L'objectif de cette *regata* est justement d'accompagner un groupe de biologistes qui relèveront la présence éventuelle de produits chimiques et étudieront la santé des poissons.

En bas, je ne suis pas la seule à ne rien faire : il y a également la « poule » du capitaine. Sa femme peut-être, mais apprêtée comme pour le grand soir, tailleur bleu nuit et chapeau de paille assorti. Elle a sans doute le même âge que lui, et porte de grandes lunettes fumées. Elle attend, l'arrière-train posé sur une malle, dispensant ses sourires à chacun. Plusieurs journalistes sont également présents. Outre Nadiejda, un caméraman et un journaliste sont venus pour la journée. Tous veulent m'interviewer. Je ne parle pas parfaitement le russe, je suis malade, les yeux bouffis de fièvre, et n'ai pas le moindre rôle dans l'organisation de cette descente de rivière, mais je suis une Française qui voyage pour apprendre la cuisine kazakhe, et cela suffit largement à faire un sujet. Je raconte mon voyage en trois phrases et baragouine les bêtises habituelles, telles que « les gens sont gentils ».

La construction des radeaux avance rapidement et, par-dessus les bidons, une plate-forme de bois est assemblée. On y installe des tolets de chaque côté, ainsi qu'un drap de tulle kaki qui nous abritera du soleil. Il y a également deux petits catamarans, construits à partir d'une nacelle métallique et de deux longs flotteurs. Tout y est, aviron, grand-voile et foc. Ces marins d'eau douce y ajoutent une planche au fond, afin d'y installer leurs chaises pliantes. Ils coincent leurs sacs à l'avant et garnissent l'ensemble des poches intérieures de bouteilles de vodka.

Mels, quoiqu'il arbore une casquette blanche et bleue brodée d'une ancre d'or, ne naviguera pas. C'est Sergueï Petrovitch qui dirigera la descente depuis l'un des radeaux, le mien, à l'arrière duquel flotte leur drapeau : *Tabigat*, « la nature ».

Nous sommes huit sur le radeau. Sergueï Petrovitch, bien sûr, ainsi que son fils, Vidia, qu'il a revu pour la première fois en six ans au début de l'été. Celui-ci est un jeune homme blond et musclé, la chemise militaire ouverte sur son torse imberbe, uniformément bronzé; Saipidin et Nurtai, deux Ouighours aux yeux bridés, incapables de prononcer mon prénom: « Larissa! Eh, Larissa, viens voir! »; Yelakhun et Armand, un Kazakh et un Russe; enfin, Berik, petit Kazakh qui postillonne toujours quand il parle. Ce dernier a fait de la prison, comme l'attestent ses bras couverts de tatouages. *Berik* signifie « la berge ». Dans les steppes, où la mortalité infantile est très élevée, il existe de nombreuses techniques pour écarter le mauvais œil. Une légende raconte qu'une vieille femme, passant par un village, vanta la beauté d'une petite fille. Trois heures plus tard, la fillette souffrait d'une forte fièvre et le lendemain, elle mourut. C'est pourquoi, pour féliciter une mère, on lui lance désormais « quel mauvais enfant! » avec une intonation gentille. Une autre technique consiste à donner des prénoms qui ne sont pas des prénoms d'homme: « rail », « marteau » ou « clou » plutôt qu'Abdul Khair Khan. Cela évite également de les humilier s'ils ne deviennent pas des hommes à la hauteur de leurs prénoms. « La Berge » est cependant très fier du sien.

Mon radeau est le plus sûr, le plus calme aussi. Il fait beau, et chaque jour, nous nous laissons dériver au fil du courant, les pieds dans l'eau trouble, la tête à l'ombre. Sur l'autre, ça picole en musique: les équipiers ont apporté un radiocassette et une malle de vodka. Heureusement, chacun dérive à son rythme, à distance. Nadiejda, la journaliste, est sur l'un des catamarans avec Valera et *Starche*, « le Vieux ». Ce dernier est un peu bougon; un chouette bonhomme, au fond, mais qui ne sympathise pas avec n'importe qui: il maugrée sans cesse contre l'autre radeau, et leur prédit une *« diskotek avaria »* pour bientôt.

Le soir, tout ce beau monde se retrouve au même point. On amarre radeaux et catamarans, les uns montent les tentes pendant que les autres cuisinent les prises de la journée, toujours des poissons superbes d'au moins 4 kilos chacun, souvent des espèces protégées. Les biologistes, les seuls qui aient eu droit à un Zodiac avec moteur, les confisquent à des pêcheurs peu scrupuleux. Mais plutôt que de les remettre à l'eau, le soir, c'est nous qui les dégustons, en soupe ou à la broche, dans une ambiance de camp scout, réunis autour du feu de bois. Je suis encore malade mais refuse néanmoins la vodka, panacée des Russes. Il m'est tout de même proposé un petit vin blanc sucré – « Ce sera toujours ça contre les microbes ! » –, un verre d'eau chaude salée en gargarisme contre les ganglions et enfin une gousse d'ail à croquer tous les soirs qui, outre l'haleine piquante, donne un coup de fouet au flux sanguin. Les autres gousses, coupées en tranches, servent à apaiser les piqûres de moustique.

Le troisième jour, je me sens guérie et décide de faire un peu de voile sur un catamaran, grave bêtise car je suis devenue la coqueluche de ces hommes. Nadia, c'est le diminutif de Nadiejda, est déjà maman et a suffisamment de répondant pour en envoyer bouler plus d'un, tandis que je suis jeune et étrangère, deux excellentes raisons pour me trouver appétissante dans une croisière loin des épouses mais proche de la bienveillante vodka. J'embarque sur le bateau de Volodia et Marat. Ce ne sont pas les compagnons rêvés. Le second, grand brun assez réservé, parle peu et rit aux blagues du premier, en salopette bleue, coiffé d'un bob ridicule. Volodia a un visage poupin, une peau de bébé, pâle mais légèrement transpirante, quelque chose de pas net dans ses pores dilatés. J'ai annoncé vouloir faire de l'exercice et participer aux manœuvres, car j'en ai assez de me tourner les pouces. Ils me prennent au mot et me fourguent l'écoute de grand-voile à tirer à toute force, prenant plaisir à me voir peiner. Cela dit, moins d'une heure après le départ, Volodia, resté maître de l'aviron, s'échoue exprès sur une berge au milieu du fleuve et prétend ne plus pouvoir partir. Les autres bateaux nous dépassent tandis qu'ils sortent une première bouteille.

L'apéro terminé, ils se décident à repartir. Comme par magie, un simple coup de rame nous écarte du sable. On pourrait facilement rattraper les autres, mais mes compagnons ne sont guère pressés :

ils préfèrent être tranquilles, dit Volodia, et prendre le temps de discuter. Par exemple, il me demande si j'aime danser en boîte de nuit, tout en me posant une main sur la cuisse. Je suis assise entre eux deux. Marat fait l'autruche et Volodia est de plus en plus enthousiaste ; quant à moi, je commence à regretter sérieusement la tranquillité de mon radeau.

Enfin, nous rattrapons les autres, qui ont accosté pour déjeuner ensemble. À cet endroit, le fleuve est particulièrement large et, comprenant que je m'apprête à les quitter définitivement, Volodia, qui a repris la grand-voile et l'aviron, découvre soudain que les vents nous sont contraires. À peine si une bise légère souffle dans la voile. Je m'apprête à sauter à l'eau pour nager jusqu'au pique-nique, mais ils me retiennent : « Les courants nous éloignent, c'est trop dangereux. » Craignant d'installer un climat délétère dans la joyeuse bande, je n'ose pas crier à l'aide et me rassois sagement. Pour les forcer à s'arrêter, j'invente néanmoins toutes sortes de prétextes, j'ai chaud, je veux me baigner, j'ai faim, il faut manger, j'ai envie de faire pipi… Ils finissent par accepter, à leur façon. Une centaine de mètres plus loin, de l'autre côté de la rive, il y a un îlot caché du fleuve. Entièrement nu. Pas un arbre, à peine quelques broussailles. « Tu veux te mettre en maillot maintenant ? » me proposent-ils, faussement candides. Il fait très chaud, je crains l'insolation, perds mon calme, m'énerve et leur crie dessus. Marat, impassible, sans émotion, calme le jeu. Volodia s'éloigne le temps du repas.

Ils m'obligent ensuite à me rasseoir entre eux, sans quoi ils refusent de naviguer. À nouveau, les autres sont passés sans nous voir ; je suis à leur merci. J'attrape alors dans leurs affaires une minuscule paire de ciseaux – à ongles – avec laquelle je me coupe frénétiquement les cheveux. Pour éviter de leur adresser la parole, pour me passer les nerfs, pour être moche, pour qu'ils me croient folle, pour cesser de respecter les coutumes idiotes qui réclament des femmes aux cheveux longs, ou tout simplement pour qu'ils me foutent la paix. Chaque mèche qui tombe me procure plaisir et soulagement. Ils me regardent avec des yeux ronds. Je taille joyeusement mon amas de cheveux, attribut de féminité indésirable. Puisque je suis prise dans leur piège, j'aime autant m'achever moi-même, symboliquement du moins. Ils me laissent tranquille, cessent un peu de parler, comprennent devant cette hystérie silencieuse qu'ils ont été trop loin. Marat conserve sa placidité ; Volodia, interloqué, quitte son sourire vicelard.

Par chance pour moi, l'un des radeaux a chaviré en aval. Les gars, ivres, se sont endormis au soleil et ont cogné contre la rive. Tout est tombé à l'eau : hommes, vivres, tentes et sacs à dos. La *« diskotek avaria »* prédite par le Vieux a bien eu lieu. L'essentiel de leur chargement a déjà été récupéré, mais on voit encore de gros pains de mie gonflés flotter à la surface. L'un d'entre eux se désole de la disparition de son sac. Il règne une ambiance de démence hébétée parmi ces hommes à la dérive, errant debout sur les grosses racines d'un arbre qui a poussé au bord de l'eau, habits trempés, accrochés aux branches. Ils ont le regard vague, conscients de leur bêtise, encore un peu saouls, un demi-sourire idiot aux lèvres. Leur image flotte dans une brume de chaleur, si bien qu'on ne serait pas étonné d'y entendre les pâles d'un hélicoptère vrombir sur l'air des Walkyries… Je saute littéralement sur l'aubaine, plongeant à l'eau pour les rejoindre dans les branchages.

Le campement est monté à la première clairière : il s'agit de faire sécher les matelas et les duvets des naufragés avant qu'il n'y ait plus de soleil. Épuisée par les émotions de la journée et une légère insolation, je file m'écrouler sous la tente que Nadia a eu la gentillesse de préparer pour nous deux. Elle comprend vite ce qui s'est passé, et met tout son cœur à me réconforter. Elle me parle de son fils qui lui manque beaucoup, me masse le dos, les pieds et les mains, et commence à me raconter sa vie pour me changer les idées, tandis que les autres jeunes nous apportent du poisson fumé au feu, un délice que nous nous partageons dans la tente, loin des moustiques et autres prédateurs, humains. Mais quand Nadia ajoute : « Souvent, les femmes se tournent vers d'autres femmes après avoir subi un traumatisme », mes soupçons se confirment et je comprends avec effroi que si je croyais être en sécurité auprès d'elle, je suis en fait une proie envisageable pour la totalité des participants !

Psychologue de formation, elle m'explique qu'elle a rencontré beaucoup de femmes ayant subi une expérience difficile, souvent un viol, non reconnu par le machisme de la société kazakhe. Ne supportant plus le contact des hommes, certaines se sont tournées vers les femmes. D'autres, comme elle, simplement insatisfaites par leurs maris, sont parties chercher douceur et tendresse ailleurs.

Le lendemain matin, tout le monde lève le camp à 6 heures. Le Vieux est furieux des événements de la veille et redoute d'être encore loin du but. Nous arrivons pourtant à midi, avec une journée d'avance. Cependant, le vent se lève : une nouvelle tempête se prépare. Déjà, les arbres ploient et les vagues se lèvent sur la tranquille Illi. Berik, qui est né par ici, nous appelle. Un de ses voisins a jeté des lignes le long de la berge ; avec la tempête, il nous promet une pêche miraculeuse. La première ligne est vide, mais à la seconde, le fil qu'il tire reste tendu. Ravi, il ramène la ligne tout doucement et, déjà, une queue de 15 centimètres de long frappe l'eau. Ils s'y mettent à deux, un pied à terre, l'autre dans l'eau, pour attraper la bête. Elle est énorme : 9 kilos d'« amour blanc », une espèce qu'ils croient rare, inscrite dans le petit livre rouge qui répertorie les espèces en voie d'extinction. Nadia, qui a appelé sa copine afin de rentrer le soir même, s'empresse de négocier. Elle obtient la prise en échange de trois bouteilles de vodka et verse à Berik une commission pour avoir facilité l'affaire. Les autres sont écœurés de voir un tel festin leur passer sous le nez. Berik, heureux de son gain, veut me présenter les parents du pêcheur. Ils vivent en contrebas de la route d'Almaty dans une maison qui semble abandonnée. À droite de l'entrée, le grand-père se repose dans un lit qu'il n'a vraisemblablement pas quitté depuis deux ans. À gauche, une tablette est placée sous l'unique fenêtre ; la grand-mère est assise devant. Berik les taquine afin de cacher son désappointement devant la décrépitude des lieux. Il indique le carreau cassé de la fenêtre et tente d'en rire : « Tu vois, ça, c'est leur télévision, elle fonctionne toute la journée, gratuitement ! Ils comptent les voitures qui passent. À la fin de la journée, celui qui en a vu le plus a gagné. »

Nadia m'a proposé de rentrer le soir même à Almaty, mais je suis encore sous le choc. Je ne suis pas sûre de pouvoir lui faire confiance. Plus exactement, je n'ai plus confiance en personne, et moins que tout en moi-même. Si je rentre ce soir pour la ville, je n'en repartirai plus, si ce n'est pour quitter le pays. Je dors donc sur place, désireuse de poursuivre mon périple le lendemain : je veux me prouver que j'en suis encore capable. Jean-Marc et Renato m'ont conseillé la réserve naturelle d'Altyn Emel. Un peu d'espace et de silence me feront le plus grand bien.

Les villageois, soutiens du parti Vert, ont organisé un *plov* d'adieu, gigantesque plat de riz pour lequel un mouton a été préparé. En tant que Française et mascotte de la *regata*, je fais partie des invités d'honneur. J'ai donc droit à un morceau d'oreille ainsi qu'à un bout de cervelle. Contre toute attente, c'est bon. Le premier est un peu long à mastiquer, mais le second s'étale parfaitement sur une tranche de pain. Il y a encore un journaliste qui veut écrire un article sur moi dans la gazette du village ; curieux, les villageois, ayant vu qu'on pouvait me parler sans crainte, viennent me demander un autographe… Allez savoir pourquoi, mais être français confère une distinction naturelle, en dépit de la fatigue et de la crasse. Ils me demandent d'ailleurs de porter un toast à toute l'assemblée, et dans ma langue, s'il vous plaît ! Je parle cinq bonnes minutes pour vanter la protection de l'environnement, le développement durable, et bien sûr les qualités de chacun des participants. Bien qu'aucun n'ait compris mon discours, tous sont pendus à mes lèvres ; ils applaudissent longuement ma prestation et chacun me remercie chaleureusement pour les belles choses que j'ai dites à son sujet.

Après le festin, un groupe de villageois m'emmène à un embranchement où je trouverai une voiture pour le village de Bachi, à l'entrée de la réserve naturelle. Ils ont à peine conduit 500 mètres que le conducteur arrête sa voiture et sort un petit coup de gnôle. C'est le *jolayak*, un dernier verre d'alcool pour se porter chance avant la route.

Un jeune homme sympathique m'a prise en stop et nous filons à travers les steppes. En dépit de sa conversation agréable, je ne peux m'empêcher de sursauter au moindre de ses mouvements vers le levier de vitesse. Il doit me prendre pour une folle, à voyager seule comme cela, alors que je suis, de toute évidence, traumatisée. Une fois à Bachi, on m'a conseillé de rencontrer deux personnes : le directeur du parc et son voisin retraité. Je commence par le directeur, dont le bureau se situe au premier de la seule maison à étage du village. C'est un homme gigantesque assis derrière un bureau gigantesque : tout en lui est fait pour impressionner. Il me fait patienter auprès de sa secrétaire – c'est un homme occupé –, puis asseoir à l'autre extrémité de son bureau, le plus loin possible de lui. Très large Kazakh au visage rond et plat, il m'interroge froidement. Comprenant que ce n'est pas auprès de lui que je trouverai accueil et bienveillance, je bégaie maladroitement : « Il paraît que le parc est magnifique. Untel m'a conseillé de venir vous voir, mais je constate que vous êtes très occupé, si vous pouviez simplement m'aiguiller vers des gens qui peuvent m'apprendre des recettes de cuisine, ce serait fantastique », et ainsi de suite, jusqu'à ce qu'il me coupe sèchement la parole. Il énumère une liste d'activités possibles et les prix correspondants, exorbitants. Devant mon air interloqué, il me narre, avec toute l'amabilité dont il est capable, sa récente visite en France. Malgré son statut, les serveurs parisiens, conformes à leur réputation, l'ont traité comme un chien. Pas un n'a fait d'efforts pour le comprendre, et le café coûtait au minimum 2 euros. Il hurle, maintenant :

« Vous savez combien ça fait, en tengués, 2 euros ! Si vous ne voulez pas payer, vous n'avez qu'à partir, conclut-il, laconique.

— Bien, très bien, veuillez m'excuser pour le dérangement. »

Je le quitte penaude, encore plus mal à l'aise qu'à l'arrivée, et c'est à peine si j'ose pousser la porte attenante. Le village est vide, personne dans les rues, la nuit va bientôt tomber. Ne sachant plus où aller, je me lance quand même.

À ma grande surprise, une petite femme toute ronde, la cinquantaine, cheveux noirs coupés en un carré court, s'approche du porche d'entrée avant même que j'y aie frappé. Elle m'ouvre la porte, me laisse à peine la saluer et, déjà, m'invite à la suivre à l'intérieur : « Je sais, je sais, me coupe-t-elle. Je m'appelle Aigul, entre, viens prendre un thé, tu es la bienvenue. » Il y a un tel contraste entre son accueil inconditionnel et celui du directeur que je reste sur le seuil, interdite. Les villageois l'auront peut-être prévenue qu'ils m'avaient recommandé de venir chez elle ; elle m'aura aperçue depuis le carreau de sa cuisine et sera naturellement venue m'accueillir. Pas du tout : elle m'a tout simplement vue à la télé ! Les journalistes qui m'ont interviewée au début de la *regata* travaillent pour la chaîne Kazakhstan, l'équivalent de notre TF1. Au journal télévisé de 20 heures, la journaliste a annoncé que je comptais me rendre à Bachi. Le soir même, Aigul m'apprend à cuisiner le *bech barmak*, la grande spécialité kazakhe. Le lendemain, je l'aide à planter des choux dans le jardin, et le surlendemain, je craque.

Dans le dernier véhicule que j'emprunte avant Almaty, un homme assis à l'avant se retourne vers moi, l'haleine empestée. Délires d'alcoolique, pourtant proches de la réalité : « Si je t'invite, je te donne tout ce que j'ai, toutes mes possessions, mais si moi je viens en France, tu me traiteras comme un moins que rien. » Ces derniers temps, j'ai tendance à attendre des gens qu'ils m'invitent. Partout. J'ai tellement pris l'habitude d'être reçue que je suis désormais étonnée lorsque je me retrouve face à une porte close. Je profite des autres, et qu'est-ce que je donne en échange ? On attendrait simplement un petit cadeau, un souvenir de là-bas, pourquoi pas quelques histoires de France. Mais même cela, je n'en suis plus capable. Je suis lasse. J'oublie les instants magiques, radote les épreuves. Je broie du noir. Et puis, surtout, j'ai perdu la confiance spontanée en mon prochain qui me permettait d'avancer. Désormais, je me méfie d'une marque de sympathie, craignant sa contrepartie en nature. Je ne me sens plus la force de continuer un périple devenu trop lourd pour moi. Mon sac d'escargot s'est transformé en fardeau. Je voudrais redevenir sédentaire.

Chapitre 23
RETOUR AUX STEPPES

Où le voyage retrouve son piment.

Assel m'aide à obtenir un billet abordable. Après cinq mois d'un quasi-silence radio, je pars rejoindre Timothée, en stage à Washington. Je me suis décidée sur un coup de tête. Inutile de continuer comme cela. Nous sommes le mardi 22 mai, et mon avion partira le 24 à 1 heure 30 du matin ; il me reste à peine deux jours. D'un coup, le temps m'est compté : un point clôt la longue phrase qui se déroulait en continu depuis cinq mois. Et justement parce que mon voyage est bientôt fini, tout redevient rose. Je me sens à nouveau jeune, capable d'aller voir *Shrek 3* en russe au cinéma, de manger des pizzas, de dormir jusqu'à midi pour me réveiller devant une tasse de caviar de contrebande. Le soleil qui boudait la ville depuis mon arrivée traverse enfin les nuages, les familles se prélassent dans les nombreux parcs de la ville et les quelques personnes rencontrées me proposent toutes des sorties. Nadia, qui a écrit un article sur notre aventure fluviale, m'invite à cuisiner borchtch et blinis russes.

Le lendemain, j'accompagne Gaukhar dans une ferme de dromadaires où elle étudie la stabilisation du lait. À une heure d'Almaty, la voiture s'éloigne de la route goudronnée pour s'enfoncer dans la steppe, où de jeunes cavaliers guident leur troupeau dans les herbes hautes. Leurs ombres se découpent au loin sur les collines : la colonne des dromadaires est de retour. D'abord les mâles, avec leur démarche ampoulée, la tête haute, l'œil méprisant, puis les femelles avec leurs petits de tous âges, nés après douze mois de gestation. Les bêtes s'installent dans l'enclos ; certaines s'allongent, d'autres restent debout, face tournée vers le soleil couchant, leurs gigantesques lippes pendant des mâchoires. Ils attendent la tonte, faite par les enfants à l'aide de forces en acier, ou la traite, à laquelle toutes les femmes se sont préparées. L'essentiel de la production part pour le propriétaire du troupeau ; les employées n'en gardent que quelques litres, avec lesquels elles enrichissent le thé ou cuisinent des caramels brun-blanc qui fondent et croustillent à la fois sous la dent.

La journée se déroule sans que je m'aperçoive du temps qui passe, dans une simplicité paysanne, au calme de ces grands espaces qui donnent une sensation de plénitude, avec l'impression que la vie pourrait s'arrêter là tellement le bonheur est évident. Ce sentiment de liberté que les voyageurs partent chercher au bout du monde, ce n'est que le dernier jour de ma présence au Kazakhstan qu'il me tombe dessus, cadeau du hasard. Mais le billet d'avion est réservé. Je retourne voir Timothée et, peut-être, s'aimer encore.

Marcher le long du fleuve Potomak en débardeur et short court, attraper des torticolis dans l'enchevêtrement des buildings new-yorkais et faire un tour de *roller-coaster* sur la plage de Coney Island… Les dix jours en Amérique passent à une vitesse folle, entre l'immense bonheur de ne rien faire et l'immense confort d'être avec une personne connue et aimée, de savoir qu'on ne dérange pas, qu'on va passer toutes les nuits suivantes sous le même toit, sans se soucier de la suite.

Lorsque je me présente à l'aéroport J. F. Kennedy, à New York, prête à repartir pour onze heures de décalage horaire, l'hôtesse me lance un regard perplexe après avoir observé mon passeport : « Où est votre visa pour le Kazakhstan ? » J'indique mon visa, dont les dates sont encore valables, mais elle pointe la mention « une entrée ». Étant sortie du pays, je n'ai plus le droit d'y rentrer. Le Kazakhstan est pourtant l'un des rares pays de la région où il soit loisible de demander son visa à l'aéroport, « sauf lorsqu'il s'agit d'un renouvellement », assène-t-elle.

« Ce n'est pas grave, je prendrai juste un visa de transit, et j'irai tout de suite en Chine.

— Impossible Mademoiselle, il vous faudrait pour cela une lettre d'invitation officielle, émanant d'une entreprise ou d'une organisation. Je veux bien vous laisser partir jusqu'à l'escale de Francfort, mais de là, il faudra vous débrouiller pour obtenir un visa *avant* le vol d'Almaty, ou bien rentrer chez vous. »

Une fois à Francfort, le personnel de la Lufthansa me rappelle avec raison : « Vous n'aviez qu'à y penser plus tôt ! Allez plutôt voir la police de l'immigration. » Ces derniers me rient au nez : « Quand bien même on voudrait vous aider, on est allemands, on ne peut pas émettre de visa kazakh ! » Je contacte finalement Assel, qui rédigera pour moi la précieuse lettre et l'apportera à l'aéroport d'Almaty. Soulagée, je cours en catastrophe jusqu'à mon avion, dont l'embarquement est presque terminé. L'hôtesse, pour compenser le retard, ne prend pas la peine de vérifier mon passeport et me laisse monter.

Durant tout le trajet, assise à côté d'un représentant de commerce tchèque qui pratique avec moi son français, je ne peux m'empêcher de penser à ce qui m'attend. « Mais enfin, me rassure-t-il, pourquoi voudrait-on renvoyer une jeune Française du Kazakhstan ? Tu viens d'un pays riche, ils n'ont aucune raison de ne pas t'accepter ! » Pourtant, lorsque je débarque à Almaty et que je tends mon formulaire, ma photo, mon passeport et la fameuse lettre d'invitation à l'employé consulaire, il n'y jette qu'un rapide coup d'œil puis relève la tête :

« C'est *ça* votre lettre d'invitation ?

— Oui.

— Où est le numéro d'enregistrement au ministère des Affaires étrangères ? Sans ce numéro, je vais devoir procéder à votre *deportatsia*. »

Le mot tombe comme un couperet, et je déglutis difficilement en apprenant la nouvelle qu'on me serinait pourtant depuis des heures. Assel m'aide à argumenter qu'il ne s'agit que de trois jours et que j'ai déjà mon visa pour la Chine. Dans un soupçon d'humanité, le fonctionnaire se dit prêt à m'accorder un visa de transit, mais à condition que j'aie déjà une preuve que je quitterai le territoire. Assel se précipite vers l'agence de voyages chinoise qui se trouve dans le hall de l'aéroport. Je l'attends anxieusement, coincée devant le bureau des visas. Lorsqu'elle revient, l'air désolé, je comprends qu'il n'y a plus rien à faire : « L'agence était ouverte, mais les Chinois sont les seuls à ne pas vendre directement de billets ; il faut les payer à la banque de Chine qui se trouve au centre-ville, et ne rouvrira ses portes que demain matin. »

Après vingt heures de trajet supplémentaires, d'Almaty à Francfort, puis de Francfort à Bruxelles, et de Bruxelles à Lille, je m'effondre dans un lit et y dors une journée entière.

Les jours suivants, je me sens blasée, épuisée, lessivée. Quoique je sois heureuse de retrouver ma famille et ma maison, je n'ai plus d'énergie, plus vraiment de goût à rien. Je trouve ma nouvelle vie terne mais me complais dans l'immobilisme. Je ne veux plus partir, je ne veux plus voyager. Je n'ai plus de volonté pour faire ou ne pas faire les choses ; j'attends qu'on me dise « Va faire ceci » ou « Occupe-toi de cela ». J'hiberne en moi-même, léthargique.

Pourtant, trois amis devaient me rejoindre en route, l'une en Chine, l'autre en Mongolie et le troisième en Russie. Lorsque je les appelle pour les avertir, la première insiste : « J'ai tout préparé pour te rejoindre là-bas, tu ne peux pas me laisser tomber comme ça, il faut que tu viennes ! » Incapable de lui expliquer ma position, je n'arrive pas à lui dire non ; alors j'accepte. Je travaille deux semaines pour racheter un billet pour Pékin et me retrouve là-bas, heureuse de voir mon amie mais malheureuse d'être à nouveau soumise à l'incertitude du lendemain. Je la laisse me guider vers le Sud.

Je ne me reconnais plus dans ce voyage, ne serait-ce que parce que je ne parle pas la langue du pays ; je pense alors que rien ne sert de voyager si l'on ne peut échanger avec les habitants, mais ne fais pourtant aucun effort. En dépit de l'animation des rues de Lijiang, de la majesté des gorges du Saut-du-Tigre, du plaisir d'une balade à vélo dans les campagnes du Yunnan, je suis en état d'hébétude et n'avance que sous l'impulsion de mon amie.

À Pékin, ma deuxième amie me rejoint. Nous prenons le Transmongolien jusqu'à Oulan-Bator. Là, nous nous joignons à trois garçons taillés comme des rugbymen pour louer une voiture avec chauffeur et faire un tour dans le pays. Ils sont hollandais et américain, ont emporté une caisse de vodka et comptent en boire au moins 1 litre par jour. Dans l'immensité des steppes mongoles, plutôt que de profiter du silence de la nature, nous passons nos journées sur les cahots des pistes, à attendre la jonction d'un point à un autre. Le soir, le moteur est enfin coupé dans des paysages sublimes, le temps d'un coucher de soleil, et dès le petit matin, nous repartons pour une journée de 4x4 éreintante, en sus des blagues salaces de nos compagnons. Je dépéris.

Lorsque ce tour s'achève enfin, nous revenons dans la triste Oulan-Bator, qui m'apparaît alors comme le paroxysme du désespoir soviétique avec ses avenues trop grandes, sa place principale bordée d'immenses bâtiments en marbre, et le reste de la ville décrépi et gris. Nous partons pour la réserve naturelle de Terelj ; c'est la plus proche d'Oulan-Bator, accessible en à peine deux heures de bus – condition *sine qua non*. Nous marchons quelques kilomètres, jusqu'au bord d'une rivière à proximité d'un village. Le soleil de juillet point. Ravies de ce retour à une forme de voyage plus simple, nous nous baignons dans l'eau fraîche et faisons sécher nos maillots le temps de planter la tente. Deux vaches broutent à côté. Je prends conscience que l'une d'elles mastique allégrement un morceau de tissu bleu : mon maillot de bain !

Lors d'une balade l'après-midi même, nous empruntons un chemin bientôt coupé par la rivière. Nous la traversons à gué, pieds nus, mais la roche est glissante sur l'autre rive. Mon pied dérape. Alors que je tente de retrouver mon équilibre, un schiste entaille la chair de mon orteil. Si la plaie n'est guère douloureuse, en revanche, elle saigne abondamment. Inquiètes de ce morceau de chair en sursis, nous retraversons l'eau puis j'emballe fermement mon pied dans ma chemise et clopine jusqu'à la tente. J'ai évidemment laissé ma trousse de secours, inutile depuis de si longs mois, à Oulan-Bator. Pourtant, cet accident stupide s'est transformé en une formidable aubaine : les villageois, qui nous ont vu rentrer, s'enquièrent de ma blessure. Le contact humain, que je croyais perdu depuis mon expulsion du Kazakhstan, se renouvelle dans l'instant. Les regards méfiants sont devenus chaleureux, et le mutisme cède la place à une multitude de conseils bienveillants. Quand l'un nous recommande une feuille de chou mâchonnée au préalable, une autre envoie sa fille cueillir une fleur jaune dont les pétales sauront cicatriser la plaie, tandis qu'une troisième propose d'organiser un grand repas pour que je leur cuisine ma recette de *manty*, les raviolis d'Asie centrale… Quatre jours de repos forcé guérissent surtout les mauvais souvenirs du voyage. J'étais blasée, fatiguée voire aigrie. Grâce à cette pause imprévue, j'ai retrouvé l'envie d'échanger, de discuter, de voir, de goûter, d'analyser… En somme, j'ai retrouvé l'envie de voyager. Et, pourquoi pas, de recommencer ?

Épilogue
S'EN REVENIR

LE RETOUR EST UN MOMENT bien plus difficile que le départ. Lorsque vous partez, les esprits sont curieux, les oreilles attentives, l'admiration suffisamment perceptible pour vous mettre en confiance au point de vous faire croire que votre choix est évidemment le bon. La route qui s'ouvre à vous est un chemin de rêve et de fantasme sur lequel tout un chacun peut projeter ses propres rêves et fantasmes.

Au cours du voyage qui vous semble infini, l'esprit constamment en alerte, vous prêtez attention aux moindres détails. Chaque jour vous apporte son lot de découverte et de rebondissements : une liberté absolue s'offre à vous. Par analogie, vous pensiez qu'il en allait de même pour ceux qui sont restés et que votre retour serait plutôt une continuité du voyage. Vous imaginiez les retrouvailles comme de nouvelles rencontres rehaussées de la saveur de la complicité. À l'arrivée néanmoins, vous ressentez – surtout durant les premiers jours – un mélange d'évidence et de déception : rien n'a changé. Vous avez l'impression de retomber dans un carcan connu et reconnu, où rien n'est mis en question, où tout est encore et à nouveau « normal ».

En voyage, vous peiniez à répondre à la question « Qui êtes-vous ? » posée d'innombrables fois. Votre identité était uniquement perçue à l'aune de votre différence culturelle, vous étiez un objet de curiosité engendrant des conclusions erronées telles que : « Les Français écrivent de la main gauche. » À votre retour, il n'y a plus trace de cette altérité.

Vous êtes de nouveau cette fille née à Lille de parents lillois dont l'unique exotisme est d'avoir un ancêtre belge. Vous aviez oublié votre passé pour ne vivre que dans le présent, votre apparence était celle d'un caméléon, capable de s'adapter à toutes les situations. Vous reprenez votre histoire personnelle, vos amitiés, vos relations de travail. On attend que vous redeveniez la personne qu'on connaît, celle qui est partie quelques mois plus tôt, avec ces qualités-ci et ces défauts-là.

Vous étiez un individu ; puis vous êtes devenu le représentant d'une nation ; enfin, vous devez subitement reprendre le précédent costume qui n'est plus taillé à votre mesure. Il vous vient des démangeaisons dans les jambes et des frémissements sous cette peau à qui l'on demande « Alors, c'était comment ? » avec l'écoute limitée à une réponse courte qui ne vous laisse d'autre choix que de vous fendre d'un « C'était bien » qui fait que même les plus proches de vos proches expriment une certaine déception : « C'est bizarre, je croyais que tu serais revenue changée. »

Il faut continuer à être celle que vous étiez avant, conserver comme un secret les étapes du voyage, laisser mûrir en vous les instants qui ont désormais pris le nom de souvenirs pour n'en laisser échapper que des bribes à l'occasion, avec les mots que vous trouvez, sans jamais retranscrire exactement ce que vous avez éprouvé, sans jamais en restituer parfaitement le contexte. Vous gardez en vous cette amertume légère comme le goût d'une bière blanche, qui vous donne envie d'en dire plus, qui vous donne envie de dire tout, même si vous savez qu'au fond, votre intelligence et votre érudition seraient-elles plus grandes, vous ne pourriez sans doute pas trouver les mots justes pour traduire complètement cette expérience-là.

Vous tentez de relater les épisodes de votre aventure. Vos premiers lecteurs s'ennuient de votre style débutant, de vos répétitions et de vos raccourcis. Vous persévérez. Et puis les conseils se font plus précis, les encouragements plus sincères, vous parvenez à exprimer vos pensées, vous permettez à d'autres de *comprendre*.

Un jour, vous tendez la première page de votre manuscrit à un éditeur ; il commence à la lire.

ANNEXE

CUISINE ET RECETTES D'ASIE CENTRALE

La cuisine

L'Asie centrale a été le carrefour des routes de la soie avant qu'elles ne soient supplantées par les voies maritimes ou aériennes. Traversée par Gengis Khan et Alexandre le Grand, contemplée avec envie par la Chine, annexée par la Perse et, beaucoup plus tard, par la Russie tsariste, cette région, malgré son isolement, fut l'objet de convoitises constantes. Les plats qui y sont cuisinés reflètent son histoire, car avec les échanges commerciaux et les luttes politiques, les peuples se sont croisés, leurs cultures se sont métissées. Les traditions culinaires de l'Asie centrale résultent de cette longue histoire de rencontres et de mélanges entre civilisations du Nord et du Sud, d'Orient et d'Occident. Dans l'espace mondial actuel, cependant, le pétrole de la mer Caspienne supplante l'intérêt culinaire du caviar, et l'Ouzbékistan vit de ses rentes gazière et cotonnière, quoique sa population cuisine toujours son *plov* à l'huile de coton.

Chaque pays, entité géographique récente, cherche, notamment depuis la fin de l'empire soviétique, à se réapproprier sa culture, à se créer une « identité nationale » malgré la diversité ethnique qui résulte de l'histoire. La cuisine, élément essentiel de la culture, transmise au fil des générations et pratiquée quotidiennement, est ainsi devenue un enjeu dans la redéfinition des nationalismes. Pourtant, l'origine véritable des plats est, de même que celle des peuples d'Asie centrale, variée et multiple. L'influence slave, plus récente, a laissé de nombreuses traces, dont l'utilisation de la pomme de terre et de la betterave, les conserves de légumes ou la consommation de vodka, mais il est dit que les *manty* remonteraient à la conquête de l'Ouest par les troupes de

Gengis Khan qui les transportaient séchés dans leurs besaces tandis que les *laghman*, ces pâtes étirées à la main et servies dans un bol de bouillon, seraient ouighoures, les légumes farcis et les *pakhlava* turcs, ainsi que les viandes fondantes mijotées à petit feu persanes. Le Kazakhstan a beau être réputé pour ses pâtes à la viande de cheval (le *bech barmak*) et l'Azerbaïdjan pour ses poulets et poissons farcis, il est difficile de dire à quel pays, à quelle culture appartient telle ou telle tradition culinaire.

Dans cette annexe, je n'ai pas cherché à reconnaître à chaque pays son héritage culinaire de façon exhaustive. J'ai simplement consigné quelques-unes des meilleures recettes que mes hôtes ont pu m'apprendre lorsque je leur demandais de m'enseigner un plat traditionnel. Je les ai retranscrites telles quelles, en indiquant comment adapter certaines techniques ou remplacer certains ingrédients introuvables en Europe. On notera également que le mouton d'Asie centrale est tendre et goûtu ; je l'ai systématiquement remplacé par de l'agneau. Le *kurdiuk*, poche de graisse caudale, est utilisé dans plusieurs plats ; il devra être remplacé par une autre partie graisseuse de l'animal, ou tout bonnement supprimé.

Dans la présente sélection de recettes, j'ai cherché à faire découvrir ou, pour d'autres, à évoquer le souvenir des saveurs de l'Asie centrale : *plov*, *samsa* et soupes aux nouilles mais aussi poissons, borchtch et blinis, *pakhlava* et biscuits *tchak-tchak*. J'y explique la préparation et la cuisson des plats, ainsi que la façon de les servir. Plusieurs recettes (comme le *kumiss*, le lait de jument fermenté), quoique connues en Europe, sont absentes. En effet, partie en voyage au cœur de l'hiver, et ayant passé un mois dans chacun des pays, j'ai été tributaire des saisons, donc de la disponibilité des ingrédients. Les mesures sont exprimées en volume plutôt qu'en poids – verre, cuillère à soupe, cuillère à café et pincée, ou encore bol, tasse et poignée – comme c'est l'habitude dans les familles centrasiatiques. Les ingrédients sont indiqués dans l'ordre de leur utilisation.

En Orient, la « table » est une nappe de tissu ou de toile cirée qu'on déplie plus ou moins en fonction du nombre de convives, posée sur le tapis, à même le sol. Cette disposition est appelée *sonati* en Iran et *dastarkhon* du Tadjikistan au Kazakhstan. En général, les couverts utilisés sont la fourchette et la cuillère à soupe. Les couteaux ne sont pas nécessaires puisque les plats de viande, longuement mijotés, sont toujours faciles à découper. Avant de s'attabler, chacun des convives retire ses chaussures puis s'assoit en tailleur ou jambes repliées sur le côté. En présence d'invités, les femmes restent souvent en retrait, à la cuisine ou au service, et ne mangent pas avant que tous soient rassasiés. Le thé, noir ou vert en fonction des pays, est généralement proposé avant le repas ; c'est à ce moment-là que les fruits et les douceurs (raisins et abricots secs, bonbons et pâtisseries) sont consommés. Le *sarkalon*, le chef de famille, se charge d'infuser le thé en le versant par trois fois dans sa tasse puis dans la théière, et partage le pain en morceaux avant de servir le thé. Chacun reçoit sa tasse de la main droite, main gauche sur le cœur, puis remercie du bon accueil (*mersi* en Iran, *rakhmat* aux alentours du Ferghana). La tasse doit être à moitié vide : rapidement bue, elle permettra à l'hôte de prouver son hospitalité en la remplissant à nouveau jusqu'à quinze fois de suite. Pour signifier la fin du thé ou du repas, tous remercient Dieu en prononçant l'*umin* : paumes vers le ciel, les deux mains passent sur le visage comme pour le nettoyer puis sont jointes en prière. Alors seulement, on pourra quitter la table pour vaquer à ses occupations tandis que les femmes de la maison rangeront les reliefs.

En ce qui concerne les pâtes de farine, une technique permet de les affiner jusqu'à les rendre translucides. Elle nécessite deux ustensiles qui, chez nous, correspondent au plan de travail et au rouleau à pâtisserie. Ici, il s'agit du *takhta*, large et épaisse planche en bois, et du *norguj*, un fin rouleau d'au moins 50 cm de long.

Comme il y a peu de meubles dans les intérieurs centrasiatiques, tout se fait au sol, sur une nappe de tissu épais ou une toile cirée. Après avoir étalé la pâte, à l'aide du poing, jusqu'à ce qu'elle soit suffisamment grande, tamiser un peu de farine par-dessus, et l'enrouler complètement sur elle-même, autour du rouleau. Appuyer sur le rouleau d'avant en arrière avec la paume des mains, tout en poussant les mains vers les extrémités. Il faut partir du centre, doucement, pour accélérer le mouvement de va-et-vient tout en appuyant de plus en plus fort aux extrémités. Cette pression agrandit la pâte qui devient de plus en plus fine. Régulièrement, on la déroule, pour la réenrouler dans un autre sens afin qu'elle reste uniforme. Ajouter un peu de farine, pour éviter qu'elle ne colle. On décide que la pâte est prête lorsqu'elle est devenue si fine qu'on peut voir au travers. Attention cependant car elle est fragile et peut craquer facilement.

Les recettes

Azerbaïdjan
Plov lezghi
Piti de Cheki
Yarpak dolmasi – feuilles de vigne farcies
Poulet levenghi – poulet farci
Plov de canard sauvage
Pakhlava

Iran
Ach-e richta – soupe aux nouilles.
Kufta tabrizi – viande hachée garnie
Berenj pollo – préparation du riz
Fisinjan – mijoté au jus de grenade
Qalie mahi – poisson en sauce
Ach-e masst – soupe au yaourt

Ouzbékistan
Plov ouzbek
Kucha och – « plat de la rue »
Beignets aux pommes de terre

Tadjikistan
Chirtchay – thé au lait
Urumo – rouleau farci
Tchi'bor soq – beignets sucrés
Noch khufpa – potage aux abricots secs

Kirghizistan
Manty – raviolis à la vapeur
Samsa – petits pains feuilletés farcis
Churbo – bouillon de légumes

Kazakhstan
Döm dama – « garder vapeur »
Bech barmak – « cinq doigts » kazakh
Tchak-tchak – biscuits frits

Russie
Ukha – bouillon de poisson au feu de bois
Borchtch – soupe à la betterave
Blinis – crêpes légères

PLOV LEZGHI

recette de la sœur de Nariman, à Ištisu

Le *plov* est un riz pilaf dont il existe 1 001 variantes. Celui des Lezghi est agrémenté des fruits secs récoltés dans les forêts d'Ismaili. Le *kazmakh*, pâte grillée au fond de la casserole, est considéré comme sa meilleure part. Le poulet est la viande la moins chère ; il peut être remplacé par de l'agneau ou du bœuf.

INGRÉDIENTS POUR 6 À 8 PERSONNES

- 1 poulet
- 1 verre de riz par personne (100 g)
- 2 oignons
- 2 verres de haricots blancs ou rouges
- 2 œufs
- 1 verre de kéfir
- 2 cuillères à soupe (c.s.) de farine
- 1 poignée de marrons, de raisins et d'abricots secs par personne
- du beurre en quantité, selon son goût

PRÉPARATION

- La veille, ramollir les fruits secs dans un bol d'eau tiède. Évider le poulet et le tronçonner en 6 à 8 morceaux, avec les os. Saler. Couvrir d'oignons hachés menu. Laisser reposer au frais.
- Le jour même, dans deux casseroles distinctes, faire bouillir le riz et les haricots. Le riz est cuit lorsque ses grains s'écrasent facilement entre les doigts. Égoutter et laisser de côté.
- Pour le *kazmakh*, mélanger les œufs, le kéfir, la farine et 1 verre à vodka de beurre fondu (à l'estime, 20 à 50 g) avec 1 verre de riz cuit.
- Étaler le *kazmakh* au fond d'une grande casserole. Poser par-dessus le poulet, puis les marrons et les haricots précuits, les raisins et les abricots et enfin le reste de riz, en forme de pyramide.

CUISSON

- Cuire à feu très doux pendant 2 à 4 h.
- Emballer le couvercle dans un linge pour absorber la vapeur, ou bien retirer les gouttes condensées dessus après 30 min de cuisson. Pour vérifier que le *kazmakh* est bien cuit, plonger le manche d'une cuillère en bois pour taper le fond de la casserole. Le bruit doit être mat, étouffé.

PRÉSENTATION

- Dans des assiettes creuses, répartir le riz, puis les autres ingrédients, avec un morceau de viande et un morceau de *kazmakh* pour chacun.
- Proposer un verre de beurre fondu pour en arroser les assiettes.

Piti de Cheki

recette de Mamich, à Cheki

Le *piti* est à la fois un bouillon et un plat. Préparé en portions individuelles dans des pots en terre cuite de la taille d'un verre, c'est un « plat du pauvre » ; il cuit très longtemps, mais ne nécessite quasiment aucune préparation et il n'est pas nécessaire d'avoir de bonnes dents pour le manger : la viande est fondante.

INGRÉDIENTS PAR PERSONNE

- quelques pois chiches
- 1 à 2 châtaignes
- 4 à 5 petits morceaux d'agneau (60 g)
- 2 petits morceaux de *kurdiuk* ou de graisse (25 g)
- 1 oignon
- ½ cuillère à café (c.c.) de safran, 1 c.c. de *sumak* (fleurs séchées qui ressemblent au safran, disponible dans les épiceries orientales)
- du pain sec

PRÉPARATION

- Dans chaque gobelet en terre cuite, poser les pois chiches, les châtaignes, la viande, la graisse et ½ oignon finement émincé, dans cet ordre.
- Combler avec de l'eau jusqu'à 1 cm du sommet. Saler et parsemer de safran.

CUISSON

- Le *piti* se cuit sur la plaque d'un poêle, mais pourra aussi être cuit au four en couvrant chaque tasse d'un papier aluminium, voire dans une casserole, à la mode iranienne, en mélangeant les ingrédients pour l'ensemble des convives.
- Faire bouillir une fois puis couvrir chaque tasse d'un morceau de carton et laisser cuire 8 h à feu très doux.

PRÉSENTATION

- Verser le jus dans une assiette creuse avec des morceaux de pain sec pour les imbiber de bouillon. Parsemer de *sumak*.
- Une fois la première assiette consommée, verser le reste des aliments et les écraser en purée avec sa fourchette. Manger avec le reste de l'oignon cru, finement émincé.

YARPAK DOLMASI – FEUILLES DE VIGNE FARCIES

recette de Chahhusseïn, à Bakou

Les *yarpak dolmasi* tiennent leur nom du turc *dolamak*, « rouler ». Leur farce, qui peut-être à base d'agneau ou d'esturgeon, est enroulée dans des feuilles de vigne. Cuits à la vapeur et trempés chauds dans du yaourt aigre, ils sont excellents.

INGRÉDIENTS POUR 5 PERSONNES

- 1 kg d'agneau ou d'esturgeon
- 2 oignons
- 1 botte de coriandre et 1 d'aneth
- 1 poignée de riz
- 2 c.s. de menthe séchée
- des feuilles de vigne fraîches ou en bocal
- 1 bol de kéfir ou de yaourt
- 1 gousse d'ail

PRÉPARATION

- Hacher menu la viande, les oignons et les herbes. Mélanger avec le riz cru et la menthe séchée. Saler, poivrer.
- Dans le cas des feuilles de vigne fraîches, retirer la queue et les nervures les plus épaisses, puis ébouillanter quelques minutes afin de les amollir.
- Déposer la farce sur chaque feuille de vigne, et rouler en cylindres d'environ 1,5 cm de diamètre. Replier les bords vers l'intérieur.

CUISSON

- Placer dans un cuiseur à vapeur, ou bien verser un fond d'eau dans une marmite et poser une assiette dessus. Empiler les *yarpak dolmasi* jusqu'en haut. Ajouter un peu d'eau et couvrir hermétiquement.
- Cuire à feu très doux pendant 1 h à 1 h 30.

PRÉSENTATION

- Servir chaud avec du kéfir ou du yaourt mélangé à de l'ail écrasé.

POULET LEVENGHI – POULET FARCI

recette d'un restaurant en bord de route, à Massali

Ce plat au succulent fumet peut être cuisiné avec du poulet ou de l'esturgeon. La préparation du *turchu* (aigre) est expliquée plus bas, mais il pourra être remplacé par du jus concentré de grenade, en vente sur Internet ou dans les magasins bio.

INGRÉDIENTS POUR 5 PERSONNES

- 1 poulet
- 50 g de noix
- 1 oignon
- 2 c.s. de *turchu*

PRÉPARATION

- Hacher menu et mélanger noix, oignon et *turchu*.
- En farcir le poulet une fois plumé et évidé. Dans le cas de l'esturgeon, ajouter les abats à la farce.
- Entailler la chair du poulet au couteau pour l'assaisonner de sel et de poivre.

CUISSON

- Cuire 1 h par-dessus les braises du *tandyr*, un four en terre de forme sphérique. C'est cette cuisson qui donne son goût au poulet, dont la peau est craquante et la chair délicieusement fondante. On pourra la remplacer par une cuisson au four sous du papier aluminium ou bien au barbecue.

PRÉPARATION DU TURCHU

- Le *turchu* est un ingrédient essentiel des plats de viande en Azerbaïdjan.
- En été, faire bouillir 1 kg de prunelles pendant 5 min. Écraser et passer au chinois pour se débarrasser de leur peau et de leurs noyaux. Laisser évaporer au soleil pendant 10 jours en mélangeant la pâte tous les jours.
- Conserver dans un bocal hermétique.

PLOV DE CANARD SAUVAGE

recette de la femme d'Ahmed, à Massali

Le *plov* de canard sauvage est un délice qui ne se cuisine qu'en période migratoire sur les bords de la Caspienne. On pourra remplacer ces petits volatiles par des cailles (1 par personne).

INGRÉDIENTS POUR 8 PERSONNES

- 4 canards sauvages
- 5 oignons rouges
- 1 c.s. de *turchu*
- 1 kg de riz blanc
- 1 yaourt
- 1 œuf
- 1 pincée de safran
- 1 verre de beurre fondu

PRÉPARATION

- La veille, déplumer, évider et laver les canards sauvages. Retirer la tête et les pattes et découper chaque canard en deux dans la longueur. Saler et poivrer l'intérieur et l'extérieur ainsi que la chair en la piquant avec un couteau.
- Préparer la farce en hachant menu les oignons et en les malaxant avec le *turchu*.
- Poser les canards au fond d'un plat et étaler la farce dessus. Laisser reposer au réfrigérateur.
- Le jour même, cuire 1 kg de riz blanc dans de l'eau salée.
- Pour le *kazmakh*, mélanger le yaourt, l'œuf, le safran (pour la couleur) et ½ verre de beurre fondu avec 2 verres de riz cuit. Étaler au fond d'une marmite.
- Poser sur ce *kazmakh* les demi-canards et leur farce d'oignons rouges puis verser le reste du riz blanc en pyramide. Couvrir.

CUISSON

- Cuire 1 h à feu moyen pour faire griller le dessous puis 1 h à feu plus doux.
- 30 min avant la fin de la cuisson, verser le reste du beurre fondu sur le plat.

PRÉSENTATION

- Servir avec un accompagnement de verdure : branches d'aneth et de coriandre frais, radis, concombres et tomates en rondelles.

Pakhlava

recette d'amis d'Ahmed, à Massali

Le *pakhlava* est une pâtisserie orientale dont il existe de multiples variantes. Parce que ce qui est sucré est symbole de volupté, il est dit que les femmes qui le préparent pensent à leur mari et le découpent selon la forme de leur propre sexe : un losange.

INGRÉDIENTS POUR UNE TRENTAINE DE *PAKHLAVA*

- 400 g de farine
- ½ c.c. de levure
- 1 sachet de sucre vanillé
- 20 cl de lait
- 2 œufs
- 100 g de crème fraîche épaisse (ou *smetana*)
- 300 g de noix et 300 g de noisettes décortiquées
- 6 verres de sucre (dont 1 à réserver pour le *cherbet*)
- quelques graines de cardamome

PRÉPARATION

- Dans un saladier, verser la farine et creuser un puits. Délayer la levure et le sucre vanillé dans un peu de lait tiède. L'ajouter avec les œufs dont on réservera un jaune, ainsi qu'avec la crème fraîche. La pâte doit être molle, peu collante. Laisser lever au chaud, sous un linge.
- Faire griller les noisettes à la poêle pour en relever le goût ; éplucher leur peau. Réserver une trentaine de noix et noisettes pour la décoration finale. Hacher menu le reste, et mélanger avec 5 verres de sucre et la cardamome pillée.
- Couper la pâte en au moins 12 morceaux : 2 moyens (comme l'intérieur de la paume de la main) et 10 petits (2 fois plus petits). Étaler chaque boule très finement : grâce à la crème fraîche, elles peuvent devenir presque transparentes.
- Procéder en strates comme pour des lasagnes :
  - étaler l'une des grosses boules sur le plat et la badigeonner de beurre fondu avec un pinceau (le beurre tiède risquerait de transpercer la pâte) ;
  - saupoudrer ensuite de garniture puis commencer la couche suivante, douze fois de suite – plus il y a d'étages, meilleur sera le *pakhlava* ;
  - « sceller » le *pakhlava* avec la deuxième grosse boule et étaler dessus le jaune d'œuf.
- Dessiner légèrement au couteau les formes des *pakhlava* en quadrillant le plat de losanges. Poser ½ noix ou 1 noisette sur chaque losange.

CUISSON

- Cuire 25 min au four à 200 °C.
- Découper complètement chaque losange et remettre à cuire 20 min jusqu'à ce que les gâteaux soient bien dorés.
- Verser un *cherbet* préparé avec 1 verre de sucre et autant d'eau chauffés ensemble. Le *cherbet* permet de faire « tenir » la farce.
- Remettre à cuire 10 min puis laisser refroidir avant de manger, avec du thé !

ACH-E RICHTA – SOUPE AUX NOUILLES.

recette de Gila, à Tabriz

L'*ach-e richta* est une soupe légère aux féculents et aux fruits secs, agrémentée de pâtes fraîches. Quoique préparée pour 100 personnes à Ardabil lors de la cérémonie de l'Achoura, en voici une recette pour 5.

INGRÉDIENTS POUR 5 PERSONNES

- 2 c.s. d'huile
- 1 oignon rouge
- 1 tasse de sauce tomate *(rop)* ou 1 c.s. de concentré
- ½ tasse de pois chiches
- 1 tasse de haricots blancs
- 1 tasse contenant prunelles *(alu)*, cerises griottes *(albalu)* et abricots *(zardalu)* secs
- ½ c.c. de curcuma
- 2 tasses de farine

PRÉPARATION DE LA SOUPE

- Précuire les légumes secs à l'eau bouillante.
- Faire revenir l'oignon dans l'huile puis ajouter la sauce tomate, 1 l d'eau, les légumineuses et les fruits secs. Saler et poivrer, parsemer de curcuma.
- Faire mijoter 1 h à feu moyen.

PRÉPARATION DES PÂTES

- Pendant ce temps, préparer les pâtes *(richta)* en délayant la farine avec 1 tasse d'eau. Étaler finement (½ mm d'épaisseur). Couper en lamelles, comme des spaghettis et « effiler » ces pâtes à la main, avec de la farine pour éviter qu'elles ne collent.
- Ajouter les pâtes à la soupe bouillante 5 min avant de servir.

KUFTA TABRIZI – VIANDE HACHÉE GARNIE

recette de Gila, à Tabriz

Les *kufta* de Tabriz, larges boules de viande hachée, sont réputés pour être les meilleurs d'Iran. Parce qu'ils sont garnis de lentilles et de verdure, de fruits secs, voire d'œuf dur, 2 *kufta* par personne suffisent amplement à faire un délicieux repas.

INGRÉDIENTS POUR 3 PERSONNES

- 1 tasse de riz
- 1 tasse de lentilles jaunes ou de lentilles corail
- 250 g de viande hachée
- 4 oignons rouges
- 1 œuf cru et 1 œuf dur
- 1 tasse de sauce tomate ou 1 c.s. de concentré
- des *sâbzi* au choix : fenouil, poireau, estragon, basilic, persil, menthe et coriandre, cresson et fanes de radis
- des épines-vinettes *(zerechk)* ou des cerises *(zohral)* sèches, qu'on pourra remplacer par des raisins secs *(kizmis)*
- ½ c.c. de curcuma
- huile

PRÉPARATION

- Dans deux casseroles distinctes, faire cuire les lentilles à l'eau salée, et le riz dans son volume d'eau (1 tasse) avec 1 pincée de curcuma. Saler. Laisser mijoter à feu moyen jusqu'à ce que toute l'eau soit évaporée.
- Couper 2 oignons en fines lamelles, mélanger avec les lentilles, la viande hachée, le riz, l'œuf cru ainsi qu'une grosse poignée de *sâbzi*. Ajouter du curcuma, saler et poivrer.
- Séparer ce hachis en 6 parts égales, amalgamer en belles boules entre les mains humides, et placer en leur centre la garniture :
  - soit un gros morceau d'œuf dur (consistant) ;
  - soit un oignon rouge coupé en lamelles et grillé à la poêle mélangé à des fruits secs (délicieux).
- Dans une casserole, faire revenir 1 oignon coupé en lamelles dans un fond d'huile. Ajouter le concentré de tomates et 2 tasses d'eau chaude. Faire bouillir puis passer à feu doux. Ce bouillon doit être de 2-3 cm au fond de la casserole.
- Poser les *kufta* dans le bouillon. Couvrir.

CUISSON

- Laisser cuire à feu doux jusqu'à ce que la viande soit cuite, partiellement par le bouillon et partiellement par la vapeur.

PRÉSENTATION

- Servir les *kufta* avec du yaourt à l'ail, des *sâbzi* ou des feuilles de roquette, et du pain ou du riz.

BERENJ POLLO – PRÉPARATION DU RIZ

recette de Narghiz, à Ispahan

Le *berenj pollo* est une recette centrale dans la cuisine iranienne puisqu'il accompagne les plats de viande ou de poisson en sauce. Quoique d'apparence anodine, la préparation du riz est en fait assez complexe. Trempé en amont, il doit être recuit pour en griller le *tahdig*. Cuisiné en quantité, il est réchauffé à feu doux pour les repas suivants et décoré de safran et d'oignons grillés ou d'épines-vinettes.

INGRÉDIENTS POUR 10 PERSONNES

- 1 kg de riz
- 2 l d'eau
- 50 g d'épines-vinettes
- 1 oignon rouge
- 1 c.c. de safran
- 2 c.s. de yaourt

PRÉPARATION

- Rincer le riz à l'eau claire dans une passoire. Laisser tremper dans 1 l d'eau salée. La durée de ce trempage dépend de la qualité du riz, elle peut aller de 2 h à 2 jours et permet d'amollir le riz afin qu'il cuise plus vite et qu'il soit fondant. Éviter les riz à cuisson rapide.
- Cuire dans une casserole d'eau bouillante jusqu'à ce que les grains s'écrasent entre les doigts. Le riz doit être tout juste cuit, encore bien consistant. Égoutter.
- Le *tahdig*, équivalent du *kazmakh* azerbaïdjanais, est la partie croustillante qui aura grillé au fond de la casserole. Il peut être nature, au safran, aux feuilles de pain, aux tranches de pomme de terre, ou encore au chou et aux tomates :
  - au safran : réduire en poudre ½ c.c. de safran et diluer dans un fond d'eau chaude afin d'en extraire tout l'arôme ; ajouter 2 c.s. de yaourt nature et 5 c.s. de riz cuit ; bien malaxer ;
  - au pain : couvrir le fond de la casserole de feuilles de pain *lavach* (galettes de pain très fines, proche du pain libanais) ; étaler un peu d'huile et de safran dilué à l'eau par-dessus.
- Recouvrir de riz en pyramide. Dans le cas du *tahdig* au pain, rajouter 1 tasse d'eau pour éviter que le pain ne brûle ainsi qu'½ tasse de beurre fondu.

CUISSON

- Remettre à chauffer à feu moyen avec un couvercle, jusqu'à ce que de la vapeur apparaisse et donc que le *tahdig* grille (env. 10 à 15 min).
- Passer ensuite à feu doux et envelopper le couvercle dans un linge afin d'empêcher le riz de ramollir, voire de coller. En Iran, il existe des « couvertures à couvercle » prévues à cet effet.
- La durée de cette fin de cuisson, de 30 min à 1 h 30, a peu d'importance puisque le riz ne cuit plus. Elle sert surtout à garder le riz chaud en attendant que les autres plats cuisent, ou que les convives arrivent !

PRÉSENTATION

- Verser le riz blanc dans un plat. Gratter ensuite le *tahdig* et le briser en gros morceaux pour le servir sur une assiette à part.
- Décorer le plat :
  - soit en mélangeant 2 tasses de riz à du safran dilué dans de l'eau tiède, pour le faire jaunir et le parsemer au-dessus du plat ;
  - soit avec des épines-vinettes *(zerechk)* rapidement revenues dans un peu d'huile tiède, en faisant très attention car les *zerechk* brûlent facilement. Mélanger à du safran dilué dans de l'eau tiède et verser en diagonale par-dessus le riz blanc ;
  - soit enfin, avec un petit oignon rouge revenu dans l'huile auquel on ajoute les *zerechk* et l'eau safranée hors du feu.

FISINJAN – MIJOTÉ AU JUS DE GRENADE
recette de Narghiz, à Ispahan

La préparation du *fisinjan*, succulente recette de viande au goût aigre-doux, est longue et élaborée : ce plat est préparé pour les fêtes ou en l'honneur d'invités. On pourra remplacer le poulet par des boulettes de viande hachée.

INGRÉDIENTS POUR 6 PERSONNES

- 1 poulet
- 3 oignons
- 2 verres de noix écalées
- 1 c.c. de curcuma, ½ c.c. de poivre, ½ c.c. de safran
- 2 c.s. de concentré de tomates
- 1 verre de sucre
- 2 verres de jus de grenade ou 4 c.s. de concentré
- 2 c.s. d'huile

PRÉPARATION

- Couper le poulet en 6 parts et 1 oignon en gros morceaux, couvrir d'eau et faire bouillir dans une casserole. Ajouter les épices mais pas de sel, qui cuirait la viande trop vite.
- Laisser mijoter à feu doux, couvert, pendant 1 h 30 puis passer à la passoire pour filtrer oignons et poulet. Réserver le bouillon ainsi que le poulet. Jeter l'oignon, qui ne servait qu'à donner du goût.
- Griller les morceaux de poulet dans un fond d'huile puis les remettre dans le bouillon.
- Dans la même poêle, dorer un oignon haché menu, puis ajouter le concentré de tomates en mélangeant énergiquement. Verser dans le bouillon de poulet avec les noix hachées. Saler.
- Passer le bouillon à feu doux, sans couvercle, afin qu'il épaississe (30 à 45 min).
- Préparer la sauce aigre-douce avec le sucre et le jus de grenade. Verser dans le bouillon.

CUISSON

- Couvrir et cuire encore 30 min à feu doux, jusqu'à obtenir un liquide épais.

PRÉSENTATION

- Servir avec un plat de *berenj pollo* (riz safrané).
- Accompagner de verdure fraîche *(sâbzi)*.

QALIE MAHI – POISSON EN SAUCE
recette d'Atieh, à Bandar-e Abbas

Le *qalie mahi* est typique du golfe Persique. La chair du poisson est d'abord panée et grillée, puis elle est servie dans une savoureuse sauce à base de verdure, les *sâbzi*. La pâte de tamarin ou datte indienne est distribuée en grandes surfaces ou dans les épiceries spécialisées.

INGRÉDIENTS POUR 6 PERSONNES

- 1 kg de poisson à chair rouge
- 1 verre de farine
- 1 c.c. de curcuma et 1 c.c. de piment
- 2 oignons
- 1 tête d'ail complète
- 1 kg de *sâbzi* : estragon, basilic sacré, persil, menthe, coriandre et aneth, oignons verts ou ciboulette, cresson et fanes de radis
- 6 tomates
- 150 g de pâte de tamarin
- ½ l d'huile

PRÉPARATION

- Laver le poisson et couper la chair en gros morceaux (3 cm³). Saupoudrer de gros sel pour absorber l'eau.
- Dans une assiette large, préparer une panure avec la farine et 1 c.c. d'épices (piment et curcuma).
- Rincer très rapidement le sel et rouler les morceaux de poisson dans la panure afin que tous les côtés soient recouverts de farine.
- Faire frire dans une poêle à bords élevés, à moitié remplie d'huile chaude, à feu doux. Lorsqu'ils sont bien cuits et légèrement grillés, retirer de la poêle et conserver de côté.
- Hacher menu les oignons, l'ail, la verdure. Faire rissoler dans l'huile qui a servi à cuire le poisson jusqu'à ce que les herbes brunissent. Saler. Râper les tomates et ajouter du piment et du curcuma. Couvrir, laisser bouillonner à feu doux jusqu'à ce que le liquide épaississe.
- Pendant ce temps, diluer la pâte de tamarin dans env. ½ l d'eau. Ajouter alors ce liquide à travers une passoire, et jeter les restes solides. Remettre à bouillir, puis passer à feu doux.

PRÉSENTATION

- Lorsqu'on peut distinguer une légère couche de graisse par-dessus, c'est que le mélange est prêt.
- Déposer le poisson pané et servir bien chaud.

ACH-E MASST – SOUPE AU YAOURT

recette de Gulbahar, à Chiraz

L'*ach-e masst* est une soupe végétarienne relativement épaisse. À base de fromage blanc, elle prend une couleur vert fluo grâce à la menthe. Les pois chiches y sont encore croquants.

INGRÉDIENTS POUR 6 PERSONNES

- 2 verres de riz
- 1 tasse de pois chiches précuits (20 min à l'eau bouillante ou en bocal)
- 1 petit oignon rouge
- 1 c.s d'huile ou de beurre
- 2 c.c de curcuma
- 3 c.c. de menthe poivrée séchée
- 1 kg de fromage blanc

PRÉPARATION

- Dans une cocotte-minute, cuire le riz et les pois chiches avec 2 l d'eau bouillante.
- Pendant ce temps, hacher menu l'oignon et le faire rissoler dans l'huile. Ajouter le curcuma et la menthe poivrée puis sortir du feu.
- Lorsque la cocotte siffle, retirer le couvercle. Le riz doit former un liquide pâteux, blanchâtre.
- Ajouter le fromage blanc et l'oignon rissolé aux épices. Saler. Mélanger.

CUISSON

- Laisser revenir à petit bouillon pendant 30 min.

PLOV OUZBEK

recette de Mansur, à Sairob

Lorsqu'on parle de *plov*, dans toute l'Asie centrale, on pense d'abord au *plov* ouzbek, cuisiné par les hommes. La triple cuisson des ingrédients – *jaritsa*, *varitsa*, *paritsa* – frits, bouillis et cuits à la vapeur, rend le riz translucide et confit les carottes. Un délice !

INGRÉDIENTS POUR 8 PERSONNES

- ¼ l d'huile végétale (de coton)
- 1 kg d'agneau (jarret ou épaule)
- 1 oignon
- 1 kg de carottes
- 1 kg de riz
- 2 c.s. de raisins secs
- 1 c.c. de cumin en graine
- 1 tête d'ail

PRÉPARATION

- Dans un wok ou une marmite, faire rissoler l'oignon émincé dans l'huile, puis ajouter la viande ; les oignons ne doivent pas brûler. Saler. Passer à feu moyen. Couvrir.
- Éplucher et découper les carottes en lamelles et ajouter dans le wok. Mélanger régulièrement.
- Rincer le riz à plusieurs reprises, afin d'en extraire l'amidon. Ajouter à la préparation. Bien mélanger pour que le riz s'imbibe du jus de cuisson.
- Recouvrir d'eau froide. L'eau doit dépasser d'une phalange au-dessus du plat. Faire bouillir jusqu'à évaporation totale de l'eau.
- Passer à feu très doux. Parsemer des raisins secs, du cumin et des gousses d'ail entières, épluchées. Avec le manche d'une cuillère en bois, creuser un trou au centre du plat, et y verser ½ verre d'eau, sans mélanger. Couvrir pour cuire à la vapeur encore 20 min.

PRÉSENTATION

- La viande, à la mode ouzbèke, est découpée au dernier moment par le chef de famille, qui la répartit entre les convives.
- Manger à la cuillère, sans fourchette ni couteau, ou avec la main droite : presser des petits tas de riz contre le bord de l'assiette entre le pouce et les autres doigts. Former une pyramide et la pousser dans la bouche à l'aide du pouce. Cette technique a le mérite d'empêcher les gourmands de se brûler la langue : « Le manque de sobriété/Est fort nuisible à la santé » (Alicher Navoi, poète ouzbek).
- Servir avec une assiette d'oignons émincés ou une salade de carottes finement râpées assaisonnées de 3 gousses d'ail écrasées, d'½ yaourt, de sel et de poivre.

KUCHA OCH – « PLAT DE LA RUE »

recette des CBT ladies, à Bazar Korgon

Ce plat ouzbek a été oublié et ne se cuisine presque plus. Sa traduction littérale, « plat de la rue », tient à sa composition : au fur et à mesure de la cuisson, on y ajoute tous les ingrédients qui se trouvent sur les bazars d'Asie centrale !

INGRÉDIENTS POUR 10 PERSONNES

- 200 g de *kurdiuk* ou de graisse de mouton
- 150 g de haricots blancs
- 250 g de pois chiches
- 200 g de maïs blanc
- ½ kg d'agneau
- 2 oignons
- 4 carottes
- 3 c.s. de concentré de tomates
- 4 pommes de terre

PRÉPARATION

- Précuire les haricots blancs, les pois chiches et le maïs blanc séparément, dans de l'eau froide. Pour le maïs blanc, laisser mijoter au chaud pendant 2 h jusqu'à obtenir des grains pâteux, fondants.
- Découper la graisse, la viande, les carottes et les pommes de terre en dés.
- Dans une marmite, verser 4 l d'eau froide. Chauffer avec la graisse de mouton.
- Lorsque l'eau bout, ajouter la viande cet les oignons coupés en fines rondelles. Parsemer de cumin. Saler.
- Ajouter ensuite les carottes, le concentré de tomates, puis les pommes de terre. Verser les haricots blancs, les pois chiches et le maïs.

CUISSON

- Laisser mijoter à feu moyen pendant 30 min.

PRÉSENTATION

- Servir avec une salade à base de : 1 chou vert, 3 carottes et 1 botte d'aneth hachés menu. Mélanger à de la mayonnaise légère ou à du kéfir.

BEIGNETS AUX POMMES DE TERRE

recette de Bilal, dans une échoppe en bord de route, à Kokand

Ces beignets de pomme de terre sont particulièrement bons : la purée les rend fondants, et les épices en rehaussent le goût. On les trouve partout dans le Ferghana ouzbek, et notamment à Kokand, ville riche où les jeunes filles tissent des fils de soie aux couleurs naturelles : rouge garance, jaune doré de l'écorce de grenade, jaune clair des pelures d'oignons et beiges du thé vert ou noir.

INGRÉDIENTS POUR 10 PERSONNES

- 1 kg de farine
- 1 pincée de levure
- 2 pommes de terre
- 1 c.c. de piment, 1 c.c. de paprika et 1 c.c. de curcuma
- 1 oignon
- 100 g d'agneau
- ½ l d'huile

PRÉPARATION

- Pétrir la farine et la levure avec 1 verre d'eau salée. Laisser monter au chaud, sous un linge.
- Éplucher et cuire les pommes de terre à l'eau, puis écraser en purée et épicer en abondance de piment, de paprika et de curcuma.
- Faire revenir l'oignon, puis la viande à la poêle. Saler, poivrer.
- Préparer les beignets en mélangeant un peu de pâte avec de la purée de pommes de terre. Garnir de viande et d'oignons.

CUISSON

- Frire dans de l'huile frémissante jusqu'à ce que les beignets soient bien dorés.

Chirtchay – Thé au lait

recette de Janara, à Porchniev

Le *chirtchay* est préparé en grande quantité car c'est la nourriture quotidienne des montagnards du Pamir, qui s'en nourrissent matin, midi et soir. Ce thé au lait de couleur gris-brun est généralement gardé au chaud dans de grandes thermos.

INGRÉDIENTS POUR 10 PERSONNES

- 3 l d'eau
- 1 à 2 c.s. de gros sel
- 1½ c.s. de thé noir
- ½ l de lait
- plusieurs morceaux de pain sec
- 1 bol de beurre frais

PRÉPARATION

- Faire bouillir l'eau avec le sel.
- Jeter les feuilles de thé dedans et laisser bouillir 10 min avant d'ajouter le lait.
- Dans les vallées reculées, où l'hiver est plus rude et les animaux fournissent peu de lait, on utilisera plutôt du lait en poudre, sans goût, mais le lait d'une vache traite la veille rendra le *chirtchay* crémeux.
- À l'occasion de Navruz, le nouvel an persan qui a lieu le 31 mars, on y ajoutera également quelques noix.

PRÉSENTATION

- Servir dans un bol.
- Sur la table, chaque convive peut remplir son bol de morceaux de pain sec ainsi que d'une cuillère à soupe de beurre.
- Attention car le *chirtchay* se doit d'être brûlant. Il se mange à la main (pain imbibé) ou à la cuillère. Le gras qui reste sur les mains à la fin du plat sert à les protéger du froid.

URUMO – ROULEAU FARCI
recette d'Anargul, à Murgab

Si l'*urumo* est cuisiné à une altitude humaine, avec les ustensiles adéquats, et qu'il est garni de viande et de légumes, ce plat est fameux !

INGRÉDIENTS POUR 6 PERSONNES

- 1 grand bol de farine blanche (800 g)
- 1½ c.s. de gros sel
- 1 œuf
- 1 tasse de *smetana*, de *kaymak* ou de crème fraîche
- garniture : 1 carotte, 2 pommes de terre, 1 oignon, 100 g de viande rouge, 1 poivron, de l'ail, etc.
- des fines herbes

PRÉPARATION

- Tamiser la farine dans un saladier. Creuser un puits pour y verser le gros sel, 1 œuf. Mélanger peu à peu à de l'eau tiède.
- Pétrir la pâte puis la ramener en boule. Laisser reposer sous un cellophane pour éviter qu'elle ne sèche.
- Couper la pâte en 2, ramener en boules, ce seront les 2 *urumo*.
- Étaler le plus finement possible et répartir la crème fraîche sur toute la surface.
- Parsemer de dés de carottes, de pommes de terre, d'oignon, de poivron, d'ail et de viande. À la façon des Kirghizes du nord, on mettra, pour 1 portion de viande, ½ d'oignons et ½ de *kurdiuk*.

CUISSON

- Cuire environ 30 min dans un cuiseur à vapeur, un *urumo* par étage.

TCHI'BOR SOQ – BEIGNETS SUCRÉS
recette d'Anargul, à Murgab

Les *tchi'bor soq* sont généralement cuisinés pour les mariages et les autres fêtes. À partir de la même base, on peut préparer les *gögak* (« oreille » en kirghize), beignets sucrés coupés en triangle qui se replient dans la friture pour prendre la forme d'une oreille de cheval. Au Kirghizistan, on leur préférera cependant les *bor soq*, équivalents salés des *tchi'bor soq*, beignets dont la pâte est coupée en petits rectangles est mise à frire. Ils sont moelleux, un peu gonflés et légèrement dorés.

INGRÉDIENTS
- 1 grand bol de farine
- ½ tasse de *jijr* (graisse fondue, de couleur blanche) ou de margarine
- 1 tasse de sucre
- 1 c.s. de gros sel
- 1 l d'huile végétale (de coton)

PRÉPARATION
- Tamiser la farine et y creuser un puits.
- Verser la graisse fondue, le sucre, le sel et un peu d'eau tiède. Pétrir. La pâte doit être épaisse, lourde. Laisser reposer 20 à 30 min.
- Couper la pâte en 4, reformer en boules. Étaler (sans farine) grossièrement au rouleau (½ cm d'épaisseur). Couper en petits carrés (2 cm^2).
- Sur une surface striée – comme une natte de paille au Tadjikistan –, appuyer les carrés de pâte avec ses doigts, dans un mouvement descendant, pour que cette dernière prenne la forme des stries tout en s'enroulant autour des doigts. Les *tchi'bor soq* ressemblent à des macaronis. Cette étape n'est pas nécessaire pour les *bor soq*.

CUISSON
- Faire chauffer l'huile en faisant attention à ce qu'elle ne soit pas trop chaude, car les *tchi'bor soq* doivent cuire suffisamment pour être croquants et dorés, mais rester moelleux au cœur (env. 5 min).

NOCH KHUFPA – POTAGE AUX ABRICOTS SECS
recette de Gulnamo, à Khorog

Le *noch khufpa* est un plat-médicament contre le rhume et la grippe ; il nettoie également le système digestif puisqu'il ne contient que de la farine, de l'eau et des abricots. Ces derniers poussent en quantité dans les vallées tadjikes et dans le Ferghana. Ils sont séchés pendant l'été le long des routes, avec leurs noyaux.

INGRÉDIENTS POUR 4 PERSONNES

- 200 g d'*uryuk* (abricots séchés entiers avec leur noyau)
- 250 g de farine blanche

PRÉPARATION

- Rincer plusieurs fois les abricots à l'eau claire. Les placer dans un bol d'eau chaude pour les ramollir.
- Tamiser la farine dans un saladier en bois. Ajouter de l'eau tiède pour faire une solution aqueuse, sans grumeaux.
- Dans une casserole, faire bouillir les abricots dans dix fois plus d'eau (2,5 litres pour 250 g d'abricots). Écraser les abricots devenus mous contre les bords de la casserole pour en extraire le jus et la couleur. Ils sont « cuits » lorsqu'ils se délitent facilement.
- Alors, ajouter la farine, doucement, tout en mélangeant avec une cuillère en bois. Cela doit donner un liquide blanc orangé.
- Goûter et ajouter du sucre si nécessaire (normalement le sucre des abricots suffit).
- Bien mélanger à la cuillère, et manger !

CUISSON

- Le plat est servi dans un saladier en bois, on le mange avec les cuillères qui ont servi à la préparation. Il redonne de l'énergie pour le travail des champs.

MANTY – RAVIOLIS À LA VAPEUR

recette de Tcholpon, à Och

Les *manty* sont cuisinés dans toute l'Asie centrale, depuis les déserts d'Ouzbékistan aux steppes mongoles, où ils sont un plat de fête. Ici, trois variantes de farce sont proposées, mais chacun pourra accommoder ces succulents raviolis à son goût.

INGRÉDIENTS POUR 10 PERSONNES

- 2 bols de farine blanche
- 4 c.s. d'huile
- 1 œuf
- 1 tasse d'eau tiède
- 1,5 kg de pommes de terre
- 8 oignons
- 400 g d'agneau

PRÉPARATION

- Tamiser la farine dans un saladier. Ajouter l'huile, l'œuf puis verser l'eau tiède, salée, petit à petit. La pâte ne doit pas être collante. Laisser reposer, le temps de préparer la farce.
- Hacher les pommes de terre, les oignons et la viande à la main. Malaxer. Saler, poivrer.
- Il existe de nombreuses autres combinaisons de farce :
  - 1 kg de viande, 1 kg de *kurdiuk* et 1,5 kg d'oignons (à la mode kirghize traditionnelle) ;
  - 1 kg de viande, 1 kg d'oignons, 1 kg de carottes ;
  - 1 kg de viande, ½ kg d'oignons.
- Étaler la pâte pour la rendre presque transparente. Couper en carrés de 5 à 10 cm^2.
- Déposer un tas de farce sur chaque carré.
- Ramener les 4 coins de chaque carré par-dessus, pour former une pyramide, et presser la pâte le long des arêtes, pour fermer le ravioli. Ensuite, étirer les arêtes et les ramener 2 par 2, l'une sur l'autre.

CUISSON

- Cuire 40 min au cuiseur à vapeur, dont les plats percés permettent une cuisson qui conserve les saveurs de chacun des ingrédients. Penser à bien beurrer la surface des plats pour éviter que les *manty* ne collent.

PRÉSENTATION

- Servir avec un peu de beurre ou de kéfir.

Samsa – petits pains feuilletés farcis

recette de Gulnaz et ses amies, à Töö-Moyon

Les *samsa* sont des petits pains farcis dorés au four. La farce qui cuit à l'intérieur forme un jus savoureux. Cette recette peut être simplifiée en achetant une pâte feuilletée en supermarché.

INGRÉDIENTS POUR 10 PERSONNES

- 10 oignons
- 1 kg d'agneau
- 2 c.s. d'herbes aromatiques de son choix (herbes de Provence)
- 2 bols de farine tamisée
- 1 verre de beurre fondu

PRÉPARATION DE LA PÂTE FEUILLETÉE

- Mélanger la farine tamisée à ½ verre de beurre fondu et ajouter de l'eau tiède. Saler. Pétrir la pâte pour qu'elle soit à peine collante.
- Séparer en 4 à 8 boules et les étaler très finement.
- Beurrer chaque pâte avec du beurre fondu (au pinceau).
- Enrouler chaque galette sur elle-même, en un long rouleau.
- Couper les rouleaux tous les 5 cm.
- Poser chaque petit rouleau à la verticale, l'écraser au poing puis l'étaler en un cercle de 10 cm de diamètre, un peu plus épais au centre.

PRÉPARATION

- Hacher menu les oignons et la viande, saler, ajouter les herbes aromatiques. Poser 2 c.s. de cette farce au centre de chaque cercle de pâte feuilletée.
- Refermer en un triangle isocèle, d'abord les côtés du haut, pressés l'un contre l'autre, puis celui du bas. La farce doit toucher les bords.

CUISSON

- Cuire au four ou au *tandyr*, jusqu'à ce que les *samsa* soient dorés et se détachent tous seuls.

PRÉSENTATION

- Servir avec une salade de radis râpés (2 bottes), assaisonnée d'1 gousse d'ail écrasé, d'1 botte d'aneth haché menu et d'1 tasse de kéfir ou de yaourt.

CHURBO – BOUILLON DE LÉGUMES

recette d'Apa, à Kyzyl Unkur

Le *churbo* est la soupe du berger ; consistante, elle se cuisine en hiver ou pour se donner des forces. Traditionnellement cuisinée avec du mouton, elle est adaptée en fonction de la saison et des conditions de vie. Ici, elle est proposée avec du poulet et parsemée de coriandre.

INGRÉDIENTS POUR 6 PERSONNES

- 2 oignons
- ½ poulet
- 2 c.s. d'huile
- 5 pommes de terre moyennes
- 2 carottes
- 1 tasse de *chakarob* ou 2 c.s. de concentré de tomates
- 1 botte de coriandre

PRÉPARATION

- Dans une marmite, faire revenir les oignons hachés menus dans un fond d'huile. Y dorer le poulet coupé en 6 morceaux.
- Ajouter les pommes de terre coupées en morceaux et les carottes en fines rondelles. Saler.
- Lorsque les pommes de terre sont frites, ajouter le *chakarob* ou la sauce tomate puis 1½ l d'eau. Couvrir.

CUISSON

- Laisser mijoter 30 à 45 min.

PRÉSENTATION

- Servir dans des bols et parsemer de coriandre hachée ou de toute autre herbe fraîche (ciboulette, oignons verts, etc.).

PRÉPARATION DU CHAKAROB

- Dans un fond d'huile, faire mijoter longuement 10 kg de tomates, 4 kg de poivrons, 3 kg de carottes, ½ kg d'ail et 2 kg de chou vert en petits morceaux, jusqu'à former une pâte épaisse. Saler abondamment. Mettre en conserve pour l'hiver.

DÖM DAMA – « GARDER VAPEUR »
recette de Gaukhar, à Almaty

Le *döm dama* est simple à cuisiner, mais n'en est pas moins délicieux. Une fois la viande grillée, les légumes sont ajoutés les uns par-dessus les autres, et mijotent dans leur jus, d'où ce nom, dont la traduction littérale est « garder vapeur ».

INGRÉDIENTS POUR 8 PERSONNES
- ¼ l d'huile
- 1 kg d'agneau
- 2 oignons
- 6 carottes
- 4 poivrons
- 4 tomates ou 4 c.s. de concentré
- 3 kg de pommes de terre
- 1 chou blanc

PRÉPARATION
- Faire frémir l'huile au fond d'une marmite, y faire dorer la viande en morceaux. Saler.
- Dans l'ordre, et en prenant le temps de préparer chacun des ingrédients, ajouter :
  - – les oignons grossièrement coupés ;
  - – les carottes en rondelles ;
  - – les poivrons hachés ;
  - – les tomates en quartier (ou le concentré) ;
  - – les pommes de terre en gros morceaux ;
  - – le chou blanc haché.
- Ne pas mélanger. Passer à feu très doux, et couvrir.

CUISSON
- Laisser mijoter 30 min minimum.

BECH BARMAK – « CINQ DOIGTS » KAZAKH

recette d'Aigul, à Bachi

Ce plat emblématique des steppes kazakhes et kirghizes peut se manger, comme son nom l'indique, avec la main. Les amateurs de viande de cheval s'en délecteront, les autres la remplaceront par du bœuf ou de l'agneau.

INGRÉDIENTS POUR 6 PERSONNES

- 600 g de viande de cheval
- 500 g de farine
- 1 œuf
- 2 oignons
- 2 c.s. de concentré de tomates

PRÉPARATION

- Mettre la viande à bouillir pendant environ 1 h 30 puis sortir la viande de son bouillon.
- Dans un saladier, mélanger la farine à l'œuf, ajouter de l'eau salée jusqu'à obtenir une pâte très dure. Écraser d'abord au poing puis étaler au rouleau (1 mm d'épaisseur). Découper en tagliatelles ou passer au *lapcha-redka*, un ustensile qui permet d'obtenir de fines tagliatelles uniformes. Ne pas ajouter de farine.
- Dans une petite casserole, blondir les oignons finement émincés avec le concentré de tomates dans un fond de bouillon.
- Jeter les pâtes dans la marmite de bouillon principale, elles cuisent en quelques minutes à peine.

PRÉSENTATION

- Servir le bouillon dans des bols et répartir les tagliatelles dans les assiettes.
- Hacher la viande au couteau, de façon perpendiculaire au muscle.
- Disposer par-dessus les pâtes la moitié de la préparation d'oignons, puis la viande émincée, et enfin le reste de la préparation d'oignons.

TCHAK-TCHAK – BISCUITS FRITS

recette de Gaukhar, à Almaty

Les biscuits *tchak-tchak* sont des filaments de pâtes frites, qui se tiennent grâce au miel. Un goûter roboratif, qui accompagne le thé.

INGRÉDIENTS

- 4 œufs
- ½ c.c. de sel et ½ c.c. de sucre
- ½ c.c. de bicarbonate de sodium ou de levure en poudre
- 1 c.s. de cognac
- 1 bol de farine
- ½ l d'huile
- 1 tasse de miel

PRÉPARATION

- Battre ensemble les œufs, le sel, le sucre, le bicarbonate de sodium et le cognac.
- Ajouter de la farine jusqu'à former une pâte molle. Couvrir d'un linge et laisser reposer 1 h au chaud. La pâte doit produire de petites bulles d'air.
- Étaler la pâte grossièrement (env. 2 mm d'épaisseur), laisser sécher 30 min afin de faciliter la découpe. Ne pas ajouter de farine, qui noircirait à la cuisson.
- Replier la pâte sur elle-même et découper en tagliatelles (env. 3 mm de large).

CUISSON

- Réchauffer l'huile et y jeter ces pâtes petit à petit, car elles triplent de volume.
- Tourner. Retirer lorsqu'elles sont bien dorées et croustillantes.

PRÉSENTATION

- Écraser les *tchak-tchak* en petits morceaux dans un saladier.
- Au fur et à mesure, verser dessus du miel liquide (réchauffé à la casserole).
- Laisser reposer au moins 1 h avant de les servir.

Ukha – Bouillon de poisson au feu de bois

recette de Saipidin et Micha, sur les berges de l'Illi

L'*ukha* est un excellent bouillon de poisson qui se cuisine au feu de bois. Sur les rives du lac Baïkal, les Russes sont particulièrement friands de ces plats préparés avec le fruit de leurs « récoltes » : vodka maison, herbes de la forêt et poisson frais.

INGRÉDIENTS POUR 10 PERSONNES

- 1 kg de pommes de terre
- 6 oignons
- 1 gros poisson à chair blanche (carpe, poisson-chat, etc.)
- des herbes séchées (feuilles de laurier, etc.)
- 1 petit verre de vodka
- 1 botte de persil et 1 d'aneth
- 1 bûche

PRÉPARATION

- Allumer un feu de bois.
- Dans une marmite d'eau froide (4 l), jeter les pommes de terre épluchées et coupées en gros morceaux. Saler et poivrer.
- Lorsque les pommes de terre sont presque cuites, ajouter les oignons coupés en gros morceaux, ainsi que la tête et la queue du poisson.
- Lorsque les yeux du poisson ont blanchi, ajouter les feuilles de laurier et le poisson écaillé. Saler, poivrer.
- Laisser frémir 10 min et sortir du feu.

PRÉSENTATION

- Après avoir soufflé sur ses cendres, plonger une bûche dans le bouillon afin de lui donner un goût de fumée.
- Ajouter la vodka, ainsi que le persil et l'aneth hachés.
- Laisser reposer 5 min, sans mélanger, car sinon la chair du poisson se délite.
- Déguster avec ou sans vodka ; comme le dit le proverbe russe : « Le thé n'est pas de la vodka, il ne faut pas en boire beaucoup ! »

BORCHTCH – SOUPE À LA BETTERAVE

recette de Nadia, à Almaty

Le borchtch est une délicieuse soupe de betterave contenant divers ingrédients qui la rendent consistante : chou, carotte, pommes de terre, etc. Le secret de sa robe pourpre tient dans la cuillerée de vinaigre qui lui est ajoutée.

INGRÉDIENTS POUR 8 PERSONNES

- 1 gigot d'agneau (800 g)
- 1 chou
- 1 grosse carotte
- 3 oignons
- 1 betterave
- 6 pommes de terre moyennes
- 3 c.s. de concentré de tomates ou 3 tomates
- ½ c.c. de vinaigre de pomme ou de vinaigre blanc
- des herbes fraîches : 1 botte d'oignons verts ou de ciboulette, 1 d'aneth et 1 de persil
- 250 g de *smetana* ou de crème fraîche épaisse

PRÉPARATION

- Nettoyer et éplucher les légumes.
- Mettre à bouillir la viande dans une marmite d'eau froide.
- Faire rissoler les oignons en lamelles (en en conservant la moitié), râper la carotte par-dessus, puis la betterave avec le vinaigre de pomme (ou blanc). Ajouter le concentré de tomates (ou les vraies tomates, râpées). Bien mélanger pour éviter que cela ne brûle, puis laisser de côté.
- Retirer la viande cuite du bouillon. Ajouter les pommes de terre en dés puis le chou finement émincé. Découper la viande en petits morceaux. Jeter les os.
- Lorsque les pommes de terre sont cuites et le chou encore un peu croustillant, ajouter le mélange de la poêle dans le bouillon. Bien mélanger.
- Laisser cuire 10 min, puis ajouter la viande, le reste d'oignons et la moitié des herbes fraîches hachées menu.
- Réchauffé le lendemain, c'est encore meilleur.

PRÉSENTATION

- Servir dans des bols individuels avec le reste des herbes fraîches et 1 c.s. de *smetana* (ou crème fraîche épaisse).

BLINIS – CRÊPES LÉGÈRES

recette de Nadia, à Almaty

Les blinis sont des crêpes légères qui ressemblent aux nôtres, contrairement à ce qui est vendu en France ! Moelleuses et aérées, elles peuvent être servies sucrées ou salées.

INGRÉDIENTS POUR 4 PERSONNES

- 1 œuf
- 1 pincée de bicarbonate de sodium
- ½ c.c. de vinaigre blanc
- 1 pincée de sel
- 1½ c.s. de sucre
- 1 l de lait
- 400 g de farine
- 1 c.s. d'huile végétale
- du beurre

PRÉPARATION

- Mélanger l'œuf, le bicarbonate de sodium, le vinaigre blanc, le sel, le sucre et ¼ de l de lait dans cet ordre pour éviter les grumeaux. Ajouter la farine petit à petit pour donner un liquide épais, onctueux.
- Rajouter ensuite le reste du litre de lait. La pâte ne doit être ni épaisse, ni liquide. Ajouter un peu d'huile végétale pour éviter que les blinis ne brûlent.

CUISSON

- Mettre la poêle à chauffer sans graisse.
- Beurrer chaque blini immédiatement après la cuisson, afin qu'ils restent fondants.

PRÉSENTATION

- Manger avec de la *smetana* (ou de la crème fraîche), de l'aneth, du poisson, etc.

À CEUX QUI ONT PERMIS À UNE IDÉE DE DEVENIR RÉALITÉ :

Mes parents et proches ;

Florent Le Duc, fondateur d'Initiatives Asie centrale, et Renaud Desgrées du Loû, de Seladang, pour leur précieuse connaissance des pays que j'ai visités et les amis qu'ils y ont gardés ;

Christian Vanhaecke du CROUS de Lille 2, Élisabeth Gouillard-Treca et la mairie de Lille-Centre, le jury du Fonds départemental d'aide aux initiatives des jeunes du Nord pour leur soutien financier ;

Julie Bignalet de la Société générale pour le forfait Jazz International, la CAMIF pour son matériel de randonnée, Damart pour ses sous-vêtements chauffants ;

Les élèves de CM1 et de CM2 et leurs instituteurs de l'école Michelet à Lille ;

Agathe Monchovet, Éléonore Aubry et Antoine Plane.

À CEUX QUI ONT CROISÉ MA ROUTE ET QUI M'ONT HÉBERGÉE.

À CEUX QUI ONT PERMIS LA RÉALISATION DE CE LIVRE :

Mes nombreux relecteurs, et tout particulièrement Camille Wintrebert et Adil Laboudi ;

Mes collègues d'Ashoka Paris, qui ont toléré mes absences prolongées ;

La famille Combeau à Hauteluce, et notamment Solange, avec qui j'ai commencé à cuisiner plusieurs des recettes rapportées ;

Émeric Fisset, Marc Alaux et Julie Boch, qui m'ont accueillie au sein de Transboréal.

SILLAGES

M. Alaux – *Sous les yourtes de Mongolie, Avec les Fils de la steppe*

J. Allano – *Au gré du Yukon, Quatre-vingts jours en canoë*

R. Belleville – *Voyage au bout de la soif, Seul au milieu du Sahara*

G. Bérard & V. François – *Sibériennes, Voyage aux confins de la taïga*

J. Boch & É. Fisset – *Par les volcans du Kamtchatka, Un été dans l'Extrême-Orient russe*

A. & É. Chapuis – *Au cœur de l'Inde, 4400 kilomètres à pied du Kerala à l'Himalaya*

N. Ducret – *Cavalier des steppes, À travers les montagnes d'Asie centrale*

G. Dunbar – *Seule sur le Transsibérien, Mille et une vies de Moscou à Vladivostok*

R. Figueras – *Au pays des hommes-fleurs, Avec les chamans des îles Mentawai*

É. Fisset – *Dans les pas de l'Ours, Une traversée solitaire de l'Alaska sauvage*

Sous l'aile du Grand Corbeau, De Seattle au détroit de Béring

K. Hafez – *Ungalak, La quête sauvage*

Nomade du Grand Nord, En kayak de mer avec un chien esquimau

B. d'Halluin – *La Volta, Au cap Horn dans le sillage des grands découvreurs*

J. Harvey – *Le Souffleur de bambou, Rencontres japonaises*

Ch. Houdaille – *Au vent des Kerguelen, Un séjour solitaire dans les îles de la Désolation*

Sans escale, Un tour du monde en solitaire à la voile

E. Hussenet – *Maelström, Seul aux confins du Spitzberg*

G. Janichon – *Atalaya, Une saison en Amazonie*

Damien autour du monde, 55 000 milles de défis aux océans

I. Klvana – *Coureur des bois, Une traversée du Canada en kayak*

O. Pitras – *La Voie des glaces, Le passage du Nord-Ouest à la voile*

A. Plane – *À l'auberge de l'Orient, Seule sur les routes d'Asie centrale*

S. Poncet – *Le Grand Hiver, Damien II base antarctique*

Ph. Sauve – *Errance amérindienne, Une initiation à l'Amérique profonde*

Ph. Valéry – *Par les sentiers de la soie, À pied jusqu'en Chine*

F.-X. de Villemagne – *Pèlerin d'Orient, À pied jusqu'à Jérusalem*

Pèlerin d'Occident, À pied jusqu'à Rome

TRANSBORÉAL EST UNE MAISON D'ÉDITION QUI VEUT PROMOUVOIR LE TRAVAIL D'AUTEURS, D'ILLUSTRATEURS ET DE PHOTOGRAPHES AYANT FAIT PREUVE D'ABNÉGATION ET DE COURAGE LORS D'ÉTUDES OU DE VOYAGES AU LONG COURS MARQUÉS PAR UNE RÉELLE CONNIVENCE AVEC LE MILIEU HUMAIN OU LE MONDE NATUREL.

À L'AUBERGE DE L'ORIENT

A ÉTÉ COMPOSÉ EN ADOBE GARAMOND PRO ET EN FUTURA. IL A ÉTÉ REPRODUIT SUR MUNKEN PRINT WHITE ET ACHEVÉ D'IMPRIMER SUR LES PRESSES DE LA NOUVELLE IMPRIMERIE LABALLERY À CLAMECY, DANS LA NIÈVRE, POUR LE COMPTE DES ÉDITIONS TRANSBORÉAL EN AVRIL DEUX MILLE ONZE.

NUMÉRO D'IMPRESSION : 103286